Alois Hartl

Wie vom Himmel gefallen

„*Omnia ad maiorem gloriam Dei*"
meiner Frau, Alexander, Gregor und Viktoria

Wie vom Himmel gefallen

Persönliches von Alois Hartl

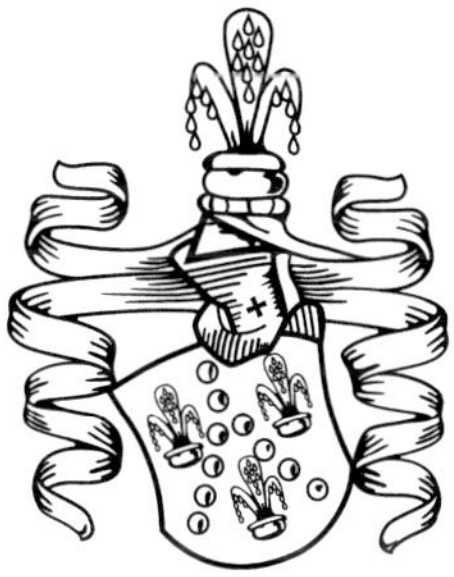

SüdOst Verlag

Die Deutsche Bibliothek - CIP-Einheitsaufnahme
Hartl, Alois: Wie vom Himmel gefallen: die Erfolgsstory
von Bad Griesbach / gesehen und berichtet von Alois Hartl.
Waldkirchen: SüdOst Verlag 1997
ISBN 3-89682-012-5

ISBN 3-89682-012-5

3. Auflage

Bildnachweis: Sämtliche Fotos Privatarchiv Hartl

„Wie haben Sie das gemacht, Herr Hartl?“

Ich habe mich schon immer gerne in den Hotels oder auf den Golfplätzen mit unseren Gästen unterhalten. Weil man angenehme Dinge gerne miteinander verbindet, lud ich zu einem Weißwurst-Frühstück oder einem Dämmerschoppen ein und versuchte so, mit den Gästen in ein Gespräch zu kommen. Im Lauf der Zeit stellte ich fest, daß besonderes Interesse für alle möglichen Geschichten um die Entwicklung Bad Griesbachs herum bestand, das „Warum“, aber vor allem das „Wie“ hat es den Menschen in erster Linie angetan: „Wie sind Sie überhaupt auf die Idee gekommen, nach Thermalwasser zu bohren und Bad Griesbach aus dem Boden zu stampfen?“ – „Wie ist das Ganze so vor sich gegangen?“ – „Wie haben Sie das eigentlich gemacht, Herr Hartl?“ Es waren natürlich immer wieder dieselben Fragen, die ich beantworten sollte und auch gerne wollte. Und je öfter dieser Wunsch an mich heran getragen wurde, desto mehr lag es auf der Hand, all diese Geschichten einmal zusammenzufassen und aufzuschreiben. Kleine Auszüge aus der Entwicklung Bad Griesbachs hatte ich ja bereits in den Griesbacher Tagen zum besten gegeben. Die Reaktionen waren durchwegs positiv. Viele Leute sprachen mich darauf an und sagten, sie seien begeistert. Dabei ist mir aufgefallen, wie viele Menschen sich doch über die rein materielle Entwicklung Bad Griesbachs hinaus für den sozusagen geistigen Hintergrund des Ganzen interessierten. Entsprechend oft hat man mich auch nach meiner Schulzeit und Erziehung im Kloster, bzw. nach meiner humanistischen Ausbildung befragt und angemerkt, daß hinter allem Materiellem, was ich geschaffen habe, eben auch die Idee, der Geist zu erkennen ist.

Im Herbst des Jahres 1995 habe ich mich dann dazu entschlossen, die Geschichten und Episoden um die Entwicklung Bad Griesbachs herum in einem Buch zusammenzufassen. Obwohl ich eigentlich alles andere als ein Buchschreiber bin, war mir dieser Gedanke so fremd auch wieder nicht. Um alles, was um mich herum passierte, in möglichst allen Einzelheiten festzuhalten, habe ich peu à peu schätzungsweise 1200 Seiten Material zusammengetragen, allerdings nur auf Tonbandkassetten diktiert. Eine Notwendigkeit, das alles schreiben und korrigieren zu lassen, sah ich nicht. Wann hätte ich auch die Zeit dafür gehabt? Und vor allem:

Wer interessiert sich schon für dürre Fakten oder eine langweilige Chronologie – da ist kein Leben darin, und Freude kommt so erst recht keine auf. Daß für Bilanzen Buchhalter zuständig sind, hat schon seine Richtigkeit. Wenn sich ein Gast oder Leser für die Geschichte von Bad Griesbach interessiert, will er in den seltensten Fällen genaue Zahlen wissen, mit denen er sowieso nichts anfangen kann. Er will einfach hören, wie es so zugegangen ist, wie es wirklich war.
Aber was ist die Wahrheit? Eine uralte Frage, die niemand hundertprozentig beantworten kann, denn jeder kann nur das wiedergeben, was er mit seinen eigenen Augen gesehen hat: seine ureigene Wahrheit. Ob die wiederum mit der objektiven Wahrheit übereinstimmt – welcher Sterbliche sitzt schon auf einer so hohen Warte, um dies beurteilen zu können?
Auf alle Fälle war mir schon immer daran gelegen zu dokumentieren, daß die gesamte Entwicklung Bad Griesbachs keineswegs logisch erfolgte, sondern nur durch eine Unzahl von zufälligen Fügungen möglich war. Wie schon der Name sagt, ist uns da einiges „zugefallen". Ähnlich dem deus ex machina in der Dramaturgie des Theaters hat die Dramaturgie des Lebens den Zufall auf den Plan gerufen, der immer zum richtigen Zeitpunkt, besonders wenn die Not sozusagen am größten war, eingegriffen hat, um der Entwicklung wieder die richtige Richtung zu geben. Um diesem Umstand Rechnung zu tragen, habe ich bei meinen Vorüberlegungen zu diesem Buch nach einem passenden Titel Ausschau gehalten – und wieder kam mir der Zufall zu Hilfe, diesmal in Form von sehr lieben Gästen. Das Ehepaar Meggle war zum ersten Mal hier in der Gegend und hat seiner Begeisterung über Bad Griesbach Ausdruck verliehen durch den Satz: „Das sieht aus ... wie vom Himmel gefallen"! Dieses „ ... wie vom Himmel gefallen ..." finde ich insofern grandios, als es sowohl der Schönheit Bad Griesbachs Rechnung trägt als auch der Tatsache, daß einige sehr glückliche Fügungen in Form von den richtigen Leuten oder Ereignissen nötig waren, ohne die Bad Griesbach niemals hätte entstehen können. „... wie vom Himmel gefallen ..." erinnert mich besonders an die allerersten Anfänge von Bad Griesbach, an die Zeit der Bohrungen, an die Zeit kurz danach. Ich weiß sehr gut, wie oft die gesamte Entwicklung hätte scheitern können, wie oft es „Spitz auf Knopf" gestanden ist, wie der Bayer sagt. Oder: wie die gesamte Entwicklung komplett anders hätte verlaufen können. Zum Beispiel, wenn ich im Jahr 1974, das war schon nach den Bohrungen, nicht den gebürtigen Passauer Dr. Reinhard Raffalt besucht hätte. Reinhard Raffalt hat eine Reihe von wirklich lesenswerten Büchern geschrieben (sie sind im Prestel-Ver-

lag erschienen), welche die abendländische Geschichte aus seiner eignen, absolut faszinierenden Sicht beleuchten. Und Reinhard Raffalt lebte damals in Rom.

Viele Wege führen nach Rom – und zurück.

Daß die Wiege von Bad Griesbach u.a. in Rom stand, mag den einen oder anderen verwundern, aber am meisten überraschte es mich selbst. Ich hatte gerade die schwere und nervenaufreibende Zeit der Bohrungen überstanden – und von Architektur herzlich wenig Ahnung. Zufall, Schicksal, daß ich diesen Weg gegangen bin? Jedenfalls wurde die ganze Angelegenheit von Dr. Hans-Karl Fischer angeregt, der Reinhard Raffalt aus seiner Passauer Zeit kannte. Dr. Fischer, der bei der Gründung der Bohrgesellschafter am Anfang Mitgesellschafter war, hat dieses Treffen vermittelt, und der Architekt Otto Hofmeister sollte nach Rom fahren. Aber wer mit ihm? Der andere Architekt, der für Bad Griesbach sehr wichtig werden sollte, Alexander von Branca, Kreisheimatpfleger in München, Erbauer der Pinakothek und einer der bekanntesten postmoder-

Besuch in Rom: v. li. Alois Hartl, Dr. Reinhard Raffalt und Otto Hofmeister

nen Architekten, war zu der Zeit viel zu sehr beschäftigt, um seine Arbeit zu verlassen. Noch ein anderer Architekt, ebenfalls später von großer Bedeutung für die Entwicklung Bad Griesbachs, Adolf Hummel, war damals noch Mitarbeiter von Otto Hofmeister und wurde für zu jung angesehen, um an einer solchen Reise teilnehmen zu dürfen. Bloß nebenher bemerkt, er ist genauso alt wie ich und war mit mir im Internat bei den Englischen Fräulein in Fürstenstein, was ich aber erst später erfahren sollte. Jedenfalls kam ich durch diese Umstände, Zufälle, in die nicht gerade vorhersehbare Situation, Otto Hofmeister nach Rom zu begleiten.

Die Idee, die Entwicklung eines Ortes mit einem in Rom lebenden Schriftsteller zu beginnen, ist an sich abwegig, besonders in einer Zeit, wo alles rational und rationell erfolgt. Aber womöglich ist gerade das Außergewöhnliche notwendig, damit Außergewöhnliches entstehen kann. Wir sind damals mit Dr. Raffalt quer durch Rom gezogen, und er hat uns in seiner unnachahmlichen Art die Geschichte der einzelnen Gebäude mit allen erdenklichen Querverbindungen weit über die ganze Welt erzählt. Es war ein außerordentliches Vergnügen, den mannigfaltigen Schilderungen lauschen zu dürfen, denn anders kann man es nicht bezeichnen, auch wenn „lauschen" nicht gerade ein Modewort ist. Zu dem interessanten wie lehrreichen Inhalt und der wunderbar gewählten Ausdrucksweise kam nämlich noch Raffalts Stimme, die ein Erlebnis für sich war, und jeden gleich in seinen Bann zog. Aber was erzähl ich: jeder, der Raffalt einmal im Radio hat sprechen hören, weiß, wovon ich rede.

Diese ganz praktische Erfahrung mit Raffalts umfassendem Wissen und seinem Verständnis für alle möglichen Zusammenhänge hat mir auch zum ersten Mal ein wirkliches Verständnis für meine Schulausbildung vermittelt. Freilich habe ich das humanistische Gymnasium der Benediktiner im Kloster Ettal recht erfolgreich absolviert, aber welche Werte mir dabei vermittelt wurden und was diese bedeutet haben und immer noch bedeuten, das erkannte ich erst damals in Rom so richtig. Was ich der ewigen Stadt und Dr. Raffalt noch verdanke: daß ich damals – als Alt-Ettaler, studierter Jurist und erfolgreicher Thermalquellenfinder – meinen ersten Grundkurs in Architektur absolvierte. Bei dieser Gelegenheit fällt mir ein, was anläßlich eines Weißwurst-Frühstücks ein Gast mir gegenüber anmerkte: „Herr Hartl, Sie machen lauter Dinge, die Sie nicht gelernt haben."

Da kann ich nur sagen: das stimmt tatsächlich. Eigentlich habe ich nur Dinge gemacht, für die ich nicht ausgebildet war, die ich nie gelernt habe.

Dennoch konnte ich mich immer wieder in neu auftretende Situationen einfinden und fast alle Vorhaben zu einem erfolgreichen Ende bringen. Das allerdings meistens mit dem Ergebnis, daß ich auch ständig etwas Neues beginnen, sozusagen immer wieder von vorne anfangen mußte. Ob das die Erbauung von Brunnen war, die ganzen Organisations- und Finanzierungsgeschichten, die Architektur im Allgemeinen, insbesondere die Errichtung eines Kurortes mit allem, was dazugehört: in jedem Fall hatte ich erst einmal keinerlei Ahnung, war bar jeder Vorbildung oder Grundkenntnisse. Und selbstverständlich hatte ich damals mit meinen 31 Jahren auch nicht die Zeit, ein bis drei Jahre in Rom zu verbringen, um die Proportionen zu studieren und zu lernen, wie man Räume baut. Denn so eine Studienzeit in der Ewigen Stadt war früher sozusagen ein Muß, wenn ein Architekt Räume von Bestand schaffen wollte. Welchen Charakter solche Räume auch immer haben, sie stehen in irgendeiner Beziehung zu ihrer Umgebung, sagen etwas über ihre Funktion aus. Wenn ich mir so manchen modernen Klotz von Gebäude ansehe, der zusammenhangslos in der Gegend herumsteht, wird mir wieder bewußt, wie schwierig die Aufgabe eines Architekten im Grunde ist.
Zum Beispiel kann ich mich noch gut daran erinnern, wie Raffalt mir die verschiedensten Aspekte einiger Plätze in Rom gezeigt hat. Bei der Jesuitenkirche führen sieben oder mehr Ausgänge vom Platz, aber er bewahrt dennoch seine Geschlossenheit. Besonders angetan war Raffalt vom Petersplatz. In früheren Zeiten wurde man nämlich durch eine schmale Seitengasse an diesen Platz heran geführt. Trat der Besucher schließlich mit einem letzten Schritt aus der Gasse heraus, war plötzlich der Platz in seiner ganzen Größe sichtbar. Der Bürger war überrascht und beeindruckt zugleich, und eben diese Überraschung, das Erstaunen, die Bewunderung waren geplant: Architektur als Erlebnis.
In Rom habe ich sehr viel über die Proportionen gelernt. Es kommt in erster Linie auf das Verhältnis des Menschen als Maß der Dinge zu den Gebäuden an, aber auch auf das Verhältnis der Gebäude und Räume zur Natur. Rom war insofern regelrecht ein Bildungsausflug, aber auch eine ganz praktische Informationsreise. Ich konnte mir nämlich ganz grundsätzliche Anregungen für den Bau eines neuen Kurortes holen. Natürlich ist Rom ein uraltes Zentrum von Kultur, Wissen und Macht, eine Großstadt mit einer immensen Vergangenheit, nicht zu vergleichen mit einem kleinen Kurort auf einem niederbayerischen Berg. Deswegen interessierte ich mich auch für kleinere Orte im Dunstkreis Roms, speziell solche, die auf einem Berg angelegt waren. Diesen

meist alten Siedlungen mit langer Geschichte – war eines gemeinsam: sie wurden jeweils von ihrer Kirche dominiert, die an exponierter Stelle die ganze Ortschaft überragte.

Die Kirche auf dem Berg

Die Kirchenbauten sind natürlich auch in den Tälern insofern exponiert, als sie alles überragen, was mit dem profanen, alltäglichen Leben der Menschen zu tun hat. Immerhin sind sie Gotteshäuser, und ihr Kirchturm ragt weit in den Himmel hinauf, um daran zu erinnern, daß es neben dem Materiellen noch etwas Höheres, Geistiges gibt. Indem man seit alters her Kirchen auch auf Bergen gebaut hat, nützte man quasi von der Natur geschaffene exponierte Stellen, die Berge, dafür, dem lieben Gott noch ein wenig näher zu kommen. Wenn Sie sich in der Griesbacher Gegend ein wenig umsehen, können Sie eine ganze Reihe von entsprechenden Beispielen entdecken. Gleich gegenüber liegt die Cuvilliés-Kirche von Asbach, man erblickt die Langwinkel-Kirche, die Viscardi-Kirche bei Kößlarn, die Kirchen von Karpfham, Weihmörting und Bayerbach. An ganz besonders schönen Tagen mit guter Weitsicht kann man sogar in der Ferne die Kirche am Gartlberg in Pfarrkirchen und in Österreich das Kloster Reichersberg sehen.
Anhand solcher Beispiele kann man erkennen, daß die Architektur der Vergangenheit auf der einen Seite sehr mutig war, weil sie sich getraute, sich mit derart exponierten Gebäuden zur Schau zu stellen. Auf der anderen Seite bewies man ein unglaubliches Feingefühl, wie man in die Landschaft hinein zu bauen hatte, so daß die Kirchenbauten, aber nicht nur diese, zu einer Verschönerung der Landschaft führten. Immerhin entstand dadurch das, was wir heute unter bayerischer Kulturlandschaft verstehen. Diese Landschaft unter anderem erweckt unser Heimatgefühl, lockt Tausende von staunenden Touristen jährlich nach Bayern, denn sie vermittelt ein Gefühl von harmonischer Gestaltung, von Geborgenheit, so daß sich beim Betrachter ein wunderbares Wohlbefinden einstellt.
Warum, so frage ich mich häufig, ist die moderne Architektur so anders? Kirchen werden heute so gut wie gar nicht mehr gebaut, und wenn, sind sie eher mut- und einfallslos in ihrer Architektur, exponierte Stellen werden gemieden anstatt gesucht. Auch wenn man heute allgemein etwas baut, dann meistens so, daß es gar nicht mehr zu sehen ist. Alles soll sich in den grauen Einheitsbrei eher funktionaler Architektur eingliedern. Oder aber – und das war vor allem in den Anfängen der 70er Jahre so –

man baut nur noch rein am Gewinn orientiert möglichst viel Funktion auf möglichst wenig Grund und Boden. Sehen Sie sich die riesigen Wohn-, Bank- und Versicherungssilos in den Großstädten doch einmal an! Die Architektur solcher Bauten, vornehmlich was die städtebauliche Variante betrifft, kann eigentlich nur noch Schadensbegrenzung bewirken. Die allerersten Entwürfe von Bad Griesbach waren entsprechend ihrer Entstehungszeit auch nach dieser unsäglichen Mode ausgerichtet. Sie sind Gott sei Dank alle in den Papierkorb gewandert. Entgegen der damaligen Entwicklung in der Architektur war mir klar, daß man zu einem anderen Stil, zu einer anderen, eben maßvollen Sicht der Dinge zurück muß. Der Mensch soll sich nicht über die Natur erheben, zumindest nicht allzusehr.

Wenn Sie so wollen, hat sich in Bad Griesbach, so wie Sie es heute betrachten können, sozusagen der römische Geist in niederbayerischer Form ausgedrückt. Der erste Gedanke war, daß in Bad Griesbach die Häuser nicht höher sein sollen als die umgebende Natur. Und obwohl wir in einer Zeit leben, in welcher im Grunde jeder erdenkliche Baustoff verfügbar ist, war es wichtig, sich auf die Verwendung nur weniger zu beschränken, nämlich rot gedeckte Dächer, weiße Häuserwände und Holz. Was den Stil angeht, so orientierte man sich eher an der heimischen Architektur. Denn lieber verwende ich alte, oft bewährte Formen, als krampfhaft etwas Neues zu erfinden, was meist so weltbewegend auch wieder nicht ist, wie viele Beispiele moderner Architektur beweisen.

Auf das Ortskonzept von Bad Griesbach hat Alexander von Branca den wahrscheinlich wichtigsten Einfluß gehabt. Von ihm stammt die Idee, daß man die immense Baumasse der erforderlichen Hotelgebäude so aneinanderreiht, daß die Brutalität dieser Masse quasi verschwindet. Wenn der Gast zwischen den Hotels spazieren geht, hat er den Eindruck, sich auf einem Dorfanger zu befinden. Die Häuser treten mal enger zusammen, entfernen sich dann wieder voneinander, sie springen vor, treten dann wieder zurück, so daß immer neue Plätze entstehen, die wieder andere Eindrücke vermitteln.

Eine andere, wesentliche Anfangsidee war das Konzept einer urbanen Bauweise. Da die Stadt die höchste Lebensqualität bietet, wollten wir die Vorteile der Stadt mit denen des Dorfes, was Bad Griesbach von seiner Größe her ja ist, verbinden. Deshalb haben wir uns dazu entschlossen, die Häuser relativ eng aneinander zu bauen, damit ein städtischer Eindruck entsteht. Gleichzeitig wurde zwischen den Gebäuden genügend Platz gelassen, daß sich die umgebende Landschaft – wie in einem großartigen Gemälde eingerahmt – dem betrachtenden Auge darbieten kann.

Die gesamten Gebäude wiederum sind in zwei Achsen angelegt, die auf dem Kurplatz zusammenlaufen. Wir sprechen ganz nüchtern von „Ost- und Westast". Da sieht man es wieder: wenn man mit solchen Arbeitstiteln beginnt, so bleiben sie halt, und so ist es auch in Bad Griesbach geschehen.
Ich kann mich noch gut daran erinnern, wie Alexander von Branca die Idee, eigentlich die Vision hatte, in Bad Griesbach etwas Ähnliches wie den Platz von Siena zu bauen. Vergleichbar mit diesem haben wir auch hier von Nord nach Süd ein Gefälle, von Ost nach West oder umgekehrt eine Mulde. Der Eingang am Torbogen beim Hotel Maximilian zum Beispiel erschließt den Platz. Aber wenn Sie darauf zu gehen, haben Sie gleichzeitig die wunderschöne Kirche von Asbach im Blickfeld, und so entsteht wieder ein großer Raum. So etwas Ähnliches im Kleinen widerfährt dem Betrachter, wenn er die kleine Gasse zur Stephanus-Kapelle hinauf geht. Die Kapelle gibt dem Auge einen Halt, so daß wieder ein neuer Raum entstanden ist. Wenn Sie in Bad Griesbach einmal diesen Aspekten nachgehen, so werden Sie viele großartige Architekturideen wiedererkennen.
Eher eine Anlehnung an die heimische Architektur war die Idee, daß sich die Dächer den Bergrücken entlang ziehen sollen, in der Art, wie früher die landwirtschaftlichen Gebäude errichtet wurden. Das hatte den ganz praktischen Vorteil, daß man einfach hangseits in die Höfe hinein fahren konnte. Wir haben eher mit dem ästhetischen Gesichtspunkt geliebäugelt, denn wenn Sie jetzt von Osten, also von Pocking, nach Bad Griesbach fahren, sehen Sie, wie die Dächer den Schwung der Hügel aufnehmen, so daß sich das Ganze sehr gut in die Landschaft einfügt. Um die Landschaft, den Blick auf die Natur möglichst wenig zu stören, haben wir auch ganz bewußt auf Zäune verzichtet, die ja nur ab- und eingrenzen, klein machen. Und wie in jedem guten bayerischen Dorf sind auch unseren Hotels Laubgehölze vorgelagert. Ein Baum ist nämlich nicht nur ein Biotop im Kleinen, sondern auch ein Schutz sowohl für das Auge als auch gegen die Unbillen des Wetters. Ein Laubbaum vermittelt zusätzlich noch das Bewußtsein für den Wechsel der Jahreszeiten. Er gibt den bayerischen Dörfern, soweit sie nicht zerstört worden sind, das freundliche, angenehme Aussehen, das heimelige Gefühl, eben ein gewisses Heimatgefühl.
Für die Umsetzung der Idee, daß Bad Griesbach trotz seiner urbanen Bauweise der freien Natur verhaftet bleiben soll, ist vor allem der Landschaftsplaner Hans Bauer, auch ein Alt-Ettaler, verantwortlich. Was damals auf dem Plan noch nicht sichtbar war, treibt jetzt Blüten und

Früchte. Wenn der Besucher in den Arkadengängen spazieren geht, befindet er sich quasi mitten in der Stadt. Ein paar Schritte weiter, und er atmet freie Natur. Bad Griesbach ist städtisch gebaut, aber doch mitten im Grünen: die perfekte Synthese von urbaner und ländlicher Bauweise. Übrigens sehen Sie am Kurplatz beim Hotel Maximilian Häuser, die an die innviertler Bauweise erinnern. Ich kann zu der Frage, ob diese Art der Architektur original aus dem Innviertel stammt oder von Italien importiert wurde, nichts Entscheidendes beisteuern. Aber der Satz „In Bayern beginnt der Süden" stimmt auch unter diesem Gesichtspunkt. Wie dem auch sei, all diese Gedanken, Ideen, Gestaltungswünsche haben sich in Rom herangebildet, wo mein Schulwissen von ganz neuem Leben erfüllt wurde. Ich habe dort geradezu eine ganz neue Richtung in der Denkungsart bekommen. Und das war immerhin die Basis, auf die sich die Entwicklung des heutigen Bad Griesbachs gründete.

Über den Unterschied zwischen Wirken und „Werkeln"

Aber die Idee – ob aus Rom oder anderswo – ist eine Sache, die Umsetzung in die Wirklichkeit eine andere. Alle Ideen, die großartigen wie die alltäglichen, erfordern jemanden, der sie in die Tat umsetzt. Tatsächlich mangelte es weder früher noch heute an großartigen Ideen, aber der Knackpunkt ist doch (und wird es wohl auch immer sein): wer verwirklicht sie, wer tut, wer macht? Immer wieder konnte ich beobachten, daß Leute mir von Vorstellungen vorschwärmten, aus denen aber nie etwas geworden ist, die sie aus welchen Gründen auch immer nie in die Tat umsetzen konnten. Ich habe mich dann gefragt, was diese Ideen für eine Rolle spielen, wenn sie nicht verwirklicht wurden. Was nützt mir der Traum von einem Golfplatz, wenn ich nicht irgendwann einmal die 18 Löcher wirklich spielen kann? Freilich ist die Idee, die Vorstellung, der Traum sozusagen der Ausgangspunkt für das, was verlangt, Realität zu werden, der Motor, der die Veränderung der Wirklichkeit antreibt. Nicht in die Tat umgesetzt, bleibt sie lediglich eine Seifenblase: sie schillert eine Zeitlang schön in der Sonne, bevor sie zerplatzt. „Träume sind Schäume" beschreibt sehr schön den Charakter nicht umgesetzter Ideen.
Ein Hoteldirektor hat mir einmal erzählt, daß er 19 Jahre für den Bau eines Golfplatzes gekämpft habe. Auf meine Frage, wieviele Löcher er denn letztendlich gebaut habe, antwortete er: „Keines." Darauf konnte ich nur noch sagen: „Das ist nicht sehr effektiv!" Damit bin ich bei einem Wort angelangt, welches für mich eine ganz wesentliche Bedeutung hat:

„Effizienz", das stammt vom Lateinischen „efficere", d.h. „bewirken". Bewirken bedeutet, wirklich etwas tun, etwas in die Tat umsetzen, die Wirklichkeit verändern, ja neu schaffen. Freilich hat jener besagte Hoteldirektor nicht die Hände in den Schoß gelegt, er hat wohl etwas getan, aber leider nichts bewirkt. Im Bayerischen gibt es dafür die wirklich geistreiche Unterscheidung zwischen wirken, bewirken und „werkeln". Unter „werkeln" versteht man all die Tätigkeiten, die man unternimmt, ohne daß großartig etwas dabei heraus kommt. „Werkeln" tut zum Beispiel einer, der dünne Bretter bohrt oder sich mit dem Schnitzen von Ornamenten zufrieden gibt. Wirken, bewirken dagegen hat etwas mit der Veränderung der Realität zu tun, da entsteht etwas wirklich Neues. Ich habe es zu einem meiner Grundsätze gemacht, daß nicht die guten Absichten oder die hochfliegenden Pläne zählen, sondern nur das, was man wirklich bewirkt und bewirkt hat, denn nur das ist tatsächlich Wirklichkeit geworden. Ob man dazu lange braucht oder nicht, spielt keine Rolle. Auch ob die Widerstände, Schwierigkeiten und Probleme bei der Umsetzung gewaltig sind oder einem etwas sozusagen in den Schoß fällt, ist dabei nicht entscheidend. Meistens ist es doch so, daß selbst das, was ganz locker zu laufen scheint, zumindest nach Außen hin, seine ganz eigene Problematik enthält. Nach meiner Erfahrung sind die Dinge nur dann relativ einfach zu handhaben, wenn eine lange Zeit der Muße und des Nachdenkens bereits verbracht wurde. Dann scheint es tatsächlich so, als komme der lösende oder geniale Gedanke von ganz alleine. Aber das ist nur möglich, wenn man der Muße auch pflegt. Oft „werkelt" und kämpft man, ohne daß dabei irgend etwas heraus kommt, und hat keine Zeit übrig für die Muße.

Verstehen Sie mich richtig: Muße hat nichts zu tun mit Müßiggang. Man behält natürlich seine Sorgen und Probleme im Kopf, macht sich aber frei von äußerer Betriebsamkeit und Geschäftigkeit, die oft nur eine Ablenkung vom Eigentlichen darstellen. Stellen Sie sich ein Gefäß vor, angefüllt mit allerlei Informationen, Gefühlen, Erfahrungen etc. Wie soll dieser ganze Inhalt gären und zu einer Lösung kommen können, wenn sich das Gefäß nur auf die Außenwelt konzentriert? Die besten Lösungen kommen nach meiner Erfahrung nicht durch stetes Herumwerkeln und -schnipseln an einem Problem, sondern durch eine Spontanidee, wo der Komplex des Problems in seiner Gesamtheit durchgegoren wurde, bis daraus etwas Neues entstehen konnte. Und das wiederum ist nur möglich, wenn man sich genügend Zeit zur Muße gibt.

Überhaupt ist ein sinnvolles Wechselspiel zwischen Anspannung und Entspannung nach meiner Auffassung unerläßlich, um ein geglücktes Leben zu führen. Das viele „Werkeln", das heutzutage so in Mode ist, die Betriebsamkeit, mit der alles gemessen, geregelt und berechnet wird, läßt viel zu wenig Raum für das Spontane, Zufällige. Wie soll einem der Zufall zur Hilfe kommen, wenn man stur an einem Plan festhält, nicht nach rechts noch links sieht. Ich finde, man muß in all seinen Plänen auch ihre jeweilige Relativität sehen. Und man muß wissen und anerkennen, daß das Leben viel erfindungsreicher ist als oft der schlaueste Plan. Natürlich komme auch ich nicht ohne jede Menge von Planungen aus, aber ich weiß doch immer, daß die Ausgangssituationen, die Wege, oft sogar die Ziele sich ändern können. Was heute noch wahr ist, kann morgen schon unwahr sein. Umgekehrt kann vieles, was heute noch unwahr ist, in einiger Zeit real existieren. Denn die Wahrheiten und Wirklichkeiten sind nach meiner Erfahrung relativ, da veränderbar; sie sind ein verderbliches Gut.

Das sind Erfahrungen, die ich aus dem Werdegang von Bad Griesbach gezogen habe und noch immer ziehe. Ich weiß nicht mehr, wie viele Pläne ich hatte, unzählige, und Pläne sind ja zugleich auch Wünsche, Träume, Hoffnungen, Ziele. Aber letztendlich ist es immer wieder ganz anders gekommen, als ich es mir ausgedacht habe. Allerdings war ich auch jederzeit bereit, mich an die neuen Gegebenheiten, an die jeweilig neue Wirklichkeit anzupassen. Oft hieß das nichts weiter als zuzulassen: zulassen, wie sich die Dinge von selber ordnen, zulassen, wenn sich Lösungen praktisch von selber anbieten. Auf dieser Welle mitzusegeln, sparte mir viel Kraft, die womöglich sinnlos verpufft wäre, was manchmal geschieht, wenn man zuviel Widerstand leistet. Die Dinge müssen sich wie von alleine ordnen, müssen am Ende zusammen passen, erst dann fühlte ich mich bei einer Entscheidung wohl und zufrieden. Und nur unter dieser Voraussetzung stellte sich dann auch der Erfolg ein. Wenn man zu sehr rüttelt an den Dingen, verändert man das Gleichgewicht, nichts ist mehr im Lot, und dann sind im Nachhinein allerlei Korrekturen vonnöten.

Selbstverständlich singe ich hier nicht ein Loblied der Passivität, denn ich bin ein Macher. Und ich habe nicht erst Brötchen, sondern gleich große Brote gebacken. Aber mein Leben verlief eigentlich von Anfang an in diesem Rhythmus, daß ich einerseits mein Lebensschiff deutlich in eine bestimmte Richtung gesteuert habe, es dann aber auch zulassen konnte, wenn das Schicksal, der berühmte Zufall Kurskorrekturen vornahm. Wenn ich überlege, allein wie viele Zufälle nötig waren, daß ich genau in den Jahren 1966/67 wieder in Griesbach gelandet bin, um die zukünftige Entwicklung des Ortes zum heutigen Ist-Zustand einzuleiten! Dabei gab es vorher nie ein Anzeichen, nichts deutete darauf hin, was ich in Zukunft machen, welchen Beruf ich ergreifen, welcher Tätigkeit ich mich widmen würde. Es war einfach offen, was aus mir werden sollte (wahrscheinlich war auch ich einfach nur offen für alles), bis die Entscheidung fiel, daß es offensichtlich meine Lebensaufgabe ist, Bad Griesbach aufzubauen. Auch diese Aufgabe war, wie schon über den Ort ausgesagt, „... wie vom Himmel gefallen!“

Ein echter bayerischer Lausbub

Freilich bin ich gebürtiger Griesbacher, aber das ist nach Meinung der Einheimischen keine Auszeichnung. Ein Griesbacher ist erst einmal jemand, der ganz „stinknormal“ ist, der nichts Besonderes macht. Aber womöglich steckt hinter dieser Selbsteinschätzung ja auch der Satz vom Propheten, der im eigenen Lande nichts gilt. Und das wiederum mag damit zusammen hängen, daß das Besondere – aus der unmittelbaren Nähe betrachtet – ziemlich normal erscheint.
Genauso habe ich angefangen, als ganz normaler, sehr ungehorsamer und gerade deswegen „echter bayerischer Lausbub“. Als solcher mußte man Tod und Teufel anstellen und vor allem die Nachbarn bis aufs Blut reizen und ärgern, in meinem Fall den Engleder-Bader und den Gerleigner-Metzger. Der Bader eines Dorfes war in früherer Zeit eine Mischung aus Friseur, Drogerist und Halb-Arzt, der Bärte stutzte, Hochzeitsfrisuren flocht und steckte, aber auch Zähne zog, sogar lästige Dornwarzen entfernte. Mein Interesse aber galt weniger seinen verschiedenen Tätigkeiten als seinen fachmännisch und wunderschön gepflegten Pfirsichen, die am Spalier geradezu leuchteten. Ernten und genießen hat er sie allerdings selten können, denn vorher schon räumte ich den Baum vollkommen ab. Einmal hat er mich dabei inflagranti erwischt und bis ins Wohnzimmer meiner Eltern verfolgt. Dort setzte es dann fürchterliche Prügel. So ist das halt mit einem Lausbuben: wer austeilt, muß auch einstecken können. Jedenfalls haben die Pfirsiche, dermaßen schmerzvoll „erworben“, gleich noch einmal so gut geschmeckt.
Auch der Gerleigner Schosl, Gastwirt und Metzger, hatte seine liebe Not mit mir. Er besaß einen wunderbaren Taubenmarkt, auf den er sehr stolz war. Aber ich stahl ihm gerne seine schönsten Tauben und versteckte sie auf seinem Heuboden. Der Gerleigner war ein interessanter Zeitgenosse, denn er vereinigte in sich recht unterschiedliche Wesensarten: zum einen mußte er als Metzger eine gewisse Brutalität besitzen. Zum anderen war er aber ein ausgesprochen gutmütiger Mensch. Er hatte sehr „nahe am

Wasser gebaut", so sagt man im Bayerischen, wenn jemandem leicht die Tränen kommen. Jedenfalls war er ein kreuzbraver Mann, der mir später sämtliche Missetaten verzieh. Ich erwarb ein Portrait von ihm, welches Hermann Eller gemalt hat. Sie können es heute im Hotel „König Ludwig" ganz hinten im Restaurant „Alois" sehen und selbst beurteilen, wie gut die unterschiedlichen Wesensarten dieses Charakters zum Ausdruck kommen.
Mein Leben als Lausbub war alles in allem ein Genuß. Anstatt die damals obligatorische Schulmesse zu besuchen, streunte ich lieber mit meinen „Spezln" durch die Gegend, immer auf der Suche nach irgendeinem Unfug, den wir anstellen wollten. Schließlich: wenn sich nichts rührt, ist das Leben langweilig. Dieses eher auf das Vergnügen ausgerichtete Betätigungsfeld meiner jungen Jahre war natürlich alles andere als ein Vorzeichen für meine spätere Laufbahn in einem humanistischen Gymnasium. Und speziell meine Unlust, mich in der Schulmesse blicken zu lassen, wäre mir beinahe zum Verhängnis geworden.
Meine damalige Lehrerin, Fräulein Bergmeier, war eine äußerst strenge Frau und stramme Kirchgängerin. Nur eine schwere Erkrankung war für sie Entschuldigung genug, eine Messe versäumt zu haben. Insofern mag es kaum erstaunen, daß sie von dem Vorurteil besessen war, es bestünde ein naher und ursächlicher Zusammenhang zwischen Gläubigkeit, der Frequenz der Kirchenbesuche und der Intelligenz. Wenn jemand, so wie ich, gerne die Schulmesse schwänzte, konnte es mit seinem IQ nicht weit her sein, so dachte sie. Hinzu kommt noch, daß es damals schon beinahe als naturgegeben angesehen wurde, wenn ein Sohn in die Fußstapfen seines Vaters trat. Ob ein entsprechendes Interesse für den väterlichen Beruf vorhanden war oder nicht, ob die jeweilige Begabung derlei „Berufs-Vererbung" überhaupt sinnvoll erscheinen ließ, war eher Nebensache. Aus diesem und jenem Schluß heraus plante sie folgenden Lebensweg für mich: „Der Bub ist nicht gescheit genug für eine höhere Schule.", sagte sie, „der soll am besten Elektriker werden wie sein Vater."
Mein Vater war nämlich Elektromeister. Er stammte aus einem Bauernhof in Singham, den Sie übrigens vom Kurgebiet aus sehen können. Als nachgeborener Sohn hat er nicht den Hof, dafür aber das Elektrizitätswerk geerbt und die gesamte Stromversorgung um Griesbach herum ausgebaut. Nebenbei bemerkt, war er auch 20 Jahre lang ehrenamtlicher Bürgermeister, was ja wirklich kein Indiz dafür ist, daß es einem Elektriker oder überhaupt Handwerker an Intelligenz mangeln muß. Dennoch litt er sein Leben lang darunter, daß er „nur" die Volksschule besucht hatte. Deshalb setzte er auch Himmel und Erde in Bewe

gung, daß sich in Griesbach Schulen ansiedelten. Die hiesige Bevölkerung sollte, was ihre Möglichkeiten zu einer soliden Schulbildung betrifft, keine Nachteile haben. Aber dazu später mehr. Jedenfalls sollte ich mich mit der Volksschule in Griesbach zufrieden geben und Elektriker werden. Daß ich zu diesem Beruf, überhaupt zu allem, was ein handwerkliches Geschick verlangt, gar keine Begabung aufwies, das hat für das Fräulein Bergmeier keine Rolle gespielt. Aber es ist ja Gott sei Dank anders gekommen. Der Zufall, der eine Wende in meinem damaligen Leben einläutete, kam in Gestalt des Kunstmalers Professor Thomas Baumgartner.

Thomas Baumgartner war mit Griesbach eng verbunden. Er ist dort aufgewachsen, hat im alten Feuerwehrhaus sein Atelier gehabt und viele Bilder, hauptsächlich Portraits, gemalt, die sich vorzugsweise mit Bauern und der bäuerlichen Gesellschaft befaßten. Meine Eltern und er kannten einander gut. Mein Vater hat auch als Bürgermeister und Aufsichtsrat der hiesigen Sparkasse immer wieder Bilder von Baumgartner gekauft und insofern für gute Aufträge gesorgt. Diese Bilder können Sie heute noch in der Sparkasse und in der Schule in Griesbach hängen sehen.

Wenn man zu den Golfplätzen nach Lederbach fährt, an der Neumayr-Kapelle vorbei, dort stand rechter Hand ein kleines Anwesen, in welchem Baumgartner damals lebte. Immer wieder hörte ich Geschichten über ihn, wie er mit seinem Schimmel ausritt, einen spitzen Trachtenhut auf dem Kopf, Lederhosen an, einen kecken Schnurrbart im Gesicht. Besonders gerne wählte er den Nixen-Weiher als Ziel seines Ausritts, das ist im Steinkart, dem Waldgebiet nördlich von Griesbach. Dort soll er, wie der Volksmund dem Besucher eines Nixen-Weihers ja gerne nachsagt, viele schöne Stunden verlebt haben. Auch später, als er schon lange am Tegernsee lebte, kam er doch jeden Sommer zur Bockjagd nach Griesbach. Er war ein sehr leutseliger und lustiger Mann, für jeden Spaß zu haben. Und ich habe ihm viel zu verdanken, denn er gab meinen Eltern den entscheidenden Hinweis, daß er mich durchaus für geeignet hielt, eine höhere Schule zu besuchen.

Durchaus geeignet für die höhere Schulbildung

In der Volksschule in Griesbach zu bleiben, machte wenig Sinn. Erst einmal wegen Fräulein Bergmeier, aber überhaupt waren damals Ende der 40er, Anfang der 50er Jahre die Folgen des 2. Weltkrieges noch überdeutlich spürbar und insofern nur wenige Volksschulen in der Lage, die

entsprechende Vorbildung für das Gymnasium zu vermitteln. Also kam ich nach Fürstenstein zu den Englischen Fräulein ins Internat.
Das Leben in Fürstenstein war damals für einen Knaben sehr hart, speziell für einen Lausbuben wie mich. Im Volksmund wurde Fürstenstein gerne das niederbayerische „Knaben-KZ" genannt, und damit ist eigentlich schon fast alles gesagt. Selbstverständlich bemühten sich die Englischen Fräulein sehr, uns Bildung zu vermitteln, aber ihre Methoden waren mehr als streng. Zudem lebten wir in Fürstenstein äußerst primitiv, ja spartanisch. Für immerhin 40 Kinder standen lediglich ein Schlafraum und ein Schulzimmer zur Verfügung; einen Aufenthaltsraum gab es nicht. Es wurde also gnadenlos gelernt, gebüffelt und gedrillt. Heute kann ich darüber lachen, wenn es darum geht, lateinische Konjugationen oder Deklinationen aufzusagen, denn die kann ich auch jetzt noch im Schlaf vorwärts und rückwärts – sehr zum Entsetzen meiner Kinder.
Aber damals war mir gar nicht nach Lachen zumute. Ich hatte keine andere Wahl, als mich dem Drill zu fügen. Wenn ich in der Schule überleben wollte, mußte ich alles lernen, was sich mir in den Weg stellte. Und ich war ganz alleine auf mich gestellt. Das Elternhaus in Griesbach war weit weg, von dort konnte ich keine Hilfe in schulischer Hinsicht erwarten. Wenn man sein Elternhaus schon in so jungen Jahren verläßt, muß man lernen, sich alleine durchzuschlagen. Und nirgendwo, davon bin ich überzeugt, wird der Überlebenskampf dermaßen geübt und eingedrillt wie in einem Internat. Vor allem in der damaligen Zeit. Demokratischer Erziehungsstil, Rechte des Schülers, Privatleben, Verbot der körperlichen Züchtigung, das alles waren damals unbekannte Begriffe. Statt dessen mußten wir, ich glaube sogar täglich, in die Kirche gehen und wöchentlich beichten. Stellen Sie sich einen 10jährigen Jungen vor, Tag und Nacht von strengsten Nonnen beaufsichtigt, was soll der schon groß zu beichten haben? Aber es mußte sein, also hat man mit der freien Phantasie ein wenig nachgeholfen. Freilich ist ein Augenzwinkern dabei, wenn ich dies behaupte, aber ich habe damals so viel gebeichtet, daß ich bis auf den heutigen Tag noch nicht mit dem Sündigen nachgekommen bin. Besonders beliebt war bei uns Schülern, etwas über das sechste Gebot zu beichten, denn dann lud uns Studienrat Peer in sein Haus ein. Dort gab es dann jede Menge Belehrungen – aber vor allem einen leckeren Kuchen.
Ein ganz wesentliches Element des Überlebenskampfes in einem Internat war nämlich damals das Problem mit dem Essen. Erstens wollte man natürlich satt werden, zweitens sollte es schmecken. Die Lösung dieses Problems gestaltete sich oft äußerst schwierig. Wenn Sie sich vorstellen,

daß es ein absoluter Lichtblick war, wenn wir uns am Sonntag zu mehreren eine Flasche Limonade teilen durften, verstehen Sie so ungefähr, wovon ich spreche. Sonst gab es nämlich nur Wasser zu trinken, das in unsäglichen Blechkannen auf den Tisch kam. Das Essen war von der Menge her zu wenig und – was den Geschmack anbetrifft – geradezu grausam! Und man hatte keine Wahl. So ungenießbar eine Speise auch immer war, der Teller mußte leer gegessen werden. Diesen Umstand kann man kaum mit den Versorgungsproblemen Anfang der 50er Jahre erklären. Statt dessen gehörte es quasi zur Politik klösterlicher Erziehung, äußerst spartanisch zu leben. Alles was Spaß machte und gut schmeckte, wurde als gefährliche Verwöhnung angesehen und in die Nähe der Sünde gerückt.
Obwohl die Schule und das Internat mehr als streng, die Menge der strikten Verbote und Verhaltensmaßregeln fast unübersehbar und die Konsequenzen, wenn man eine Regel verletzte, äußerst schmerzhaft waren, so daß wir ständig in Angst lebten, brach doch immer wieder der Lausbub in mir aus. Einmal stellte ich etwas furchtbar Schlimmes an, jedenfalls nach dem Verständnis der Klosterfrauen: Im Schlafsaal gab es ein kleines Kämmerchen, in dem eine Klosterfrau, die Präfektin, schlief, um uns besser beaufsichtigen zu können. Das Sprechen war im Schlafsaal streng verboten. Nachdem ich auch im Internat nicht gerade zu den bravsten Kindern gehörte, mußte ich in das Bett umziehen, welches diesem Kämmerchen am nächsten war. Es stand direkt unter dem kleinen Kammerfenster, welches immer nur angelehnt war, damit die Präfektin besser kontrollieren konnte, ob wir schwätzten oder unruhig schliefen.
Unter uns Buben war natürlich die große Frage, wie die Klosterfrauen wohl unter ihren Hauben aussehen. Nachdem ich den günstigsten Platz nahe der Schlafstätte einer Nonne hatte, drängten mich meine Freunde, diese Frage zu erforschen. Eines Nachts entschloß ich mich tatsächlich dazu, durch das Fenster zu sehen, um festzustellen, welches Geheimnis sich unter der Haube der Klosterfrau verbirgt. Aber schon die kleinste Bewegung des Fensters verriet der Präfektin den Plan, mit dem „Erfolg", daß ich eine ganze Zeitlang täglich Tatzen einstecken mußte. Und bis heute weiß ich nicht, was die Klosterfrauen unter ihrer Haube haben.
Natürlich widerspricht diese schon grausam zu nennende Erziehung so ziemlich allem, was unter modernen pädagogischen Gesichtspunkten vertretbar ist. Angst und sturer Gehorsam sind keine guten Lehrmeister für demokratisch gesinnte Menschen. Auf der anderen Seite bin ich aber der Meinung, daß man auf eine gewisse Zucht und Ordnung nicht verzichten

kann. Das gegenteilige Extrem, die antiautoritäre Erziehung, halte ich – auf gut bayerisch gesagt – für einen ausgemachten Schmarrn. Es kommt in der Erziehung wie auch sonst doch immer auf das richtige Maß an.
In Fürstenstein besuchte ich eine Klasse Volksschule, dann wurde ich in eine sogenannte Förderklasse versetzt. In dieser besonderen Klasse wurde man auf die höhere Schule vorbereitet. Je nachdem, ob man sich für das humanistische Gymnasium oder für die damalige Oberrealschule entschied, mußte man zwischen Latein und Englisch als erste Fremdsprache wählen. Um Griesbach herum gab es aber damals keine weiterführenden Schulen, außer in Passau, und das war viel zu weit weg, und die Zugverbindung viel zu schlecht, um die Strecke täglich als Fahrschüler zu bewältigen. Insofern blieb wieder einmal ein Internat die einzige Wahl.
Ich hatte nicht die leiseste Ahnung, welche Fremdsprache mich mehr reizen würde, um zu einer Entscheidung zwischen Latein und Englisch zu kommen. Allerdings lag damals für einen an solider Bildung interessierten Menschen das Lateinische auf der Hand, denn die humanistische Ausbildung galt als der Königsweg. Übrigens bedaure ich, daß dies heute ganz anders ist. Da ich als Bub dies aber weder beurteilen noch entscheiden konnte, mußte diese Rolle ein Zufall, ein Eingriff von außen her übernehmen. Und wieder war es der Maler Prof. Baumgartner, der diese Rolle übernahm. Ich mußte Latein lernen, um den Königsweg beschreiten zu können. Ich habe dann unter Mater Barbara in der Förderklasse in Fürstenstein die Grundbegriffe der lateinischen Sprache anscheinend zu ihrer allergrößten Zufriedenheit dermaßen gebüffelt, daß nach einem Jahr die Aufnahmeprüfung für das Gymnasium anstand.
Auch bei der Auswahl des Internats war Prof. Baumgartner maßgebend. Es gab nur zwei Institute, die für mich in Frage kamen, Kloster Metten und eben Kloster Ettal, beides Benediktinerklöster. Metten hatte eigentlich den Vorzug, denn es liegt bei Deggendorf, nur 60 Kilometer von Griesbach entfernt. Ettal dagegen ist im Oberland, nahe Garmisch. Die fast 300 Kilometer Entfernung bedeuteten bei den damaligen Verbindungen und Straßenverhältnissen geradezu eine Weltreise. Aber als mir Prof. Baumgartner die Vorzüge und Nachteile der Schulen auflistete, fiel meine Entscheidung doch für Ettal. Dort bot man nämlich viele Sportmöglichkeiten an, und das erschien mir als Bub äußerst attraktiv. Jedenfalls begleitete mich Mater Barbara zur Vorstellung und Aufnahmeprüfung nach Ettal . Versehen mit heiligen Medaillons und einem Rosenkranz kamen wir nach einer schier unendlich erscheinenden Zugfahrt im Kloster Ettal an.

Eine Klosterschulkarriere in Ettal

Wenn so ein Lausbub aus dem niederbayerischen „Knaben-KZ" kommt und zum ersten Mal dem gewaltigen Kloster Ettal mit seiner bombastischen Basilika gegenüber steht, ist er erst einmal maßlos beeindruckt. Er läuft herum mit offenem Mund sozusagen und kommt aus dem Staunen nicht mehr heraus. Ettal, das war schon eine ganz andere, neue Dimension. Alles erschien mir so großartig, fürstlich, ja sogar königlich! Daß ich mein erstes, spartanisches Internat lediglich mit einer verbesserten Verwahranstalt eingetauscht hatte, kapierte ich erst später. Es ist doch alles sehr relativ.

Ohne viel Federlesens wurde ich von dem damaligen Schuldirektor, Oberstudienrat Dr. Stephan Schaller, an einem einzigen Tag in sechs oder sieben Fächern geprüft. Nachdem Mater Barbara ihm mit einigem Stolz erklärt hatte, daß wir schon über ordentliche Kenntnisse der lateinischen Sprache in der Grundstufe verfügen, durfte – oder mußte – ich die letzte Schulaufgabe der damaligen Sexta (oder der ersten Klasse Gymnasium) in Latein und Mathematik bearbeiten und einen Deutschaufsatz schreiben, wobei ich in der Lateinarbeit nur einen halben Fehler hatte. Diese Arbeiten überzeugten Dr. Schaller dermaßen, daß man mir die Sexta quasi schenkte. Ich durfte also gleich in die Quinta oder zweite Klasse des Gymnasiums eintreten. Deswegen war ich in der glücklichen Lage, bereits nach acht Jahren das Abitur machen zu können. Und wenn man im Rückblick den Abstand hat, um festzustellen, daß jedes Übel auch seine guten Seiten hat, so muß ich zugeben, daß mir in Fürstenstein regelrecht eingebleut worden ist, alles zu lernen, was aufgegeben wurde, alles zu tun, was die Lehrer von mir verlangten. Da ich es gewohnt war, in der Art zu funktionieren, setzte ich das zumindest die ersten Jahre in Ettal ebenfalls fort. Alleine schon aus Furcht und Angst vor Bestrafung war ich ein hervorragender Schüler.

Was sich leider ebenfalls fortsetzte, war das Problem, etwas Vernünftiges zu essen zu bekommen. Aber auch das war ich gewohnt, auch damit hatte ich gelernt umzugehen. Ein ganz neues Hindernis tauchte allerdings in Form des Musikunterrichts auf, besonders in Gestalt meines Musiklehrers Tasso Troll. Ich hatte bis dahin noch nie etwas von Noten gehört. Im Singen stellte ich mich als wahres Anti-Talent heraus, denn ich konnte keinen Ton richtig heraus bringen. Damit erfüllte ich natürlich die Erwartungen eines Benediktinerklosters mit großer musikalischer Tradition keinesfalls – speziell nicht die eines Tasso Troll. Daß ich weder singen noch Kadenzen variieren konnte, versetzte meinen Lehrer in eine

gewaltige Wut, und bereits nach 14 Tagen bekam ich meinen ersten Verweis wegen Faulheit. Das war insofern eine mittlere Katastrophe, da ich mich ja noch in der Probezeit befand und bewähren mußte. Aber niemand konnte mir helfen, und so kam es, wie es kommen mußte. Der zweite Verweis wurde mit „bodenloser Faulheit“ begründet, der einstündige Arrest mit „Faulheit“, dann der zweistündige ebenfalls mit „bodenloser Faulheit“. Damit wäre eigentlich meine Schulkarriere in Ettal kurz und schmerzvoll bereits während der Probezeit beendet gewesen.
Diesmal hieß mein deus ex machina Pater Willibald. Ich hatte mich nämlich gleich zu Anfang für das Handballspiel gemeldet, das in Ettal der Schulsport schlechthin war. Und obwohl ich dieses Spiel vorher niemals kennengelernt hatte, jeglicher Technik bar war, bin ich offensichtlich dermaßen rustikal zu Werke gegangen, daß Pater Willibald in mir ein großes Talent sah. Er legte dann beim Internatsdirektor Pater Athanas ein gutes Wort für mich ein. Die beiden Patres beschlossen, daß ich ein großes Handballtalent sei und deswegen trotz meiner Arreste in Musik auf der Schule verbleiben durfte. Mein Retter Pater Willibald mußte diese Entscheidung nie bereuen, denn ich bin später zum Kapitän der Ettaler Handballmannschaft avanciert, und wir waren derart erfolgreich, daß wir über Jahre hinweg die höchsten Siege errangen.
Ettal war eine Schule, die neben den normalen Schulfächern noch sogenannte Pflichtwahlfächer anbot. Auf so eine Erfindung kann nur eine Klosterschule kommen, denn von Wahl war natürlich keine Rede. Statt dessen war es Pflicht, nach Latein, Griechisch und Englisch entweder Italienisch oder Französisch zu belegen. Ich habe beides gelernt, dazu noch Prüfungen in Technischem Zeichnen und Stenographie abgelegt. Es war auch Pflicht, ein Musikinstrument zu erlernen und Theater zu spielen. Neben dem Sport, den ich mit besonderer Begeisterung betrieben habe – ich war exzellenter Handball- und Eishockey-Spieler, Kapitän der Schulmannschaft und bewährte mich in zahlreichen Kämpfen – hat mir eines dieser sogenannten Pflichtwahlfächer ungeheuren Spaß gemacht, nämlich Philosophie. Hier las ich voller Eifer Texte von Thomas von Aquin, Platon, usw. – selbstverständlich im Original. Durch mein ungeheures Interesse an der Philosophie genoß ich eine fundamentale Ausbildung, von der ich noch heute zehre. Ja, der Unterricht in Philosophie war ein großer Gewinn für mein Leben. Was speziell die Musikinstrumente und das Theater anbetrifft, kann ich allerdings über keine Erfolge berichten.
Ganz im Gegensatz zum Schuldirektor Pater Dr. Schaller, der ein großer Theater- und Musikmann war, hatte ich für den musischen Bereich weder

Talent noch besonderes Interesse. Dazu muß man allerdings wissen, daß in Ettal neben der sportlichen die musische Ausbildung ein wesentlicher Faktor war. Eine Zeitlang, sogar über Jahre hinweg, konnte ich mich den Erfordernissen dieses Bereiches erfolgreich entziehen, bis Pater Dr. Schaller eines Tages mit einigem Entsetzen feststellte, daß ich immer noch kein Musikinstrument beherrschte. Im Schulorchester brauchte man Klarinettisten, folglich wurde ich zu diesem Blasinstrument verdonnert. Meine Karriere als Klarinettenspieler war allerdings relativ kurz. Ich mochte das Instrument gar nicht, denn es grauste mir fürchterlich davor, das Mundstück vom Musiklehrer in den Mund zu nehmen und in die Klarinette zu blasen. Allerdings starb der Lehrer dann bald an einem Herzinfarkt. Sie können sich vorstellen, welche Späße daraufhin meine Schulfreunde mit mir trieben. „Der wollte wohl ein für alle Mal deinen grauslichen Tönen entfliehen", so hieß es scherzhaft.
Ich war freilich erst einmal von der lästigen Pflicht befreit und freute mich des Lebens. Aber die Freude währte nicht lange, dann kam Direktor Pater Schaller in die Klasse und sah mich eindringlich an. Er war übrigens Metzgerssohn aus Kaufbeuren und verfügte über einen sehr herben Charme. „Nä, Hartl", sagte er und dieses „Nä" war sein absolutes Lieblingswort, „haben wir ein bißchen Pech gehabt, der Musiklehrer ist gestorben. Nä, Hartl, steh einmal auf. Ja, Du bist groß und kräftig, also lernst Du die Baßtuba." Jetzt war ich vom Regen in die Traufe geraten und mußte wieder ein neues Instrument erlernen, für welches ich genauso wenig Begabung und Begeisterung mitbrachte wie für die Klarinette.
Erst bei einer Fronleichnamsprozession zeichnete sich das Ende meiner Musikkarriere ab. Ich mußte nämlich mit der Blasmusik marschieren und öffentlich die Baßtuba spielen, obwohl ich das weder im Sitzen im stillen Kämmerlein während des Unterrichts und erst recht nicht während des Marschierens bei der Prozession konnte. Auch nicht im Stehen, wie sich hinterher beim Standkonzert beim Hotel „Ludwig der Bayer" zeigte. Mein Spiel war wirklich miserabel, und die Baßtuba ist nicht gerade ein Instrument, das sich von anderen übertönen ließe. Jedenfalls wurde ich nach diesem Auftritt für immer aus der Blasmusik entfernt und vom Baßtubaunterricht befreit.
Ich hätte jubeln können, aber mein Direktor ließ nicht locker. Wenn aus mir schon kein Musiker werden sollte, dann doch wenigstens ein ordentlicher Theaterspieler. Mein großer Auftritt kam bei einem Oratorium, welches vom Kampf Herzog Max Emanuels gegen die Türken handelte, inklusiv der Befreiung des Abendlandes von der türkischen Gefahr. Nach-

dem alle, die halbwegs singen konnten oder ein Instrument beherrschten, für das Oratorium gebraucht wurden, blieben als weniger musisch talentiert die „Theaterspieler" übrig. Aus diesen rekrutierten sich schließlich die Truppen des Herzogs Max Emanuel und die türkischen Streitkräfte. Verhängnisvoll war in diesem Zusammenhang, daß sich „die Türken" aus der Klasse unter uns zusammensetzten, und zwischen den verschiedenen Jahrgangsstufen herrscht nicht immer besondere Freundschaft. Jedenfalls sollten wir an einer bestimmten Stelle des Oratoriums auf die Bühne stürmen, um die Türken zu besiegen, ich voran als Herzog Max Emanuel. Warum man mir die „Hauptrolle" gegeben hat, mögen Sie fragen. Die Gründe waren profanster Natur: erstens war es eine stumme Rolle, ich konnte also wenig falsch machen. Zum anderen paßte mir als einzigem Darsteller das für die Rolle des Herzogs vorgesehene Kostüm.

War es wegen der Authentizität oder mangels weniger gefährlicher Requisiten, auf alle Fälle hatten wir für den Kampf scharfe Säbel bekommen. Wir „Großen" hatte immerhin noch dazu den Vorteil, einen schützenden Korb für die Hand zu erhalten. Die „Türken" sollten ebenfalls mit scharfen Säbeln kämpfen, hatten aber keine schützenden Handkörbe. Und es kam, wie es kommen mußte. Wir stürmten auf die Bühne, und einer nahm es mit dem Kämpfen so wörtlich, daß er einen „Türken" zwar nicht ernsthaft aber doch so verletzte, daß dieser blutete. Echtes Blut, kein Theaterblut! Wen wundert es da, wenn es statt einer ordnungsgemäßen Befreiung des Abendlandes von den Türken zu einer derart wüsten Keilerei kam, daß zwei oder drei Schüler in den Orchestergraben fielen.

Da setzte es natürlich ordentliche Strafen, welche noch wesentlich verschärft wurden, weil wir wegen unserer Unmusikalität immer den Einsatz verpaßten, bei dem wir auf die Bühne stürmen mußten. Pater Stephan hatte seine liebe Not mit uns, und er titulierte uns in seiner beliebten Redeweise als „Blödmänner", da wir es einfach nicht schafften, rechtzeitig auf die Bühne zu kommen. Zuerst versuchte er immer wieder, uns ein Handzeichen zu geben. Aber wir waren alle kurzsichtig. Und weder die Türken, noch die Kämpfer des bayerischen Herzogs durften mit Brillen ausgestattet sein. Erst als ihm die rettende Idee kam, zum richtigen Zeitpunkt ein großes weißes Tuch zu schwenken, verpatzten wir unseren Auftritt und damit die Aufführung nicht mehr.

Aber mein Direktor gab einfach immer noch nicht auf, aus mir einen Schauspieler machen zu wollen. In dem Stück „Präriesalon" wurde ich als Hinauswerfer eingesetzt, mußte dabei sogar ein oder zwei Sätze spre-

chen. In „Schloß Grubigstein“ war ich der Pedell, allerdings wieder eine stumme Rolle. Ich bemühte mich zwar, möglichst wenig aus der Rolle zu fallen, aber ein Gewinn für das Theater war ich wahrlich nicht. Nachdem er endlich einsah, daß aus mir nie ein Gustav Gründgens werden würde, entließ er mich von der Bühne – aber erst nur, um mich hinter sie zu stecken. Bühnenstift zu sein war ein wirklich unangenehmer Job, denn dort mußte man ja auch hauptsächlich in der Nacht arbeiten, um die Bühnendekoration zu bauen, aufzustellen und wieder abzubauen. Einmal gab er mir den Auftrag, eine Uhr herzustellen. Ich habe, so denke ich, bereits über mein handwerkliches Geschick erzählt. Ich begann mit dem Uhrzeiger, den ich aus einer Sperrholzplatte mit dem Maß zwei auf zwei Meter aus der Mitte herausschnitt. Daraufhin wurde ich von Pater Stephan ein für allemal aus dem Bühnenkader verbannt. Ich hütete mich allerdings davor, meine Freude allzu offen zu zeigen.
Aber damit keinesfalls genug der „tragenden“ Rollen. Nachdem ich aus allen musischen Gremien ausgeschieden war, übernahm ich es zusammen mit meinem Freund Karl Haaser, den Abtstab und die Mitra zu tragen. Ich hatte gegenüber Karl einen Vorteil, denn ich trug den Stab. Dieser war unten leicht gefedert, und man konnte sich auf ihn stützen, denn selbstverständlich stand man während des ganzen langen Gottesdienstes. Meine Aufgabe war außerdem, den Stab an den Zeremonienmeister weiter zu reichen. Wenn dann auch noch der Kardinal Döpfner anwesend war, ging das dauernd hin und her. Selbstverständlich mußten wir Handschuhe anziehen, damit unsere unwürdigen und ungeweihten Hände den Stab nicht direkt berührten und so befleckten. Die Schnecke am Kopf des Stabes stellt ja das Zeichen der Macht dar. Diese mußte immer nach außen gedreht sein, so daß sie von uns weg zeigte. Insofern war diese Aufgabe doch ein wenig anspruchsvoll, denn beim Überreichen des Stabes mußte ich mich hinknien und zugleich die Schnecke drehen. Was diesen Posten so beliebt machte, war allerdings der Umstand, daß man nach der Messe von den Patres und Fratres im Kloster zum Essen eingeladen wurde. Und das Essen war damals im Internat eine äußerst wichtige Angelegenheit.
Am Anfang erlagen mein Freund und ich dem Vorurteil, daß die größten und feinsten Brocken mit Sicherheit in der Nähe der Macht abfallen. Sprich, wir versuchten während des Essens möglichst nahe bei dem Abt zu sitzen, der in der klösterlichen Hierarchie die Spitze darstellt. Aber schon bald stellten wir fest, daß es weiter unten bei den Fratres ein wesentlich besseres Essen und nicht nur kleine Biere zu trinken gab. Erst jetzt verstanden wir die stille Sprache der Fratres, die ja in der Küche

arbeiten mußten und sich die sehr guten Stücke lieber selber zuteilten. Dermaßen belehrt, suchten wir künftig lieber die Gesellschaft der unteren klösterlichen Hierarchie, speisten und tranken da immer recht gut. Noch schöner wären diese Essen freilich gewesen, wenn es ein unterhaltsames Tischgespräch gegeben hätte, aber das durfte nicht sein. Was heute vermutlich für niemanden mehr vorstellbar ist, galt damals durchaus: während des Essens war Schweigezeit. Und damit man nicht ausschließlich den fleischlichen Genüssen frönte, wurde diese Einseitigkeit durch geistige Nahrung, die aus der Lesung von Heiligenbiographien bestand, quasi ausgeglichen.

Aus der Rückschau gesehen, sind acht Jahre Ettal eigentlich eine kurze Zeit. Richtige Probleme hatte ich im Grunde nicht. Allerdings hätte ich ausgerechnet im Abitur fast noch Schwierigkeiten bekommen, was aber nicht an meinen schulischen Leistungen lag, die eher überdurchschnittlich waren. Der Vater meines Freundes, Dr. Karl Haaser, wollte uns, einem kleinen Kreis von Schulfreunden, einen Gefallen tun und lud uns vor dem Mathematik-Abitur zum Essen ein. Er sollte allerdings nicht mit von der Partie sein, wir jungen Männer würden unter uns feiern. Er hatte lediglich vor, anschließend dazuzukommen, um die Zeche zu bezahlen. So eine Einladung war für uns naturgemäß eine großartige Angelegenheit, die wir auch mit einer ausgiebigen Weinprobe feierten. Schließlich muß etwas im Glas sein, wenn man wieder und wieder auf das Wohl des edlen Spenders anstößt: Er lebe hoch! Es wurde später und später, aus dem Essen war ein Gelage geworden, aber niemand kam,um uns auszulösen. Wir wurden nervös, fingen an, unser Geld zu zählen, aber die Kosten überstiegen bei weitem unser Budget. Als er dann endlich doch noch erschien, war es für eine Vorbereitung auf das Mathe-Abitur eigentlich schon zu spät. Unseren Zustand konnte man eher als weinselig, denn als verstandesorientiert und konzentriert bezeichnen. Prompt haben zwei meiner Freunde nach der extrem kurz geratenen Nacht vergessen, was für ein Abiturfach eigentlich zu absolvieren war. Sie sind ohne Zirkel und Winkelmesser aufgetaucht und haben entsprechend schlecht abgeschnitten. Auch für mich war der nächste Tag eine Tortur. Ob es nun das Läuten des Weckers, das Gezwitscher der Vögel oder das Bimmeln des Stundenglockchens während des Abiturs war, selbst das kleinste Geräusch ließ mein Innerstes erbeben. Zusätzlich zeigte mein Magen Ansätze, sich sozusagen selbständig zu machen. Es kann allerdings auch sein, daß derartige Umstände ganz neue, unbekannte Kräfte zum Vorschein bringen. Jedenfalls bewältigte ich die Auf gaben dennoch ohne Probleme.

Endlich frei!

Es ist schon etwas daran, daß ein Vogel, der ein Leben im Käfig gewöhnt ist, sich erst einmal damit schwer tut, mit der Freiheit umzugehen, stattdessen ganz gerne in den Käfig zurückgeflattert kommt. Vielleicht erschien es mir deshalb so normal, nach der Schule zur Bundeswehr zu gehen. Wir hatten schon während der Schulzeit Kontakte, hatten in Bundeswehrkasernen auch sehr viel Handball gespielt. Bei solchen Gelegenheiten konnten wir erkennen, daß es bei der Bundeswehr genauso spartanisch zuging wie im Internat, wir bewegten uns sozusagen auf bekanntem Terrain. Hier wie dort wurde Sport groß geschrieben. Aufgrund meiner großen sportlichen Erfolge war es für mich wie für einige Freunde keine Frage, daß wir zur Bundeswehr nach Mittenwald gehen würden, um für die dortige Kaserne die Heeresmeisterschaften zu gewinnen. Wir hatten zwar auch sportliche Kontakte zu den Amerikanern in Oberammergau und Garmisch, bevorzugten es auch, dort zu spielen, denn die Hallen waren besser ausgestattet und geheizt, und es gab heiße Duschen, welch ein Luxus! Aber für uns war ganz einfach der Bund angesagt.

Wieder einmal sollte es ganz anders kommen. Am Tag vor der Musterung erhielten wir in Ettal Besuch von einem sogenannten Alt-Ettaler. Im Kloster war die Gastfreundschaft ein wichtiger Wert, vor allem, wenn dieser Alt-Ettaler sein Abitur in Ettal gemacht hatte. Also stellte man ihn uns als ehemaligen Schüler und Abiturienten vor und bat uns, ob wir uns einen Abend um den Gast kümmern könnten. Natürlich entsprachen wir dieser Bitte, um so lieber, als bei einer Unternehmung am Abend immer ein paar kostenlose Schoppen Wein für uns Schüler mitgegangen sind. Am nächsten Tag entpuppte sich der Gast als unser Musterungsarzt. Und der traf – aus welchen Überlegungen auch immer – seine ganz eigenen Entscheidungen, wollte uns offensichtlich einen Gefallen erweisen. Alle guten Sportler wurden als untauglich deklariert, während die weniger sportlich Talentierten zum Dienst in der Bundeswehr antreten mußten. Leider gab es dabei einen sehr tragischen Aspekt, weil ein äußerst sensibler Mitschüler an der Bundeswehr zerbrach und später Selbstmord verübte. Wir anderen, die auch diese Zeit sicherlich problemlos überstanden hätten, waren jetzt frei.

Ich hatte schon während meiner Schulzeit immer wieder darüber spekuliert, was ich studieren wollte. Patentanwalt erschien mir interessant oder auch Wirtschaftsjurist. Lange Zeit gab ich der Vorstellung, Arzt zu werden, den Vorzug. Dies scheiterte allein schon an der Tatsache, daß ich wegen einiger Lausbubenstreiche aus dem Chemieunterricht entfernt worden war und diesen hätte nachholen müssen. Heute bin ich ganz froh, mir diesen – ich denke doch – Irrweg erspart zu haben. Jedenfalls hatte ich mich darauf verlassen und eingestellt, noch jede Menge Zeit für eine Entscheidungsfindung zu haben, denn die Zeit bei der Bundeswehr erschien mir als fixe Tatsache. Jetzt allerdings stand ich unter Druck, eine schnelle Entscheidung mußte her, denn die Ferien gingen viel zu rasch vorüber.

Schon die letzten Schuljahre verbrachte ich die Ferien meist bei meinem Freund Karl Haaser in Dachau. Ich wurde dort fast wie ein eigener Sohn aufgenommen, fühlte mich pudelwohl in dieser Familie. Karls Vater, Dr. Karl Haaser sen., mit seinem Monokel eine imposante Erscheinung, besaß eine Anwaltskanzlei in München. Er war später häufig in Bad Griesbach zu Gast und hat mir eines Tages sogar das Du angeboten, was ich als ganz große Auszeichnung begriff. Überhaupt habe ich im Hause Haaser sehr viel Lebensstil, Herzlichkeit und Familiensinn kennengelernt, wofür ich auch heute noch große Dankbarkeit empfinde. Auch die Entscheidung für Jura als Studienfach wurde letztlich von Dr. Haaser getroffen. Er sagte zu seinem Sohn und mir ganz lapidar: „Ihr studiert beide Jura, denn damit ist nichts kaputt."

Selbstverständlich gab es jede Menge guter Argumente für die Wahl der juristischen Fakultät. Die Vorstandsmitglieder aller großen Gesellschaften sind Juristen, man kann schon beinahe von einem Juristenmonopol in der Wirtschaft und Gesellschaft sprechen. Eine direkte Neigung zu dem Fach verspürte ich allerdings nicht, hatte auch zunächst keinerlei Ahnung, was mich erwartete. Ein ganz wesentliches Motiv, mich dennoch für Jura in der Ludwig-Maximilian-Universität in München zu immatrikulieren, bestand in der Aussicht, die ersten Semester ein studentisches Lotterleben zu führen. Wenn ihr Jura studiert, so hieß es, dann braucht ihr die erste Zeit gar nicht in die Uni zu gehen, da besucht ihr lieber mal die Studentenverbindungen und macht euch ein schönes Leben.

Solche Aussichten waren nach den langen Jahren im Internat, wo man ja mehr oder weniger eingesperrt und unter ständiger Aufsicht war, einfach mehr als attraktiv. Ein Vogel, der die Freiheit kennengelernt hat, möchte sie gegen keinen Käfig der Welt tauschen. Und ich wollte jede Minute auskosten. Als gute Klosterschüler a. D. besuchten wir zunächst die katholischen Studentenverbindungen, das waren die Saxonen, Ottonen u. ä., die sogar ein eigenes Haus in München besaßen. Wir wurden auch von allen freundlichst empfangen, immer wieder eingeladen, was natürlich die Rekrutierung neuer Mitglieder vereinfachen sollte. Wir genossen das lustige Studentenleben mal da, mal dort und wollten uns keinesfalls festlegen. Eine Zeitlang akzeptierte man uns als Nassauer, aber dann machten die Studentenverbindungen ernst. Irgendwann einmal bin ich nach einer durchzechten Nacht aufgewacht und war plötzlich Saxone. Und sofort änderte sich der Ton uns gegenüber ganz wesentlich. Die Freundlichkeit wurde gegen einen ruppigen Befehlston eingetauscht, denn jetzt war man auf einmal Fuchs und mußte seinem Vorgesetzten gehorchen.

Aber mit dem Gehorsam hatte ich ja schon immer so meine Probleme. Die ersten Meinungsverschiedenheiten tauchten auf, als mein Bursche mir auftrug, Bier für ihn zu holen, und ich antwortete: „Wenn du Durst hast, dann hol Dir Dein Bier gefälligst selber!" Die nächste Unstimmigkeit kam ausgerechnet beim Kathreintanz auf, einer an sich recht beliebten Veranstaltung. Wir sollten Mädchen einladen, wogegen wir uns natürlich prinzipiell nicht sträubten. Nur bezog sich diese spezielle Einladung auf ganz bestimmte „Mädchen", nämlich solche, die bereits das 15. Semester und mehr Couleurdamen der Verbindung waren. Wieder lehnte ich ein derartiges Ansinnen ab. Sie werden sich womöglich wundern, warum man mich nicht hinauswarf, aber ich war im Besitz eines Autos, und das war damals ein seltenes und damit wertvolles Gut. Statt dessen entschloß ich mich, die Verbindung zu verlassen, als wir anläßlich einer Fronleichnamsprozession nach Meinung der alten Herren nicht mit dem erforderlichen Ernst bei der Sache waren und deshalb heftig gerügt wurden. Auch die Behauptung, daß sogar ein Mann wie Konrad Adenauer Saxone gewesen sei, konnte mich nicht mehr umstimmen. Schließlich wollte ich mein Studentenleben genießen, mich nicht neuen oder doch immer denselben alten Regeln unterwerfen.

Die Zeit des studentischen Lotterlebens war gehaltvoll, aber doch kurz bemessen. Bereits nach einem Jahr, in dem ich allerdings die Uni selten von innen gesehen hatte, erkrankte mein Vater schwer, und ich wurde zurück nach Hause geordert. Dies war insofern ein Schock, als meinem Vater die Gallenblase geplatzt war, was 1964/65, nach dem damaligen Stand der Medizin eine lebensgefährliche Situation war. Niemand wußte, ob Vater überleben würde. Und ich, gerade 21/22 Jahre alt, sollte in dieser Situation die Arbeit meines Vaters weiterführen, eine schier aussichtslose Lage, denn ich hatte keine Ahnung von der Materie, wußte nicht, wie ich das schaffen könnte.

Mein Vater hatte damals bereits die Stromversorgung verkauft, aber die Elektrizitätswerke behalten. Unter anderem war gerade ein Hochhaus in

Passau in Bau, außerdem ein Kraftwerk in Eichendorf, wo ich mich nolens volens einschalten sollte. Glücklicherweise schätzten viele Menschen meinen Vater sehr, so daß sie ihm – und damit mir – in dieser Situation helfen wollten. Sie haben dann Entscheidungen de facto so vorbereitet und gefällt, daß die Bauvorhaben weitergeführt werden konnten. Ich denke, diesen wahren Freunden, z. B. Herrn Dannerböck, ist zu verdanken, daß die Baustellen nicht schließen mußten. Ich vergesse nie meinen ersten Besuch auf der Baustelle in Eichendorf. Eine der Raupen stand in der Vils, einem kleinen Fluß, und drohte ausgerechnet bei meinem Erscheinen im Sand unterzugehen. Mir ist fast das Herz stehengeblieben. Herr Dannerböck, der meines Wissens ein Sägewerk etwas unterhalb besaß, kam dann mit schweren Maschinen angefahren und zog die Raupe wieder aus der Vils. Sie können sich vorstellen, welcher Felsbrocken mir vom Herzen fiel.
Wie wichtig meine Tätigkeit bei diesen beiden Objekten letztlich war, kann und möchte ich gar nicht entscheiden. Ich gehe einmal davon aus, daß mein Anteil so bedeutend nicht gewesen sein kann, denn irgendwie hat sich alles zum Guten gewendet. Sowohl das Hochhaus als auch das Elektrizitätswerk sind entstanden, und mein Vater befand sich auf dem Weg der Besserung. Für meinen späteren Werdegang aber war diese Zeit von einiger Bedeutung, denn ich bekam dort einen ersten Eindruck vom Geschäfts- und Wirtschaftsleben. Und damit erhielt meine schon sehr frühe Vorstellung, später einmal etwas im buchstäblichsten Sinn des Wortes zu unternehmen, seine ersten Konturen: ich wollte Unternehmer werden. Dies bedeutete jedoch, den Beruf eines Anwalts oder Notars nicht auszuüben. Zum Beispiel hätte mich mein Vater zumindest eine Zeitlang gerne als Notar gesehen, aber dieser Beruf war so gar nicht nach meinem Geschmack.
Was ich allerdings „unternehmen" wollte und sollte, da hatte ich zwar noch keine Idee, aber zumindest bis zum Ende des Studiums Zeit. Da würde sich dann schon irgend etwas ergeben. Jetzt wollte ich erst einmal meine juristischen Studien zu einem erfolgreichen Abschluß bringen, auch wenn ich das Fach nicht gerade mochte. Daß ein ernsthaft arbeitender Student viel zu wenig Zeit hat, die abwechslungsreichen und unterhaltsamen Seiten einer Großstadt zu genießen, durchschaute ich schnell, gab schon nach vier Semestern die Wohnung in München auf und ging zurück nach Griesbach. Wie ich es von meiner Internatszeit her gewohnt war, arbeitete ich äußerst fleißig und diszipliniert zu Hause, eignete mir ein exzellentes Wissen in Jura an, fuhr fast nur zu den Prüfungsterminen in die Uni. Insofern bestand meine Studienzeit zur Hälfte aus einer Art

Fernstudium. Bereits nach acht Semestern legte ich das erste juristische Staatsexamen ab, das sicherlich noch besser ausgefallen wäre, wenn mir nicht die Klausur- bzw. Prüfungspraxis gefehlt hätte.
Die Entscheidung für das Jurastudium habe ich trotz fehlender Begeisterung für dieses Fach nie bereut. Auch heute noch kann ich mich bezüglich juristischer Fragen hundertprozentig auf mein damals erworbenes fundiertes Wissen verlassen. Ich kann sagen, daß ich die Zusammenhänge der Rechtswissenschaft durchblicke. Überhaupt hätte ich ohne die Jurisprudenz meinen Beruf nicht ausüben können, denn ... – Ja, was ist eigentlich mein Beruf? Einen Beruf habe ich ja eigentlich gar nicht, denn wie bereits erwähnt, mache ich alles, was nicht gelernt habe.

In Griesbach tut sich etwas

In Griesbach begann 1967/68 die Gebietsreform. Das sollte eine Schlüsselstelle für meine weitere Entwicklung, für meine Frage, was ich denn „unternehmen" könnte, werden. Meine Eltern hatten wie gesagt das Stromleitungsnetz verkauft und waren mehr oder weniger Privatiers. Mein Vater, früher ein unglaublich tatkräftiger Mann, hatte durch eine weitere schwere Erkrankung einen Großteil seiner Kraft verloren und war als Unternehmer nicht mehr tätig. Anstatt einer Person trat diesmal der deus ex machina in Gestalt der Gebietsreform in mein Leben. Meine persönliche Entwicklung und die von Bad Griesbach wurde ausgerechnet durch diese, von mir stark bekämpfte Reform auf den Weg gebracht. Griesbach war über viele Jahrhundert hin Kreisstadt und als solche Sitz von verschiedenen Verwaltungsbehörden. Aufgrund der bayerischen Gebietsreform sollten all diese Ämter und Behörden nach Passau gehen. Natürlich kämpfte ich mit Freunden aus der CSU für den Erhalt der Kreisstadt Griesbach, denn durch die Reform würde der Stadt jede Grundlage entzogen, ihr drohte mit dem Wegfall dieser Arbeitsplätze der Konkurs. Alle Versuche, nördlich oder südlich der Donau einen Landkreis zu bilden, waren zum Scheitern verurteilt, denn Griesbach war schon immer in der politischen Szenerie schwach vertreten und ohne Einfluß. Es entstand ein riesiger Landkreis Passau, in sich völlig inhomogen von den wirtschaftlichen Bedingungen her. Die Frage, weshalb so entschieden wurde, war kaum nachzuvollziehen, denn Griesbach verlor sämtliche Behördensitze, war, da es andere Arbeitsplätze nicht gab, de facto ruiniert. Das also war für uns die Stunde Null. Die Frage war, was soll jetzt aus Griesbach werden?

Wie die Idee, in Griesbach nach Wasser zu bohren, entstanden ist, weiß ich nicht. Jedenfalls hatte der Landrat Dipl. Ing. Hans Winkler, ein gleichaltriger Freund meines Vaters, sehr viel damit zu tun. Auch von Dr. Zwick aus Bad Füssing hätte diese auf den ersten Blick wahnwitzig erscheinende Idee stammen können. Tatsache ist, daß sie anläßlich eines Skiurlaubs mit Hans Winkler in St. Anton immer wieder bei einem Glas Rotwein besprochen und von allen Seiten beleuchtet wurde. Es war schließlich klar, das wird gemacht. Auch wenn keiner wußte, wie das geschehen sollte. Sehen Sie, damals gab es noch Leute, die einfach gehandelt haben. Heute würden hundert Gutachten in Auftrag gegeben, bevor einer einen Strich tut. Früher war es genau umgekehrt: man hat die Dinge auf den Weg gebracht, ohne vorher genau zu wissen, wie sie sich entwickeln werden und vor allem, wie das Ganze letztlich ausgeht. Aber wie soll man sich an etwas Neues heranwagen, wenn nicht mit genau dieser Portion Selbstvertrauen, kombiniert mit einem gewissen Anteil von Unbekümmertheit. Zunächst konnten wir mit unserer Begeisterung, in Griesbach zu bohren, niemanden anstecken. In Bad Füssing, wo der damalige Bezirkstagspräsident von Moreau sich anfangs sehr dezidiert gegen ein solches Unternehmen aussprach, fürchtete man sehr verständlich die potentielle Konkurrenz. Aber auch die Regierung von Niederbayern war von unserer Idee überhaupt nicht angetan. Aber Landrat Winkler legte sich mächtig ins Zeug und schaffte es, die ersten großen Steine aus dem Weg zu räumen, mit dem Erfolg, daß der Bohrung stattgegeben wurde. Zu diesem Zeitpunkt wußte allerdings noch niemand, wer eigentlich bohren und wie das Ganze finanziert werden sollte. Man war der Meinung, aus der Gebietsreform gebe es entsprechende Zuschüsse für die Stadt Griesbach, aber das hat sich dann schnell zerschlagen. Aber anstatt die Flinte ins Korn zu werfen, hat man einfach so weiter gearbeitet und vorbereitet, als ob das Geld vorhanden wäre, als ob bereits sicher wäre, daß eine Bohrung überhaupt je stattfinden würde. Das war eine Zuversicht, wie man sie sich heute auch manchmal wünschte.
Das Wichtigste war zu diesem Zeitpunkt, die entsprechenden Grundstücke zu erwerben und zwar auf dem Hügel, auf dem jetzt Bad Griesbach steht. Mit dieser Aufgabe hat Hans Winkler meinen Vater betraut, der ein hervorragender Grundstückshändler war; überhaupt Verhandlungen erfolgreich zu führen, war eine Spezialität von ihm. Er hatte nämlich den richtigen Draht zu den Bauern. Er wußte, daß das Wesentliche entweder gar nicht gesagt und – wenn überhaupt – höchstens angedeutet werden durfte. Die Basis für den Grunderwerb sollte der Hof meines Onkels Fritz Lorenz werden. Dafür sprach, daß dieser Besitz groß war,

mein Onkel keine Kinder hatte und sich sowieso zur Ruhe setzen wollte. Nach dem Erwerb dieses Bauernhofes wurde getauscht und geschachert, bis endlich ein einheitliches Terrain von 500.000 bis 600.000 m^2 Grund entstand. Diese Grundstücke zu besitzen war deshalb von so großer Bedeutung, weil – und darin war man sich einig – eine vernünftige Planung für den Bau des Bohrortes nur so überhaupt möglich erschien. Anders hätte man sich immerzu den Interessen der Grundstückseigner auseinandersetzen und zu viele Kompromisse eingehen müssen.
Nun hatte mein Vater zwar die Grundstücke rechtsverbindlich beim Notar erworben, aber er ging selbstverständlich nicht davon aus, daß er Eigentümer sei oder sein würde. Statt dessen waren wir der Auffassung, daß wir den Grund für die Stadt Griesbach oder Dr. Zwick sen. erwarben. Ich weiß noch gut, wie mein Vater und ich zu Dr. Zwick nach Bad Füssing fuhren, um uns eine Absage einzuhandeln. Dann hatte auch die Stadt Griesbach nicht den Mut, die Grundstücke zu übernehmen. Immerhin war die Bohrung, die darauf vonstatten gehen sollte, zu jener Zeit noch nicht einmal in entferntester Sicht.
Womöglich ist es meiner Jugend zuzuschreiben, meiner Begeisterungsfähigkeit, auch einer gewissen Unbekümmertheit, jedenfalls ließ ich mich von der Mutlosigkeit, von der Scheu vor diesem Riesen-Projekt keinesfalls anstecken. Im Gegenteil. Ich begann zu ahnen, daß diese Sache die Chance meines Lebens werden würde. Deshalb unternahm ich alles, damit die Grundstücke nur ja bei uns blieben. Diese Chance wollte ich keinesfalls aus den Händen geben. Ich war von dieser Idee absolut besessen und gefangen, und ich konnte Tag und Nacht an nichts anderes als ihre Realisierung denken. Freilich waren keinerlei finanzielle Mittel vorhanden, um so ein Projekt zu finanzieren. Alleine der Grundstückskauf war bereits gänzlich aus Darlehen finanziert und nicht aus Eigenmitteln, weil wir daran geglaubt hatten, daß lediglich eine Zwischenfinanzierung nötig sei. Freilich hatten wir einen gewissen Braten im Topf, aber es fehlte an allem, ihn zuzubereiten. Und schon gab es jede Menge Jäger, die denselben rochen und probierten, meinen Eltern die Grundstücke abzujagen. Aber das konnte ich immer verhindern.

Wer bohrt – und wie?

Auf diesem riesigen Areal untätig sitzen zu bleiben, machte am allerwenigsten Sinn. Die Frage, wer denn nun bohrt, stellte sich immer dringlicher. Nun ist es erfahrungsgemäß so: wenn ein Objekt in einem gewis-

sen Maß fortgeschritten ist, dann gibt es de facto kein Zurück mehr. Und dieser Punkt war zu jener Zeit bereits überschritten. Wir gründeten also die Summerhof-Bohrgesellschaft. In dieser Gesellschaft waren die Anteilseigner Dr. Hans-Karl Fischer mit 35%, mein Vater mit 40% und ich mit 25%. Da ich aber kein Geld besaß, mußte ich meinen Anteil durch Arbeit einbringen.
Mit dem Namen „Summerhof-Bohrgesellschaft" hat es seine eigene Bewandnis. Im bäuerlichen Bereich der bayerischen Gesellschaft unterscheidet man auch heute noch zwischen dem Tauf- und dem Hofnamen eines Bauern, wobei die Verwendung des Hofnamens die gebräuchlichere, weil letztlich beständigere ist. Mein Onkel, getauft auf den Namen Fritz Lorenz, war Bauer des Summerhofes, wurde auch „der Summer in Schwaim" genannt. Insofern würde jeder Einheimische schon bei der Namensnennung wissen, um welche Örtlichkeit es sich handelte. Dieser Tradition bin ich auch gerne gefolgt und benannte das erste Hotel ebenfalls nach dem Hof meines Onkels, den Summerhof. Aber dies nur nebenbei.
Jedenfalls war vorgesehen, daß ich meinen Anteil an der Bohrgesellschaft durch Arbeit einbringen sollte. Die Vorarbeiten wurden noch von Landrat Winkler erledigt, der den Ingenieur Muntau, welcher Erfahrungen mit den Bohrungen in Bad Füssing gemacht hatte, an seiner Seite wußte. Aber von jetzt ab war es meine Aufgabe, die gesamte Bohrung von Anfang an bis zum Schluß durchzuziehen.
Stellen Sie sich einen jungen Mann vor, der alles Mögliche, speziell nach Thermalwasser bohren will, aber einfach zu wenig Ahnung und erst recht kaum Erfahrungen hatte, sein Wollen in die Tat umzusetzen. Wie sollte das anders gut gehen als mit Hilfe eines immensen Glücksfalles? Ich war überzeugt, man bohrt ein paar heiße Quellen, und dann hat man das Rennen auch schon gewonnen. Welch ein Irrglaube! Was ich dagegen besaß, war ein intuitives Gefühl dafür, wem zu vertrauen war und wem nicht. Als uns die erste Bohrfirma verschiedene Angebote machte, sagte dieses Gefühl deutlich: Nein! Erst nach mehreren Ausschreibungen fand ich jemanden, zu dem ich Vertrauen entwickeln konnte. Und diese Erfahrung bestärkte mich darin, meinem Gefühl zu vertrauen.
Eines Tages meldete sich nämlich Dipl. Ing. Eckehard Uebel aus Bentheim. Er arbeitete für die Deutag, die Deutsche Tiefbohr AG, eine Tochter der Deilmann AG. Und dieser Mann erwies sich als Glücksfall für unsere Quellen, denn ohne Eckehard Uebel gäbe es keine Thermalquellen in Bad Griesbach. Eigentlich waren Wasserbohrungen ganz und gar nicht das Geschäft der Deutag, die sich als Off-Shore-Bohrer mehr auf Erdöl und Erdgas spezialisiert hatte. Die Thermalwasserbohrung in Griesbach

war für die Firma nur eine Überbrückung, um einen sonst quasi auf Halde stehenden Bohrturm mal schnell für einige Wochen unterzubringen. Aber das spielte für die Freundschaft, die sich sehr schnell zwischen mir und Herrn Uebel entwickelte, keine Rolle. Wir waren uns gleich einig, und Herr Uebel war so von unserem Vorhaben angetan, daß er seinen Urlaub in Griesbach verbrachte, um die Bohrungen beaufsichtigen zu können. Er war es, der die Bohrung von der technischen und geologischen Seite her leitete. Wenn ich irgend eine Entscheidung treffen mußte, holte ich vorher seinen Rat ein. Er war aber auch nicht der einzige Helfer, denn ich lernte im Lauf der Zeit eine ganze Reihe von Bohrmeistern kennen, zu denen ich eine ganz persönliche Beziehung aufbauen konnte. Meine damalige Erfahrung, daß ein gemeinsames Ziel nur erreicht werden kann, wenn die daran arbeitenden Leute „miteinander können", d. h. sich sympathisch sind, sich gut vertragen, eine gemeinsame Begeisterung für die Sache aufbringen, hat sich bis auf den heutigen Tag immer wieder bestätigt. Mit Technokraten kann man vielleicht die Höhe eines Berges ausrechnen, ihn aber noch lange nicht erklimmen. Wenn es um die Realisierung von Ideen, letztlich ja Träumen geht, müssen Herzblut und äußerste Bereitschaft, das Notwendige einfach zu tun, eingesetzt werden.
Und es wurde uns nicht eben einfach gemacht. Noch bevor es zu den Bohrungen kam, bombardierte man uns aus Bad Füssing mit Widersprüchen. Auch von den zuständigen Ämtern waren Hürden zu erwarten. Dennoch gab es immer wieder Juristen, Regierungsräte usw., die ein Einsehen hatten, die juristische Lage zu einer vernünftigen Lösung führten, die Wasserrechtsverfahren stimmig vorbereiteten, so daß wir aller Widerstände zum Trotz gut über die Runden kamen. Unser Landrat Winkler hat dabei immer darauf gesehen, daß die notwendigen Absicherungen bei der Regierung von Niederbayern vorhanden waren und daß der Regierungspräsident Dr. Johann Riederer der ganzen Angelegenheit wohlwollend gegenüberstand.
Wir konnten also einen Schritt weiter gehen, das hieß, die Finanzierung der ersten Bohrung bewerkstelligen. Kein Mensch dachte damals daran, daß es letztendlich auf drei Bohrungen hinauslaufen würde. Die Finanzierung lief über die Sparkasse Passau und ihren damaligen Vorstand Rudolf Krause. Wenn man davon ausgeht, welche Berge von Papier heutzutage produziert werden müssen, um einen Kredit oder ein Darlehen zu erlangen, dann kann man die Zustände damals geradezu als paradiesisch bezeichnen. Die Kreditvergabe lief nämlich mehr oder weniger aufgrund von Vertrauen, und nichts anderes bedeutet das Wort „Kredit", das aus

dem Lateinischen „credere“, d. h. „glauben, vertrauen“, stammt. Man glaubt und vertraut jemandem, daß er eine Angelegenheit durchsteht und zu einem erfolgreichen Ende bringt. Selbstverständlich gehört auch das Scheitern irgendwie dazu. Aber das liegt in der Natur der Sache, daß allem Sicherheitsdenken, jedwedem Gutachten zum Trotz ein Mißerfolg einfach nicht auszuschließen ist. Seien wir doch einmal ehrlich, wenn ich immer nur nach möglichst hundertprozentiger Sicherheit gehe, darf ich mich bald nicht mehr aus dem Haus wagen: es könnte mir ja ein Ziegelstein auf den Kopf fallen. Aber: wer nichts wagt, der nichts gewinnt! Und wir hatten noch eine Portion Glück dazu, denn der Gewährsträger der Sparkasse war damals noch der Landkreis Griesbach. Die daraus folgende Personalunion ermöglichte sowohl die Finanzierung der Grundstücke als auch der Bohrung. Das war ein – heutzutage undenkbarer – selbst damals mutiger Schritt, besonders wenn man bedenkt, daß die Vermögensverhältnisse meiner Eltern bei weitem überschritten waren.
In diesem Zusammenhang fällt wohl auch auf, welches Vertrauen meine Eltern, speziell mein Vater in das gesamte Projekt setzte. Um die Rolle meines Vater hierbei entsprechend zu würdigen, muß man sich dessen bewußt sein, daß er sich damals schon sozusagen im Pensionsalter befand.

Mein Vater und meine Mutter

Mein Vater wurde in Singham ganz in der Nähe der Bohrstellen I und II geboren und erbte als nachgeborener Sohn das Elektrizitätswerk, welches er ausbaute und damit die Stromversorgung von Griesbach und Umgebung gewährleistete. Ein ganz wichtiger Abschnitt in seinem Leben bestand in seiner Tätigkeit als erster und zweiter Bürgermeister von Griesbach, was rund 20 Jahre in Anspruch nahm. Nach meiner Kenntnis wurde er zunächst deshalb nicht gleich erster Bürgermeister, weil er – wie viele andere in Griesbach – in der Partei war. Ich weiß aber, daß er keiner Menschenseele etwas zuleide getan hat und daß er praktisch nicht im Kriegseinsatz war, weil er ja in Griesbach die Stromversorgung aufrecht erhalten mußte.
Erster Bürgermeister wurde statt dessen Eduard Graml, seines Zeichens Holzfäller. Er war meines Wissens nicht Parteimitglied und konnte deshalb in der schwierigen Nachkriegszeit erster Bürgermeister werden. Vom Graml Edi, wie er im Volksmund genannt wurde, sind zwei Anekdoten überliefert:

Einmal mußte er den Bischof von Passau anläßlich der Firmung begrüßen, wußte aber nicht, wie man sich einer so hochgestellten Persönlichkeit nähert. Also hat man ihm beigebracht, daß er erst den Bischof als „Seine Exzellenz“ begrüßen, sich dann selber als den Bürgermeister von Griesbach vorstellen müsse. Um die ihm ja nicht so geläufigen Begriffe nur ja nicht durcheinanderzubringen, habe sie der Graml Edi dann dauernd vor sich hin gemurmelt. Und als der Bischof kam, hat er ihn tapfer angegrinst und gesagt: „Eure Exzellenz, stellen Sie sich vor, ich bin der Bürgermeister von Griesbach.“ – Die zweite Geschichte weiß ich von meinem Vater. Zu ihm hat der Graml Edi nämlich einmal gesagt: „Alois, das Leben ist ungerecht. Ich könnte jeden Tag 15 Halbe Bier trinken, aber nicht bezahlen. Und Du könntest sie bezahlen, aber nicht trinken.“

Jedenfalls wurde mein Vater in späteren Jahren zum ersten Bürgermeister gewählt. Seine Leistungen für den Ort liegen aber nicht nur in der Stromversorgung. Ihm lag das Wohl der Gemeinde wirklich am Herzen. Da er selber nur die Volksschule besuchen konnte, engagierte er sich vor allem für das Bildungswesen in Griesbach, begann den Neubau einer Volksschule und legte den Grundstein für die jetzige Realschule in Griesbach. Das war gar nicht so einfach, denn auch die Gemeinde Rotthalmünster wollte die Realschule, damals noch „Aufbauzug“ genannt, zu sich holen.

Mein Vater und der Bürgermeister Kreuzer aus Rotthalmünster wurden im Kultusministerium vorstellig. Während der Besprechung bei der Ministerialrätin riß der Kreuzer immer wieder seine Witze und stellte sich als fröhlicher, leutseliger Mann dar. Mein Vater hingegen blieb still und sagte kaum etwas. Auf die Frage, warum er sich denn so ruhig verhalte, antwortete er, daß er im Zimmer der Ministerialrätin das Bild des Heiligen Bruder Konrad, jetziger Stadtheiliger von Griesbach, gesehen habe. Bei der Verabschiedung von der Ministerialrätin sagte er dann nur: „Gell, Frau Ministerialrätin, Sie und der heilige Bruder Konrad werden das Ganze schon richten.“ Das gab, so geht die Fama, den Ausschlag dafür, daß die Realschule in Griesbach Einzug halten konnte.

Anschließend begann er unter mühseligsten Bedingungen, ein Altersheim in Griesbach aufzubauen. Desweiteren beschäftigte sich mein Vater damit, Grundstücke aufzukaufen, um sie dann zum Selbstkostenpreis zum Beispiel an Flüchtlinge und Kinderreiche weiter zu verkaufen. Es war sein besonderes Anliegen, und er verwirklichte dies auch immer wieder, gerade für nicht so gut betuchte Menschen Finanzierungen auf die Beine zu stellen, damit auch sie sich ein Häuschen leisten konnten.

Ein weiteres Verdienst meines Vater bestand in dem Aufbau der zentralen Wasserversorgung, für die unter Leitung des Landrats Winkler die „Ruhstorfer Gruppe" aufgebaut wurde, ein Zweckverband, der die Wasserversorgung für den südlichen Landkreis gewährleistete. Obwohl es bei seinem diesbezüglichen Engagement auch einige Kritik hagelte, bewies mein Vater doch viel Weitblick, denn ohne diese zentrale Wasserversorgung wären Bad Griesbach und andere Neubaugebiete nicht verwirklichbar gewesen. Auch stellte er damals schon zum ersten Mal den Antrag für eine Ortsumgehung von Griesbach, die aber bis zum heutigen Tag nur in einem kleinen Teilstück Realität geworden ist. Außerdem erwarb er sich Verdienste durch die Ansiedlung der Textilfabrik Köhler, die aber heute nicht mehr existiert. Er war auch im Aufsichtsrat der Sparkasse, die damals ihren Sitz noch in Griesbach hatte.
Obwohl mein Vater sich für viele Menschen einsetzte, war er andererseits vielleicht sogar etwas „leutscheu", wie wir in Bayern sagen. Später wurde er Ehrenbürger von Griesbach. Als er erfuhr, daß es darum erst eine große Diskussion im Stadtrat gegeben hatte, war er so verärgert, daß er diese Ehre sogar ablehnen wollte. Es bedurfte vor allem von meiner Seite einer großen Überredungskunst, ihn dazu zu bewegen, die Ehrenbürgerschaft anzunehmen, denn sonst wäre es zu einem Eklat gekommen. Auch mit dem Bundesverdienstkreuz hatte er so seine Probleme. Das hat sich vermutlich vererbt, denn die Einstellung zu Orden aller Art ist auch von meiner Seite äußerst kritisch.
Wie bereits erzählt, kamen dann schwere Erkrankungen dazwischen, die ihm einen Großteil seiner Kraft raubten. Alleine schon, sie zu überleben, stellte bei der damaligen Kunst der Medizin eine Höchstleistung dar. Aber der Alte war er anschließend nicht mehr. Insofern rechne ich ihm besonders hoch an, daß er trotz seines gebeutelten Zustandes noch einmal bereit war, aktiv zu werden. Als Griesbach durch die Folgen der Gebietsreform sozusagen brach lag, hätte er ebensogut abwinken können: das geht mich nichts mehr an. Statt dessen folgte er der Aufforderung Winklers, Grundstücke für eine Thermalwasserbohrung zu erwerben. Ich denke, daß hierin seine allergrößte Leistung besteht, denn er hat gerade in dieser Angelegenheit wirklich alles riskiert. Es wurde immer behauptet, daß wir inklusive der Bohrungen alles verlieren hätten können, was meine Eltern aufgebaut hatten, aber das halte ich für eine Übertreibung. Die Preise für landwirtschaftliche Grundstücke stiegen in den nächsten Jahren dermaßen hoch an, daß es sicherlich kein reines Verlustgeschäft geworden wäre. Aber ich sehe auch, daß derlei Überlegungen in der Rückschau leichter anzustellen sind, als wenn man in der Situation selbst

steckt und immense Schulden auf dem Konto hat. Jedenfalls war es eine großartige Leistung meines Vaters, daß er am Ende seines Lebens als Geschäftsmann noch einmal ein solch großes Risiko einging. Und damit war es ja noch nicht getan, denn es mußte ja noch die Bohrgesellschaft gegründet werden.
Als erstes kam natürlich die Absage vom Staat, der keine Zuschüsse für die Thermalwasserbohrung geben wollte. Das Risiko der Bohrung muß von Privat getragen werden, so hieß es. Aber welcher Privatmann hat schon den finanziellen Hintergrund, sich an einen solchen Brocken zu wagen! Und wieder kam der Zufall zu Hilfe. Ich erfuhr von einem Chefarzt in Passau, Dr. Hans Fischer, der an der Bohrung interessiert sei. Er hatte vor, mit einer anderen Gesellschaft in Bad Füssing eine zukunftsweisende neue Klinik aufzubauen. Es gehört wohl zur Ironie der Geschichte, daß diese Klinik nun von mir in Gestalt der Luitpold-Klinik in Bad Griesbach errichtet wurde, wobei ich Fischers Konzept aufgegriffen habe. Aber dazu später.
Jedenfalls habe ich Dr. Fischer in Passau besucht, und er war bereit, sich an einer Bohrgesellschaft zu beteiligen. So konnte die Summerhof-Bohrgesellschaft gegründet werden mit Dr. Fischer, meinem Vater und mir als Anteilseigner. Da ich kein Geld aufbringen konnte, bestand mein Anteil in Arbeitsleistungen. Ich bewirkte die Bohrgenehmigungen und leitete später dann die Bohrungen selber. Aber dazu möchte ich später genauer eingehen, erst einmal das Kapitel mit meinem Vater zu Ende bringen.
Nachdem die Bohrungen durchgeführt waren, gab es intern große Meinungsverschiedenheiten. Ich lebte in der Vorstellung, daß ich die Grundstücke, die Quellen, aber auch alle Schulden dieses Projektes übernehme; Eigenmittel dafür besaß ich jedoch nicht. Der Streitpunkt war wie bei allen Dingen natürlich das „liebe Geld". Ich war der Ansicht, daß meine Eltern nur das vererben können, was sie selbst erworben hatten, und ich war bereit, auf alles zu verzichten, was mir als Erbe normalerweise zugestanden hätte. Ich wollte nur die Quellen und den Grund, inklusive aller Schulden. Meine Eltern hingegen vertraten den Standpunkt, daß ich darüber hinaus noch einiges leisten müßte. Um des lieben Friedens willen und um das Begehrte zu bekommen, erklärte ich mich dazu bereit. Aber es war ein harter Kampf, bei dem ich häufig mit meinem Rückzug aus dem Projekt drohen mußte, wohl wissend, daß es ohne mich nicht zu realisieren war.
Es kam dann 1978 zu einem Kaufvertrag. Ich erwarb die Grundstücke, die Quellanteile usw. und übernahm die Schulden. Bei einem weiteren Erbvertrag wurde mir ein Teil des Kaufpreises erlassen, und ich verzich-

tete im Gegenzug auf alle meine Erbansprüche. Dieser Vertrag wäre mir später fast zum Verhängnis geworden, denn zehn bis zwölf Jahre später, nach dem Tod meines Vaters, versuchte meine Mutter aus einer Lücke des Vertrags heraus, mich wirtschaftlich zu ruinieren.
Eines Tages stand der Gerichtsvollzieher in der Tür und forderte einen fast achtstelligen Betrag von mir. Ich hätte einen solchen Betrag in keinster Weise aufbringen können, das wäre mein wirtschaftliches Ende und das Ende von Bad Griesbach gewesen. Gott sei Dank hatte mein Steuerberater, Werner Engel, den ich von frühester Jugend an kannte, beim Abschluß des Kauf-Erbvertrages von meiner Mutter eine eidesstattliche Erklärung abgeben lassen, daß ihre Forderungen nicht geltend gemacht werden. Diese Erklärung verhinderte meinen wirtschaftlichen Untergang. Dennoch kann ich nicht umhin, die Handlungsweise meiner Mutter als wirtschaftlichen Mordversuch zu bezeichnen. Ich nehme an, daß die Motive hierfür im menschlichen Bereich zu suchen sind: Eifersucht, verletzte Eitelkeit. Damit soll dieses Thema abgeschlossen sein.
Meine Mutter hat dann später noch gemeinsam mit Dr. Grau ein Buch über die Entstehung Bad Griesbachs initiiert. Dr. Grau besuchte mich und bat mich um meine Mitarbeit. Zunächst war ich guten Willens, aber dann stellte ich fest, daß ich meine Arbeit aufgeben müßte, wenn ich die ungefähr 1200 Seiten, die ich auf Tonband diktiert hatte, schreiben und korrigieren wollte. Und da ich der Auffassung bin, wenn man etwas macht, muß es richtig angefaßt werden, sagte ich ab. Schließlich gibt es auch kein „bißchen schwanger", also soll es auch nicht ein „bißchen Mitarbeit" geben. Dennoch war Dr. Grau, vermutlich unter dem Einfluß meiner Mutter, wild entschlossen, das Buch auf den Markt zu bringen. Natürlich wies ich ihn darauf hin, wie fragwürdig dieses Projekt war, wenn weder meine Mitarbeit noch mein Archiv dabei berücksichtigt würden. Schließlich bin ich nicht nur der Zeuge der Entstehung Bad Griesbachs, sondern der Macher überhaupt, mal abgesehen von der Anfangsphase, in der Landrat Winkler noch das Heft in der Hand hielt. Aber obwohl ich den Kopf darüber schüttelte, entstand das Buch. Leider wurde dabei nicht einmal der Hinweis, daß es ohne meine Mitwirkung und ohne mein Archiv zustande gekommen war, darin aufgenommen. Insofern kann ich dieses Buch nur als Fragment bezeichnen.

Wir bohren!

Nach einem langen, langen Anlauf von zwei bis drei Jahren waren endlich die Vorbereitungen für die eigentlichen Bohrungen abgeschlossen, und wir konnten zur Tat schreiten. In dieser Phase hatte ich allerlei Hilfen nötig, denn nur mit juristischen Tricks konnten die Bohrgenehmigungen erwirkt werden. Zum Beispiel hatten ja die Bad Füssinger verständliche Angst vor künftiger Konkurrenz. Aber indem wir lediglich einen Antrag auf Bohrung, nicht aber einen auf Wasserförderung stellten, wurden die Rechte der Füssinger nicht verletzt. Natürlich war jedermann klar, was folgt, wenn man das Thermalwasser findet, aber juristisch gesehen war dieses Vorgehen einwandfrei. Ich erinnere mich noch gut an das zweite juristische Staatsexamen, denn ich war ja damals nicht einmal Volljurist, wie das so schön heißt. Bei der mündlichen Prüfung hat man mich gefragt: „Sind Sie etwa derjenige, der die Prozesse mit den Füssingern hatte?"

Die Bohrung selber begann mit der Ankunft von Eckehard Uebel, der Gott sei Dank sehr schnell zu meinem Mentor wurde. Ich weiß noch wie heute, es war fürchterlich schlechtes Wetter bei unserer ersten Begegnung, aber ich wußte gleich: der Mann ist es! Wahrscheinlich erkannte der Ingenieur sofort meine völlige Ahnungslosigkeit und Naivität und empfand aus diesem Grund Mitleid, denn er nahm sich unseres Projektes an, als wenn es sein eigenes wäre. Zunächst befreite er mich von meinem Unwissen, brachte mir die Grundbegriffe der Bohrung und die damit verbundenen Gefahren, aber vor allem die Grundkenntnisse der Geologie nahe, für mich damals noch ein vollkommen unbekanntes Feld .

Alleine schon der Antransport des immens großen Bohrgerätes war ein Problem und Abenteuer. Selbstverständlich konnte man Gerätschaften von solchem Ausmaß nicht einfach durch die Straßen transportieren, dazu waren eine ganze Reihe von Sondergenehmigungen vonnöten. Glücklicherweise unterstützte mich der neue Landrat Kitzlinger von Anfang an in hervorragender Weise. So konnte auch das Problem der Zufahrten mit den anderen Regierungsbezirken erfolgreich gelöst werden, und der Bohrturm kam nach Griesbach. Während die Bohrtätigkeit selbst relativ kurz war, erforderten die Vorbereitungen wie Antransport, Aufbau etc. einen immens hohen Zeitaufwand. Die Bohrarbeiter waren im jetzigen Gasthaus Venus in Schwaim untergebracht, das damals noch hauptsächlich aus einem Holzhaus bestand, und in der Gaststätte Leitner, die einem Cousin von mir gehörte. Aber die existiert heute nicht mehr, statt dessen befindet sich jetzt dort eine Apotheke.

Daß an einem Bohrturm 24 Stunden ununterbrochen geschafft wird, war für mich eine ganz neue Erfahrung. Die Leute, die am Bohrturm arbeiteten, waren rauhe Gesellen. Nun kam aber gleich noch ein Problem hinzu, nämlich schlitterten wir gleich in die erste Erdölkrise. Es gab kein Erdöl zu kaufen, aber es mußte doch durchgängig weiter gearbeitet werden, denn ein Bohrturm kostet auch Gebühren, wenn die Arbeit daran still steht. In unserer Not bohrten wir mit Heizöl, was natürlich wegen der unterschiedlichen Steuer nicht gestattet war. Aber durch eine Selbstanzeige konnten wir einer Bestrafung entgehen. Dazu kam, daß alle möglichen Freunde uns dabei halfen, Erdöl aufzutreiben. Wie immer in meiner Geschichte hielten sich unendliche Schwierigkeiten und genauso große Hilfeleistungen und Glücksfälle die Waage.
Wenn sie jetzt vom Fürstenhof aus herunter sehen, erblicken Sie zwei kleine Hütten, in denen heute zwei Thermalwasserquellen fließen. Genau da war damals unser erster Bohrplatz, Flurnummer 695. Da wir damals schon beabsichtigten, oben am Berg später Bad Griesbach zu errichten, war es wichtig, daß die Leitungsrechte dieser Quellen gesichert waren. Deshalb erschien es ja auch so wesentlich, den ganzen Grund selbst zu besitzen, damit man die Leitungen auf eigenem Grundstück nach Griesbach hinauf legen konnte. Damals gingen wir davon aus, daß man den selben „Malm" (das ist der Wasserhorizont) erreicht, aus dem auch Bad Füssing sein Wasser bezieht, und folglich das gleiche Wasser wie in Bad Füssing findet. Aber es kam wie so oft vollkommen anders.
Nach jedem Tag Arbeit am Bohrturm mußten die Bohrberichte unterschrieben werden. Natürlich habe ich immer mit „Hartl" gezeichnet. Aber die Bohrmeister wollten das überhaupt nicht einsehen, denn sie waren gewohnt, daß zum Beispiel die Firma Shell oder BP unterschreibt. Einen Privatmann hatten sie vorher nie so etwas tun sehen.
Nach einiger Zeit hatte ich es schnell im Gehör, ob der Bohrmeißel gut läuft oder nicht, denn am Schlagen konnte man bereits erkennen, ob der Meißel gut vorankam oder ob eine sehr harte Gesteinsschicht vorlag. Auch Probleme wie Gestängebruch und den Fangarbeiten kamen auf mich zu. Ich mußte lernen, was zu tun war, wenn das Gestänge brach, denn es mußte dann im Bohrloch gefangen und wieder herausgezogen werden. Solche Unglücksfälle waren selbstverständlich schreckliche Erlebnisse für mich, aber auch das gehörte einfach dazu. Und dann jeden Tag an der Bohrstelle die unsäglich Spannung: was werden wir finden? Das geologische Gutachten ging davon aus, daß auf der Linie Griesbach-Pocking eine Verwerfung sei, jenseits der man vernünftig bohren und

ähnliche Ergebnisse wie in Bad Füssing erzielen konnte. Allerdings war das ein Irrtum.
Man muß wissen, daß Bohrungen in unserer Gegend eine gewisse Tradition haben. Zu Zeiten Hitlers glaubte man, daß der Erdöldom des Schwarzen Meeres sich über das Wiener Becken zu uns herauf ziehen würde, daß wir also über Energievorräte verfügten. Damals wurde in Bad Füssing, Weihmörting und Birnbach gebohrt. Ich kenne das Gerücht, daß man schon damals in Füssing Wasser fand, dies aber nicht förderte, um die böhmischen Bäder Marienbad und Karlsbad zu schützen, ob das stimmt, weiß ich allerdings nicht. Auf alle Fälle gab es über unsere Gegend eine ganze Reihe von Vorkenntnissen. Ich staunte zum Beispiel über die Tatsache, daß ich von den verschiedensten Ölgesellschaften erst Konzessionen holen mußte, um überhaupt bohren zu können. Problematisch war dies allerdings nicht, denn wir suchten ja nach Thermalwasser, nicht nach Erdöl.
Die Bohrung I lehrte mich jede Menge über die Geologie unserer Gegend, allerdings anders als gedacht, denn diese Bohrung verlief in keinster Weise wie vorhergesagt. Man nimmt ja immerzu Gesteinsproben, um zu überprüfen, in welcher geologischen Schicht man sich befindet. Der Bohrmeißel dringt in das Erdreich ein, und über die Bohrstange wird dann mit der Spülung Erdreich und Gestein nach oben befördert. Die Geologen stellen fest, in welcher Schicht man derzeit bohrt und legen ein Profil der Bohrung an. Plötzlich wurden vollkommen andere Gesteinsproben an die Oberfläche gespült, als man berechnet hatte. Und da kam doch tatsächlich auf einmal Granit mit Kalk vermischt oben an. Granit ist das Urgestein, in welchem sich kein Thermalwasser befindet. Und wir waren bereits bei etwa 600 Metern Tiefe auf Granit gestoßen, was nach den Berechnungen erst für eine Tiefe von 1.600 bis 1.700 Metern der Fall sein sollte. Zu sagen, wir wären angesichts dieses Ergebnisses baff erstaunt gewesen, ist eine absolute Untertreibung. Ich kann mich noch gut an die Reaktion Eckehard Uebels erinnern, aus dem herausbrach: „Wie zum Teufel kommt Scheiße aufs Dach vom Kuhstall!?“ Verständlich, denn die Situation war völlig gegen alle geologischen Erfahrungen. Wir konnten es kaum glauben, haben noch Diamantmeißel bestellt, um Kerne aus dem Gestein zu ziehen. Aber in einer Tiefe von 878 Metern befand sich nur noch reiner Granit. Die Bohrung I war somit gescheitert. Ich machte den Fehler, mich von diesem Niederschlag überrumpeln zu lassen, anstatt das Ergebnis genauer anzusehen. Ich war so fixiert auf das Wasser aus dem Malm, daß ich für etwas anderes keinen Blick hatte. Diese Aufgabe erledigte dann Eckehard Uebel für mich. Denn unter sei-

ner Anleitung perforierten wir das Rohr mehrfach und fanden auf diese Weise ein in 300 Metern und 500 Metern Tiefe jeweils einen starken Wasserträger. Später gelang es auch noch, aus dem Granit Wasser herauszukitzeln.
Ich kann mich noch gut erinnern, wie an Weihnachten 1972 der Bürgermeister Lindinger mit dem Stadtbaumeister Scharschmidt in der Kaue am Bohrplatz saßen, und Lindinger Tränen über die gescheiterte Bohrung vergoß. Ich war zwar der Ansicht, wenn schon jemand weinen mußte, dann ich, denn es ging um meinen potentiellen Ruin. Aber aufzugeben plante ich dennoch nicht, das liegt einfach nicht in meiner Natur. Ich glaubte, es würde schon irgendwie weitergehen, nur anders als gedacht. Außerdem wußte ich von den tertiären Basissanden in 500 und 300 Metern Tiefe und deren ungeheurem Wassergehalt. Aber damals war man so auf den Malm fixiert, daß diese Bohrung I wie ein kompletter Mißerfolg dastand. Die reichen Wasserträger im Bereich zwischen 300 und 400 Metern habe ich bis heute nicht erschlossen, da keine Notwendigkeit besteht, aber sie sind da. Die Öffentlichkeit jedoch, wie wir eigentlich auch nur auf den Malm konzentriert, bedachte mich mit Hohn und Spott, was diese erste Bohrung betraf. Bis hin zu Faschingszügen war die Bohrung I ein Thema, über welches reichhaltigst gespottet werden durfte.
Der geologische Hintergrund der den Malm betreffenden Fehleinschätzung bestand darin, daß es im Bereich Schwaim nicht nur den Abbruch der Linie Griesbach-Pocking, sondern dazu noch eine Querstörung gab, den sogenannten Schwaimer Hauptabbruch, den ich die Ehre hatte zu entdecken. Der Fehler lag also eindeutig beim Bayerischen geologischen Landesamt, denn die hatten bei ihrem Gutachten die seismologischen Untersuchungen nicht berücksichtigt, aus denen die besondere geologische Formation in Schwaim verhersagbar gewesen wäre. Ich führte mit dem Amt einen heftigen Streit, denn nach meiner Auffassung war dieser Fehler vermeidbar. Dieser Ansicht bin ich übrigens heute noch. Überhaupt habe ich die Erfahrung gemacht, daß die Kenntnisse der Deutag, die Erfahrungen in der Erdölerschließung hatte, weitaus höher und verläßlicher waren als die des Bayerischen geologischen Landesamtes.
Aber statt uns entmutigen zu lassen, legten wir aufgrund dieses seismologischen Gutachtens einen neuen Bohrpunkt fest, und zwar bei der Sagmühle, nahe dem jetzigen Clubhaus des Golfclubs Sagmühle. Er war möglichst nahe dem unterirdischen Abbruch, wo Wasserreichtum am wahrscheinlichsten erschien. Man muß sich das so vorstellen, daß unten vom ersten Bohrpunkt bis hin nach Sagmühle eine riesige Gebirgswand

existiert. Da wir am Bohrpunkt I in etwa 600 Metern Tiefe auf Granit gestoßen sind, beim Bohrpunkt II aber erst nach etwa 1.600 Metern, können wir von einer ungefähr 1.000 Meter hohen Wand aus Granit ausgehen, die sich über eine nur kurze Wegstrecke hin aufbaut, eine extrem steile Wand also.
Ein neue Bohrstelle bedeutete schon wieder ein neues und doch immer wieder dasselbe alte Problem: wir benötigten Geld. Der damalige Vorstand der Sparkasse, Rudolf Krause, fragte ohne weitere Prüfung nur: „Wieviel brauchen Sie?“ Damit war die Sache erledigt. Welcher Vorstand einer Bank würde heute noch so selbstbewußt und unbürokratisch entscheiden?
Also auf ein Neues! Im Jahre 1973 begann ich wieder zu bohren, diesmal nach den Quellen II und III, wobei ich bezüglich der Quelle II ja Sicherheit über ein Wasservorkommen hatte. Aber unser ganzes Trachten ging nach wie vor auf den Malm, den wir in der Quelle III zu finden hofften. Also wurde nur 15 Meter neben der ersten Bohrstelle eine zweite eingerichtet, welche nach der sicher vorhandenen Karlsquelle suchte, die sich zwischen 400 bis 500 Metern Tiefe befand, eine relativ sichere Angelegenheit. Der andere Bohrturm wurde in Sagmühle aufgestellt, um den Malm, die Nikolausquelle zu entdecken. Da wir davon ausgingen, bis auf 1.500 Meter oder sogar noch tiefer gehen zu müssen, fiel dieser Bohrturm natürlich entsprechend größer aus.
Der Brunnen II oder die Karlsquelle war dann auch schnell in 497 Metern Tiefe gefunden. Das Problem bestand bei dieser Quelle darin, daß das Wasser aus einem Sandträger kam, und das Bohrloch wegen der zusammenfallenden Sandschichten sehr schnell verstopfte. Also entnahmen wir Sandproben, um festzustellen, wie groß die Körnung ist, denn wir wollten einen Filter konstruieren, der den Sand aus dem Bohrloch heraushält. Gleichzeitig sollte sich um den Filter herum eine Schicht aufbauen, die eine Verstopfung des Filters möglichst vermied. Außerdem mußte der Filter aus einem Material sein, welches dem aggressiven Thermalwasser standhielt, also V2 oder V4-Stahl. Freilich gab uns die Karlsquelle einige Sicherheit, aber dennoch achtete niemand besonders auf die Karlsquelle, noch erkannte man ihre Bedeutung richtig. Wir fixierten uns ausschließlich auf die Bohrung III, in der Erwartung des Thermalwassers auf dem Malm. Aus heutiger Sicht stelle ich fest, daß das Wasser der Karlsquelle mit seiner Temperatur von 32° C für Trink- und Badezwecke geradezu ideal ist, jedenfalls wesentlich besser geeignet als das Thermalwasser, das ich in der Nikolausquelle fand, welches mit 68° C nach oben steigt.

Die Bohrung III verlief zunächst vollkommen normal, ganz so, wie man es verausgesehen hatte, mit dem einzigen, aber feinen Unterschied, daß das Wasser selbst dann nicht kam, als wir den Malm erreicht hatten. Im Unterschied zu der Bohrung II ist der Malm ein feststehendes Gebirge, so daß kein Filter benötigt wird. So ein Bohrloch funktioniert in etwa so, daß mit einem Durchmesser von etwa über 30 bis 50 cm in die Erde gebohrt wird. Damit das Loch nicht zusammenstürzt und Erdreich einbricht, wird die sogenannte Spülung eingesetzt, die wie Mörtel wirkt und das Bohrloch sozusagen ausmauert. Das bewirkt einerseits die Stabilität des Bohrlochs, hat aber auch den Nachteil, daß natürlich kein Wasser austreten kann.

Um festzustellen, ob Wasser vorhanden ist, muß also das gesamte Bohrloch verrohrt werden. Das bedeutet, an dem Bohrturm werden Rohre verschraubt, die bis zur Tiefe des erwarteten Wasserträgers reichen. Dann werden diese Bohrrohre zementiert, d. h. innerhalb der Rohre wird ein Leitungsstrang hinuntergelegt, an dessen Ende sich ein Ventil befindet. Nun preßt man mit so viel Gewalt und Druck Beton in das Rohr, daß er dann an der Erdoberfläche wieder austritt. Wenn das geschehen ist, kann man den Wasserträger entlasten, einerseits Druck aufbauen, ihn dann wieder entnehmen, bis durch diese Druckentlastung der „Mörtel" von der Bohrwand weggedrückt wird, und das Wasser, sofern vorhanden, seinen Weg zur Erdoberfläche findet.

Alle diese Verfahren wendeten wir natürlich bei Bohrung III an, aber es kam und kam kein Wasser. Die Enttäuschung können Sie sich vorstellen. Unsere Nerven waren auf das Äußerste angespannt. Die Frage war nun: was ist jetzt zu tun?

So eine Bohrung kann man mit einer Stecknadel vergleichen, die in einen großen Emmentaler hineinsticht. Die Wahrscheinlichkeit, Wasser zu finden ist selbstverständlich gering, denn man müßte schon zufällig eine Kaverne oder kleine Wasserader treffen, um Erfolg zu haben. Und das war beim dritten Brunnen zunächst nicht gegeben. Herr Uebel hat dann die Durchführung einer Säuerung vorgeschlagen, um im Umkreis der Bohrstelle Wasser zu finden. Alle möglichen Theorien wurden aufgestellt, angefangen von Schrägbohrungen oder was es sonst noch für Möglichkeiten gibt, um das Horror-Szenarium zu vervollständigen.

Tatsächlich wurde dann gesäuert, d. h. Salzsäure wird mit gewaltigem Druck in den Wasserträger gepreßt, den Malm, der ja aus Kalkgestein besteht. Die Salzsäure löst den Kalk um das Bohrloch herum auf und ermöglicht es so, wasserführende Schichten zu erschließen. Aber so eine Prozedur braucht seine Zeit, denn die Säuren fressen nicht von heute auf morgen alle möglichen Schichten an. Und das Warten empfand und empfinde ich noch heute als äußerst grausam. Bei der ersten Bohrung hatte ich das ja schon einmal mitgemacht. Damals war auch eine Testphase gelaufen inklusive Säuerung, Entlastung des Wasserträgers, nur eben im Granitgestein. Das ein wie das andere Mal konnte ich es einfach nicht aushalten, wartend still zu sitzen. Tagelang lief ich unruhig spazieren, um mit meiner Nervosität zu Rande zu kommen. Unzählige Male versuchte ich mich zu beruhigen, indem ich mir die geologische Situation in den Kopf rief, die einen Wasserfund ja für äußerst wahrscheinlich hielt. Und wie so oft, wenn man es schon gar nicht mehr erwartet, tritt der Erfolg ein.

Ich glaube, es war ein Freitag. Jedenfalls brach am 6. Dezember 1973 gegen 16.05 Uhr der Brunnen mit Urgewalt aus. Ganz gegen meine Gewohnheit schleppte ich ausgerechnet an jenem Tag einen Fotoapparat mit mir herum, als hätte ich bereits geahnt, daß es etwas zu fotografieren gab. Der Ausbruch dieser Quelle ließ einen tatsächlich erschaudern, denn er geschah mit einer buchstäblichen Urgewalt. Die viele Salzsäure hatte natürlich jede Menge von Gasen erzeugt, welche mit einer riesigen Wasserfontäne unter immensem Druck mindestens 15 Meter hoch in die Luft schossen. Weil dieses Schauspiel am Nikolaustag geschah, einigten wir uns auf den Namen „Nikolausquelle". Erst einmal wurden wir den gewaltigen Wassermassen gar nicht mehr Herr und sahen keine andere Möglichkeit, als sie über einen Graben in die Rott fließen zu lassen.

6. Dezember 1973 – die Nikolausquelle

Dabei gab es eine nette Verwechslung. Natürlich strömten Unmengen von Menschen herbei, die sich dieses Schauspiel nicht entgehen lassen wollten. Nun gibt es an jedem Bohrturm die sogenannte Brücke, eine am Bohrturm abge-

brachte Plattform, welche je nach Größe des Bohrturms, bei uns jedenfalls in ca. 12 Metern Höhe oberhalb des Bohrtisches Einblick in das Bohrgeschehen ermöglichte. Da die Wasserfontäne tagelang eben diese Höhe erreichte, sprachen die Bohrleute davon, daß das Wasser bis zur Brücke ausgetreten sei. Viele Einheimische konnten sich unter diesem Begriff nur die Schwaimer Brücke vorstellen und staunten, wie es möglich war, daß eine Fontäne bis zu dieser alten Brücke über die Rott reichen konnte.
Je stärker die Wirkung des Gases nachließ, desto mehr normalisierte sich auch der Umfang der Quelle auf ein allmählich vernünftiges Maß. Wir bauten den Bohrturm ab und errichteten neben der Quelle einen kleinen Weiher, in welchen das Wasser hinein laufen konnte. Dieser Weiher war mit seinen immerhin noch 40° C Badetemperatur jahrelang beliebte Anlaufstelle für nächtliche Badevergnügen, die offensichtlich nicht im Sinne des Griesbacher Pfarrers stattfanden. Immer wieder schimpfte er über die Unmoral der Leute und übersah dabei ganz, welchen Spaß es doch macht, vornehmlich nachts und unbekleidet in dem wunderbar warmen und noch dazu gesunden Wasser zu baden. Nebenbei mußten wir diesen Teich anlegen, um das Wasser abkühlen zu lassen, bevor es in die Rott ablief. Der nächste Schritt war ein Pumpversuch, um festzustellen, wieviel Wasser vorhanden war.

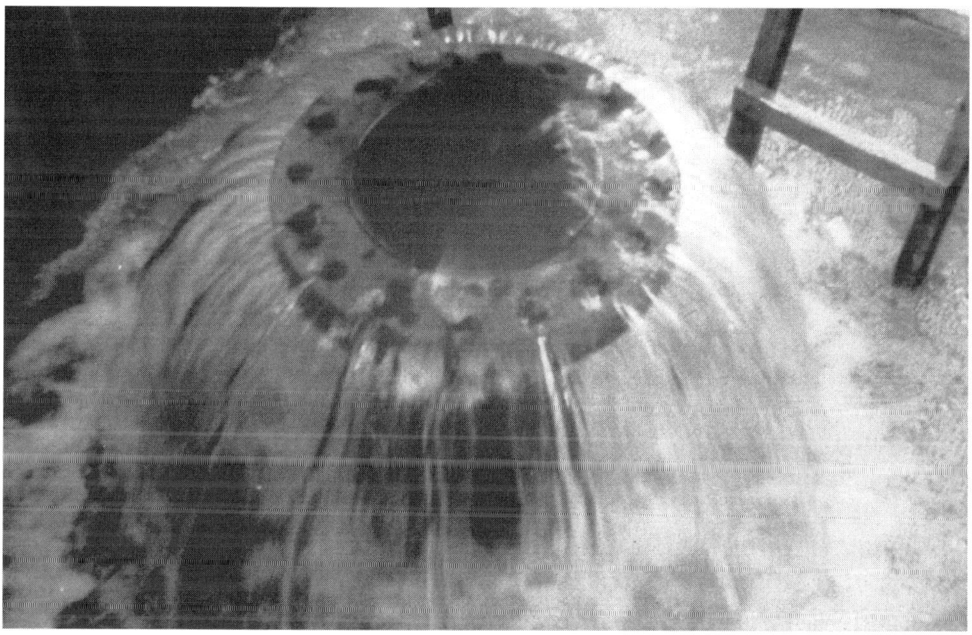

Die Nikolausquelle

Denn das ist natürlich schon von entscheidender Bedeutung: Wie lange reicht das Wasser? Prinzipiell geht man davon aus, daß sich das Thermalwasser durch Versickerungen allmählich nachspeist. Aber es gibt in diesem Fall keine Sicherheiten, höchstens Wahrscheinlichkeiten. In früherer Zeit gab es noch keine Bohrtechnik, also waren Quellen ein Geschenk der Natur. Vor allem in Gegenden mit großen geologischen Bewegungen und Faltungen sind Schichten, die sich normalerweise weit unten befinden, an die Oberfläche gelangt und haben das warme Wasser, das sie mit sich führten, herausfließen lassen. In Deutschland sind solche Naturerscheinungen vor allem am Rheingraben bekannt geworden, und diese Quellen haben über viele Jahrhunderte gesprudelt. Manche sind bereits in der Römerzeit entdeckt worden, und die liegt ja nun doch bald 2.000 Jahre zurück. Wir in Griesbach, wie anscheinend überhaupt in Niederbayern, haben jedenfalls das Glück, sehr wasserreiche Quellen erschlossen zu haben. In anderen Quellgebieten sind die Schüttungen sehr gering, aber aus unseren Quellen fließen täglich eine Million Liter in die Pools. Dabei nutzen wir nur zwei der drei Quellen, und auch die nur teilweise. Je nach Ausbaustufe mußte und muß ich auch heute noch einen Antrag auf Wasserentnahme stellen. Gerade jetzt habe ich wieder so einen Pumpversuch hinter mir und die entsprechenden Anträge gestellt. Wenn ich vergleiche, wie schnell und unbürokratisch ich damals eine wasserrechtliche Bewilligung erhalten konnte, und wie lange dies heutzutage dauert, dazwischen liegen Welten. So war zum Beispiel im Jahre 1974 bereits ein Wasserrechtsbescheid vorhanden. Heute muß ich für solche Vorgänge vier bis fünf Jahre einrechnen, bis auch die letzte Kurve im Diagramm im richtigen Maßstab und in der richtigen Größe stimmig dargestellt ist.
Sie können sich natürlich vorstellen, daß wir an jenem Nikolaustag 1973 ordentlich Grund zu einer ausgelassenen Feier hatten. Die gesamte Bohrmannschaft und einige Freunde und Bekannte lud ich damals nach Schärding in das Gasthaus Scheurecker ein, und Schärding war zu jener Zeit sozusagen der gastronomische Höhepunkt in der ganzen Gegend und deswegen ein beliebter Ausflugsort. Ich entschuldigte mich allerdings schon bald und verließ die Feier. Trotz des Erfolgs empfand ich keine riesengroße Freude, sondern eher Erleichterung nach diesem zermürbenden Warten. Ich hatte ja tagelang überhaupt nichts tun können, außer zu hoffen. Nachdem die immense Anspannung von mir gewichen war, empfand ich nur noch Müdigkeit und Erschöpfung.
Anschließend wollte ich mir einen Skiurlaub gönnen, und zwar in meinem Lieblingsgebiet Arlberg im Hospiz in St. Christoph. Aber wegen

eines Schneesturms war ich in St. Anton eingeschlossen und mußte dort bleiben. Ich kann mich nur noch daran erinnern, daß ich drei Tage lang durchschlief und nur zum Essen aufstand. Die Erschöpfung war offensichtlich sehr groß. Zum einen wurde am Bohrturm rund um die Uhr gearbeitet, und ich war selbstverständlich zu jedem Schichtwechsel vor Ort, auch zwischendurch, um zu sehen, wie die Bohrung läuft. Zum anderen war mir die zermürbende Wartezeit dermaßen an die Nerven gegangen, daß ich mich völlig ausgepumpt fühlte.
Übrigens war auch mein Vater damals fast am Ende seiner Nervenkraft. Das wunderte mich nicht, denn auf was wir uns da eingelassen hatten, war in diesem Umfang niemals vorhersehbar gewesen. Jedenfalls empfinde ich großen Dank gegenüber allen Menschen, die an dieser Entwicklung in Griesbach im positiven Sinne beteiligt waren. Bei einigen habe ich den Eindruck, daß es ohne sie nicht gelaufen wäre. Natürlich kann man nach guter Juristenmanier fragen: Wäre der Erfolg ausgeblieben, wenn diese Person nicht vorhanden gewesen wäre, oder hätte eine andere Person diese Aufgabe ohne weiteres übernehmen können? Aber ich denke, jeder Person, die sich damals eingebracht hat, ob in geologischen, bohrtechnischen, finanziellen, rechtlichen, behördlichen oder auch menschlichen Angelegenheiten, gebührt ordentlicher Dank.

Du denkst, Du bist am Ziel – dabei ist es erst der Anfang

Ja, was hatten wir nun eigentlich gewonnen? Wir besaßen ein riesiges Areal von 500.000 bis 600.000 m² Grund und drei Bohrlöcher mit heißem Wasser. Eigentlich waren wir am Ziel, hatten den Krieg sozusagen gewonnen. Aber das war natürlich ein gewaltiger Irrtum, denn die erfolgreichen Bohrungen stellten erst den Anfang der zukünftigen Entwicklung dar, lediglich den Ausgangspunkt, die Basis. Der Kampf begann gleich wieder aufs Neue und sollte bis auf den heutigen Tag nicht aufhören.
Aber das wußte ich Gott sei Dank damals noch nicht. Ich wußte zum Beispiel nicht, daß es alleine vom Zeitaufwand her immer schwieriger werden würde, überhaupt ein Projekt durchzubringen. Wer hat schon so einen langen Atem, jahrelange Wartezeiten für Gutachten, behördliche Genehmigungsverfahren usw. durchzustehen. Und Zeit kostet Geld! Wenn ich jetzt die 25 Jahre seit der ersten Bohrung überblicke, stelle ich fest, daß die Verfahren so langwierig geworden sind, daß viel wirtschaftlicher Aufschwung und Erfolg alleine durch die lange Zeitdauer

verloren geht. Ich sehe auch keinen großen Sinn darin, alles Mögliche erst einmal von allen Seiten abzusichern, denn die Zukunft bleibt immer erfindungsreicher als aller menschlicher Geist, der oft doch nur um 25 Ecken denkt, wenn der einfache, gerade Weg angesagt wäre. Ich bin davon überzeugt, daß Deutschland deshalb nicht mehr führend in der internationalen Entwicklung ist, weil sich bei uns so viel Regelungswut und Sicherheitsdenken breit gemacht hat. Dabei weiß doch jeder lebenserfahrene Mensch, daß sich letztlich nichts endgültig regeln und absichern läßt.

Nachdem die Quellen sprudelten, war für mich die Zeit gekommen, einige Erfahrungen mit Raumordnungsverfahren zu sammeln. Erst einmal mußten wir eine Planung konstruieren, um dann die entsprechenden Anträge zur Wasserentnahme stellen zu können. Beides ist eng ineinander verflochten und hängt voneinander ab. Man darf nämlich nicht einfach das vorhandene Wasser entnehmen, sondern muß nachweisen und dann beantragen, wieviel Wasser man für welche Zwecke benötigt. Als zusätzliche Schwierigkeit kam hinzu, daß wir aus diesem heißen Wasser erst einmal ein Heilwasser machen mußten.

Besichtigung der Quelle im Frühjahr 1974 von Ministerpräsident Alfons Goppel, Bürgermeister Hans Lindinger, Siegfried Galleitner (später Zwecksverbandvorsitzender) – im Hintergrund dampfend die heißen Quellen

Per Definition ist jedes Wasser Thermalwasser, wenn es mehr als 20° C warm ist. Und als Mineralwasser wird ein Wasser bezeichnet, wenn es mehr als 1.000 mg gelöste Stoffe pro Liter beinhaltet. Beide Definitionen trafen auf unsere Quellen zu. Wir hatten sogar heißes Wasser und zwischen 1.400 und 1.600 mg gelöste Mineralien darin. Die Freude über diese Doppelcharakterisierung wurde deshalb etwas getrübt, weil die Nikolausquelle für eine Trinkkur natürlich zu heiß war, aber die kühleren Quellen bieten diese Möglichkeit selbstverständlich an. Damals waren wir allerdings vollkommen auf ein möglichst heißes Wasser fixiert. Wir glaubten, je heißer, desto gesünder, was ein Irrtum ist. Aber bis aus diesem Wasser ein anerkanntes Heilwasser wird, erwies sich als ein circulus vitiosus. Denn um die Heilkraft des Wassers nachzuweisen, braucht man eine Klinik oder einen ähnlichen Betrieb, wo die entsprechenden Versuche durchgeführt werden können. Um aber andererseits so eine Einrichtung zu erbauen, verlangt jede Bank, daß das Wasser Heilwasser ist!
Aus diesem Dilemma half uns damals das medizinische balneologische Institut der Technischen Universität München sehr. Dort wurde ein Gutachten über die voraussichtlichen Heilwirkungen des Griesbacher Thermalwassers erstellt. Die Erfahrungen mit Bad Füssing ermöglichten, aufgrund der Temperatur und der Inhaltsstoffe vergleichbarer Thermen Theorien zu entwickeln. Wie alle Quellen im Rottaler Bäderdreieck erhielt unser Wasser in der Nomenklatur die Bezeichnung Natriumhydrogencarbonatchlorid-Therme, der Zusatz „fluoridhaltig" kam ebenfalls noch hinzu. Dieses Gutachten über die voraussichtlichen Heilwirkungen öffnete den Weg, daß die Entwicklung weitergehen konnte. Die Hilfestellung von Prof. Drexel und Dr. Eichelsdörfer, die beide in jenem Institut arbeiteten, freute mich insofern besonders, weil ich sonst eher andere Erfahrungen machen mußte. Während die Ämter und Behörden vor Ort normalerweise für den Bürger da sind – wie sich das so gehört – hatte ich bei gutachtlichen Stellungnahmen anderer Ämter oft den gegenteiligen Eindruck. Je weiter die Leute vom „Tatort" entfernt sitzen, umso abstrakter und vor allem komplizierter wird alles.
Ich hatte also das Gutachten vorliegen, aber von dem eigentlichen Ziel Bad Griesbach waren wir noch Lichtjahre entfernt. Die Voraussetzung für dieses Fernziel war die Anerkennung unseres Thermalwassers als staatliche Heilquellen. Dies sollten wir aber erst im Jahre 1985 erreichen, denn dafür waren wiederum erst eine Reihe von medizinischen Untersuchungen und Doktorarbeiten notwendig. Allen, die sich im Zusammenhang mit den Doktorarbeiten, die ich noch nenne, einsetzten, sei hiermit gedankt. Es war nicht immer ganz einfach, die Doktoranden auf der rich-

tigen Spur zu halten, so daß die Arbeiten zu einem Abschluß kamen. Als schwierig erwies sich natürlich auch, Probanden zu finden, die bereit waren, die Trinkkuren über sich ergehen zu lassen, wobei eine nicht gerade unerhebliche Menge in Form von Wasser, Tee oder Mineralwasser verdaut werden mußte. Anschließend mußten sie auch noch die Messungen über sich ergehen lassen. Dasselbe trifft auf die Probanden der Bäderkur zu, die den Zuwachs an Bewegungsfähigkeit immer wieder messen ließen. Es gab also folgende Doktorarbeiten:

Reinhard Erdl 1981
Längsschnittuntersuchungen der Wirbelsäulen- und Gelenkmotilität bei Rheumakranken im Verlauf von Thermalbadekure in Griesbach / Rottal
Doktorvater: Prof. Dr. Dr. med. Drexel

Martin Hebel 1982
Wirkung von Trinkkuren mit Griesbacher Karlsquelle auf die Magen- und Nierenfunktion
Doktorvater: Prof. Dr. Dr. med. Drexel

Johann E. Hutsteiner 1986
Pharmakokinetische Daten über Fluoride nach Zufuhr eines natürlichen fluoridhaltigen Mineralwassers.
Doktorväter: Prof. Dr. Schnizer und Prof. Dr. Dr. med. Drexel

Selbstverständlich muß sich heute der Gast nicht an die Quelle bemühen, um in ihren Genuß zu kommen. Aber um die etwa eine Million Liter Frischwasser, die ich täglich für unsere Häuser benötige, nach Griesbach zu befördern, waren jede Menge Schwierigkeiten zu überwinden. Das Bohrloch mußte sozusagen bis hin zu den Bädern verlängert werden, dabei sind über drei Kilometer Strecke zu überwinden. Also mußten wir Leitungen verlegen, die einerseits der Aggressivität des heißen Wassers standhielten, andererseits dessen Abkühlung verhinderten. Ein schwieriger Prozeß, in welchem ich zunächst schlecht beraten war. Man hatte mir nämlich V4A-Stahlrohre empfohlen, wie sie für Erdöl verwendet werden, die aber vor allem für die erforderliche Länge äußerst teuer sind und den Isolierungsanforderungen nicht genügt hätten. Herr Uebel erklärte mir dann, daß Mineral- und Thermalwasser weit weniger aggressiv ist als Erdöl und vergleichbare Flüssigkeiten, also ein ummantelter Kunststoff das effektivere Material für die Leitung sei. Und das hat sich nun seit über 20 Jahren bewährt.

Aber alles der Reihe nach. Nichts kann die damalige Situation nach der erfolgreichen Bohrung besser demonstrieren, als ein Erlebnis, welches ich anläßlich einer Pressekonferenz in München hatte. Nachdem die ersten Planungen und Modelle gefertigt waren, stellte ich die Idee eines neu zu erbauenden Kurortes Journalisten vor. Ich kann mich noch gut an die Frage des Journalisten Heueck, übrigens gebürtiger Griesbacher, erinnern, der wissen wollte, was denn das Ganze kosten soll. Damals gab es Schätzungen von 250 Millionen DM, und genau das gab ich als Antwort. Darauf hat er mich gefragt, wieviel Geld ich denn hätte, und ich sagte: „Eigentlich keines." Das rief bei allen natürlich großes Gelächter hervor, aber ich war dermaßen überzeugt von meinem Projekt, daß ich zwar rational die Zweifel nachvollziehen konnte, aber die Aussichtslosigkeit meines Tuns nach objektiven Gegebenheiten gar nicht erkannte. Trotz aller Ängste und Zweifel war ich doch immer überzeugt, in irgendeiner Form Erfolg zu haben.

Zunächst mußte der Standort für das künftige Bad Griesbach festgelegt werden, und schon dabei gingen die Auffassungen auseinander. Einige wollten den Kurort sozusagen direkt an die Quelle nach Schwaim setzen, andere vertraten den Standpunkt, er gehöre an die Stadt Griesbach angebunden, dort wo jetzt das Lindenfeld und das Möbelhaus Schäufl ist. Bei all diesen Diskussionen wollte ich Bad Griesbach natürlich da stehen haben, wo es sich jetzt befindet. Und ich hatte die besten Argumente. Der Standort sollte weder von den Quellen noch von der Stadt allzu weit entfernt sein. Und nachdem sich diese Fixpunkte nicht verändern ließen, war der goldene Mittelweg, also der jetzige Standort, die beste Lösung. Mein Vater hat den Spruch geprägt: „Das Bergwerk muß man dorthin bauen, wo die Kohlen aus dem Berg kommen."

Der jetzige Standort Bad Griesbachs ist geradezu ideal gewählt, denn auf dieser Terrasse über dem Rottal kann man hervorragend über das Land blicken. Auch die Trennung zwischen Bevölkerung und Hoteldorf empfinde ich als sehr angenehm. Einige große, erfolgreiche Tourismusorte sind im Lauf der Jahrzehnte nämlich verstädtert, und der ursprüngliche Kur- oder Ferienort ist daran geradezu erstickt. In der ersten Aufbauphase erwies sich die Entfernung von der Stadt Griesbach allerdings als Nachteil, denn anfangs fehlte natürlich noch jedwede Infrastruktur in Bad Griesbach. Aber diesen Mangel konnten wir Jahr um Jahr verbessern.

Einmal schlug mir ein Griesbacher während dieser Standortdiskussion vor, den Kurort um den Schloßhügel herum zu errichten. Das war natürlich eine absurde Idee, denn der Gast hätte fast Steigeisen benötigt, um dorthin zu gelangen. Als er mich jedoch zu diesem merkwürdigen Standort erpressen versuchte, verwies ich den Mann kurzerhand des Büros, oder wie man in Bayern sagt, ich habe ihn einfach hinausgeworfen. Übrigens machte ich mir ein solches Vorgehen zum Grundsatz, ganz gleich wie hoch der Schaden oder Nachteil für mich ausfallen würde. Ich gab nie einem Erpressungsversuch nach und setzte die Leute statt dessen vor die Tür.

Der nächste Schritt bestand darin, den künftigen Kurort selber zu planen. Also engagierte ich eine Ehepaar aus Stuttgart, die ersten Pläne zu entwerfen. Nur aus der damaligen Zeit, den 70er Jahren heraus, ist es verständlich, aber dieser erste Plan sah einen Ort mit lauter Hochhäusern vor. Da aus Bad Griesbach niemals New York werden sollte, und sich der Zeitgeist damals zu wandeln begann, waren mit diesem Plan Probleme zu erwarten. Der damalige Landrat Kitzlinger sagte: „Du, ich glaub, wir haben Schwierigkeiten, rutsch ma mal zum RP!“ Der damalige Regierungspräsident Johann Riederer war ein Mann von kleiner Gestalt, aber großen Geisteskräften, und er hatte einen unbeugsamen Willen.

Beim Regierungspräsidenten erlebten wir dann, wie schnell und effektiv die Bürokratie arbeiten kann, wenn jemand mit Mut und Verantwortungsbereitschaft das Sagen hat. Der Regierungspräsident rief nämlich seine Abteilungsleiter zusammen und teilte ihnen mit, daß er auf schnellstem Wege ein positives Raumordnungsverfahren auf dem Tisch sehen möchte. Und genau so geschah es.

In der heutigen Zeit ist so ein Vorgang schlichtweg undenkbar, was ich sehr schade und schädlich finde. Heutzutage müssen Sie nämlich schon einen Zentner Papier durch die Gegend karren, wenn Sie überhaupt etwas in Gang setzen wollen. Ich fürchte, daß diese Vorliebe für bedrucktes und beschriebenes Papier meistens nur der Sicherung der einzelnen Jobs dient, denn das Argument der Sicherheit ist schwach, wenn man es nur genau genug betrachtet. Er-

Das war am Anfang ...

Bad Griesbach – heute

stens passiert trotz – oder vielleicht gerade wegen? – aller Absicherung auf gut Bayerisch gesagt immer noch genügend Schmarrn, oder es passiert gleich gar nichts. Das Risiko ist letztendlich nicht zu beherrschen oder zu beseitigen.
Hin und wieder unterbreitete ich Politikern Vorschläge zu einer effektiveren Gestaltung der Verwaltung, leider ohne Erfolg. Zum Beispiel erlebt man mit einem Raumordnungsverfahren, dann Flächennutzungs- und Bebauungsplan einen absoluten Horror. Sie schreiben zunächst 46 Träger öffentlicher Belange an, dann kontakten Sie dieselben Stellen wegen des Raumordnungsverfahrens, genauso verfahren Sie bezüglich des Flächennutzungsplanes und wiederholen die ganze Prozedur mit dem Bebauungsplanverfahren. Ich denke schlicht und ergreifend, einmal ist genug! Außerdem müßte man alle Träger öffentlicher Belange dazu verpflichten, sich binnen einer bestimmten Frist zu äußern, müßte sie darüber informieren, daß sie kein Recht haben, die Berücksichtigung von Anregungen und Einwendungen zu fordern, für die es keine gesetzliche Grundlage gibt. Viele glauben nämlich, so ein Raumordnungsverfahren ist eine Art Wunschzettel, alles Mögliche durchzusetzen, nur weil dies manchen Leuten so gefällt.
Gerade bezüglich der Golfplätze mußte ich erfahren, daß der Bund Naturschutz zu den Vereinigungen gehört, die so verfährt. Sicher genießt

man einen Vertrauensvorschuß, wenn man sich für den Schutz der Natur engagiert, aber der ist nicht immer gerechtfertigt. Wir haben beim Landratsamt eine Untere Naturschutzbehörde, bei der Regierung eine Obere Naturschutzbehörde, ein Landesamt für Umweltschutz, ein Amt für Wasserwirtschaft, ein Straßenbauamt usw., aber ganz gleich, welche Planungen auch immer gemacht werden und wieviele Gutachten vorliegen, der Bund Naturschutz ist grundsätzlich dagegen. Man könnte fast glauben, alle unsere Behörden seien überflüssig, denn der Bund Naturschutz weiß immer alles besser. Ich denke auch, daß der Bund Naturschutz nicht mehr in Verfahren angehört werden soll, denn es handelt sich lediglich um einen Verein von selbsternannten Umweltschützern, der sich die Gutgläubigkeit der Menschen zunutze macht. Aber wir leben in einem Rechtsstaat, und darin kommt dieser Verein nicht vor. Manchmal glaube ich, daß der Bund Naturschutz die Taktik verfolgt, möglichst gegen alles zu sein, was sich bewegt, denn aus dieser Negation ergibt sich seine Existenzberechtigung. Die Ziele des Vereins sind wohl erst dann erreicht, wenn es keine Menschen mehr gibt. Dann wäre die Natur wieder alleine unter sich, aber auch ohne den Bund Naturschutz.

Um die Absurdität dieser Vereinspolitik einmal zu demonstrieren, erwähne ich nur folgendes Beispiel: Bei der Genehmigung der Golfanlage in Penning stellte man fest, daß dort ein geschützter Vogel heimisch ist, nämlich der Wiesenbrüter. Wir Einheimischen wußten allerdings, daß in Penning schon seit vielen Jahren keine Wiesen mehr existierten, sondern nur noch Maisfelder. Der Lechner Sepp, Bauer in Schwaim, mit dem ich damals viel zu tun hatte, forderte den Vertreter des Landratsamtes auf: „Da gehst hinein in die Kuchl, da kannst den letzten Wiesenbrüter seh'n, der ist allerdings ausgestopft." Wir haben uns dieser Realität zum Trotz breitschlagen lassen und so getan, als existiere der Wiesenbrüter noch. Ich halte es für Unfug, die Golfplätze so zu behandeln, als wäre eine Golfbahn mit einer Teerstraße gleichzusetzen. Zu erkennen, daß das nicht der Fall ist, braucht es nur der Anwendung des gesunden Menschenverstandes.

Daß die Hochhäuser nicht das richtige Konzept für einen Kurort waren, erkannten wir jedenfalls ganz ohne den Bund Naturschutz. Ich mußte also die ersten Architekten loswerden, denn auch die Ortsplanungsstelle bei der Regierung war von einem Bad Griesbacher Manhattan-Verschnitt alles andere als begeistert. Der Regierungspräsident schlug die Ausschreibung eines Architektenwettbewerbs vor. Ich suchte also die zuständigen Stellen auf, um mich nach den Bedingungen für einen solchen Wettbewerb zu erkundigen. Dabei machte ich dermaßen frustrierende

Erfahrungen, daß ich zu der Einsicht kam, auch ein Wettbewerb würde nicht mit rechten Dingen ablaufen. Am Schluß hätte ich Architekten, die ich vielleicht gar nicht wollte und müßte Häuser bauen, die womöglich zwar architektonisch in Ordnung wären, aber noch lange nicht touristisch geeignet.

Glücklicherweise überzeugte ich den Regierungspräsidenten davon, daß ein Wettbewerb die gewünschten Ziele nicht erreichen kann. Er schlug dann Alexander von Branca vor – „Das ist ein renommierter Architekt, gegen den trauen sich die anderen sowieso nichts zu sagen!“ – und Otto Hofmeister aus Niederbayern – „Dann haben wir die Niederbayern auch zufriedengestellt.“ Und so erteilte ich diesen beiden Architekten den Auftrag, den Bebauungsplan zu entwerfen. Besser gesagt, mußte dies die Stadt Griesbach für mich tun, denn Bebauungspläne können nicht von Privatleuten erteilt werden, aber ich übernahm die Kosten.

Ich war sehr zufrieden, daß wir so große Grundstücksflächen zu unserer Verfügung hatten, denn solche Planungen sind nur dann unkompliziert, wenn sich alle beteiligten Grundstückseigner einig sind, oder es einfach nur einen Eigner gibt. So eine Anlage kann ja nicht nur aus gewinnbringenden Hotels etc. bestehen, irgendwo muß auch der Kurpark angelegt sein, auf irgendwelchen öffentlichen Wegen soll der Gast sich bewegen können. In solchen Fällen müssen halt die Grundstückseigner ihre Grundstücke in einen Topf werfen und sich prozentual an den verschieden funktionalen Flächen beteiligen. Aber das ist viel zu oft reine Theorie. Ganz abgesehen davon, wäre der Erwerb eines so großen Areals nach den Bohrungen nicht mehr möglich gewesen.

Mit dem Landschaftsarchitekten Hans Bauer und Herrn Feldmeier aus Pfarrkirchen hatten wir de facto das gleiche Architektenteam zusammen, das auch Bad Füssing entworfen hatte, nur unter einem ganz anderen Aspekt und einer komplett unterschiedlichen Entwicklung des Zeitgeistes.

Als Otto Hofmeister auf die sogenannte „Muldenlösung“ kam, d. h. die Entwicklung in einem West- und Ostast, erkannten wir, daß zusätzliche Grundstücke erforderlich waren. Einen Teil der dazu nötigen Verhandlungen führte ich selbst, und wir überplanten bereits die Staatsstraße. Wir gingen nämlich davon aus, daß die Verlegung der Staatsstraße und damit die Ortsumgehung von Griesbach sehr bald erfolgen würde, so daß wir überzeugt waren, diese Planung riskieren zu können. Wie sich herausstellen sollte, ist bis heute nur der erste Teil der Umgehung fertiggestellt. Dieser Umstand hätte die Entwicklung beinahe herb unterbrochen und sogar zum Stillstand bringen können.

Wie soll Bad Griesbach aussehen?

Was an dem Konzept unseres Architektenteams so neu und sensationell war, läßt sich heute, wo viele der damals neuen Ideen schon selbstverständlich sind, nur noch schwer vermitteln. Aber wenn Sie versuchen sich vorzustellen, Bad Griesbach bestünde aus lauter Hochhäusern, wie es das erste Konzept ja vorsah, können Sie womöglich ermessen, wie komplett unterschiedlich und alternativ unsere Planung war.
Zum ersten wollten wir, daß sich die Gebäude der Natur unterordnen müssen, so daß die richtigen, da maßvollen Verhältnisse wieder hergestellt werden. Wenn Sie sich heute Bad Griesbach ansehen, werden Sie bemerken, daß die Bäume die Gebäude überragen.
Ein zweiter wesentlicher Grundgedanke war, den Autoverkehr aus dem Ort heraus zu halten. Der erste Bebauungsplan sah vor, daß alle Autos am Ortseingang anhalten müssen. Die Gepäckstücke sollten auf Elektrowagen umgeladen werden, und auch die Gäste nur zu Fuß oder per Elektrowagen zu ihrem Hotel gelangen. Das kann vielleicht in einem auf den Skisport spezialisierten Ort in der Schweiz funktionieren, aber in einem Kurort geht das einfach nicht.
Zu Beginn hatte ich wie geplant einen Elektrobus gekauft, den „Elektrowastl", der sämtlichen Transport durchführte. Aber wir wurden durch die tägliche Praxis schnell belehrt, daß das nicht die Zukunft sein konnte. Flugs wurden die Bebauungspläne geändert. Wir fanden die Lösung, den jeweiligen Häusern Tiefgaragen zuzuordnen, die an eine äußere Erschließungsstraße angebunden wurden. Auf diese Weise ist der Gast vollkommen mobil und von irgendwelchen Busplänen unabhängig, und trotzdem ist der Ort nicht von sichtbarem Verkehr belastet. Das war die Lösungsstrategie für den Ostast, und zu einem späteren Zeitpunkt konzipierten wir dann für den Westast einen Tunnel, über den der gesamte Verkehr inklusive Ver- und Entsorgung abgewickelt werden kann.
Aber Autofreiheit alleine verschafft noch nicht die Behaglichkeit, welche ich meinen zukünftigen Gästen vermitteln wollte. Stellen Sie sich nur vor, Sie müßten nach dem Essen zwischen Hochhäusern spazierengehen, wie soll sich da Wohlbefinden einstellen? Also, was den Stil der von uns gewählten Architektur betrifft, erinnern Sie sich sicher noch an meinen Ausflug nach Rom. Ohne jene Einflüsse zu leugnen, spreche ich allerdings lieber von der innviertler Architektur, die ja sicherlich unter italienischem Einfluß steht oder aber mit diesem leichten, südländischen Stil zumindest Gemeinsamkeiten aufweist. Das Konzept unseres Architektenteams wollte eine Verbindung schaffen zwischen einer urbanen Bau-

weise und unserer eher dörflichen Umgebung, insofern also auch heimische bäuerliche Bauweisen integrieren. Aus der innviertler Architektur wurden zum Beispiel die Arkadengänge übernommen, die einen Spaziergang sowohl geschützt vor Regen und Wind als auch vor allzu heißer Sonneneinstrahlung ermöglichen. Auch der Kurplatz erinnert an den Süden, genauer an den Platz von Siena. Er ist wie jener sowohl von Ost nach West wie auch von Nord nach Süd vermuldet, wobei sich der Ost- und Westast dort V-förmig treffen. Gedacht war, den Kurplatz ziemlich geschlossen wirken zu lassen, so daß nur ein freier Ausblick zur Kirche in Asbach gegeben ist. Auf dem Brunnenplatzl finden Sie auch den urbanen Aspekt verwirklicht, denn hier siedelten sich Geschäfte und kleine Restaurants an.
Aus der bäuerlichen Architektur wurde entnommen, daß sich die Traufen parallel zu den Hügeln entwickeln. Außerdem sind die Häuser wie bei einem Dorfanger angeordnet, sie springen vor und treten zurück, anstatt stur in Reih und Glied sozusagen stramm zu stehen. Ich halte das für eine sehr gute und gefällige Lösung. Die Häuser stehen auch gerade so eng, daß sie einen Eindruck von urbaner Geschlossenheit vermitteln. Dennoch bleibt zwischen ihnen genügend Zwischenraum, der Ausblicke in die freie Landschaft ermöglicht, so daß sich die Natur wie in einem Bild gerahmt dem Auge darbietet. Bei den Baumaterialien legte man Wert auf eine Ruhe und Solidität vermittelnde Schlichtheit, indem man sich auf Rauhputz an den Fassaden, Holz und natürlich, passend zur Umgebung, rote Hausdächer beschränkte. Bezüglich der Bepflanzung gaben wir Laubbäumen den Vorzug. Zwar ist jeder Baum eine Klimaanlage und ein Biotop im Kleinen, aber der Laubbaum hat noch dazu den Vorzug, daß er eine Beziehung zur jeweiligen Jahreszeit vermittelt.
All diese Ideen und Pläne waren wunderbar und zur Zufriedenheit aller, aber es mußte sich auch jemand finden, der das alles in die Landschaft setzt. Nicht nur die Hotels und Bäder, auch Straßen, Wege, ein Park usw. waren für den neuen Kurort ein Muß. Also kam es zu dem berühmten Erschließungsvertrag, der die Basis für den Aufbau Bad Griesbachs sein sollte. Immer wieder, wenn ich diese Geschichte erzähle, fühlen sich die Zuhörer an japanische Verhältnisse erinnert. Ich kann Ihnen das gleich erläutern.
Ganz zu Beginn der Entwicklung Bad Griesbachs griff der Regierungsdirektor Rolf Weber in diese Geschichte ein. Er war Leiter der Abteilung 300, der Wirtschaftsabteilung von Niederbayern und sollte von nun an für uns eine bedeutende Rolle spielen. Er war einerseits ein sehr barocker Mensch und unglaublich für unser Zukunftsprojekt engagiert. Dennoch

hatten viele Leute nicht nur großen Respekt, sondern auch Angst vor ihm und seiner phantastischen Durchsetzungskraft. Später ging er übrigens nach Dresden und wirkte am Aufbau von Ostdeutschland mit.
Zunächst wurde in Griesbach eine Art Grundlagenvertrag erstellt, der die Handschrift von Rolf Weber trug. Im rechtlichen Sinne war es natürlich kein Erschließungsvertrag, denn der beinhaltet eine andere rechtliche Qualität. Der Vertrag setzte sich aus einer ganzen Reihe von Verpflichtungen meinerseits und der Brunnengesellschaft zusammen. Auf der Gegenseite gab die öffentliche Hand aber nur Absichtserklärungen ab, denn eine Gemeinde kann sich halt nicht verpflichten, einen Bebauungsplan zu erlassen, oder eine Regierung verpflichtet sich nicht, Zuschüsse zu gewähren und so weiter und so fort. Die rechtliche Situation erwies sich als beschämend schlecht für mich. Was die Gegenseite einfach halt nicht konnte, mußte ich auf der anderen Seite sehr wohl können. Ich mußte mich verpflichten, alle Grundstücke für den Kurpark, für Straßen und Plätze kostenlos abzutreten, und das waren in einem Schwung 86.000 m^2. Außerdem mußte ich mich verpflichten, pro Quadratmeter Bauland im Falle des Verkaufs einen Betrag abzuführen. Ich mußte mich auch verpflichten, pro Kubikmeter verkauften Wassers Geld an die Stadt Griesbach abzuführen. Außerdem existierte noch die Klausel, daß ich binnen 10 Jahren sämtliche Grundstücke veräußert haben mußte, was sich später als vollkommen undurchführbar herausstellte. Und weil das alles noch nicht ausreichte, wurde zugunsten der Stadt Griesbach auf den Grundstücken eine fremdenverkehrsmäßige Nutzungsverfügungs-Grunddienstbarkeit eingetragen. Wie sich später erwies, war diese rechtswidrig. Aber man hatte damals große Angst vor der Entstehung von Zweitwohnsitzen.
Sie werden unschwer erkennen, daß diese Grundzüge des Vertrages de facto einseitig verpflichtend für mich waren. Wenn man es hart formuliert, kann man ihn als Knebelungsvertrag bezeichnen. Nur: ich hatte keine andere Entscheidungsmöglichkeit, keine andere Wahl. Aber heute kann ich beruhigt sagen, daß sich mein Vertrauen in die öffentliche Hand und die darin enthaltene Risikobereitschaft letztendlich doch mehr als gut ausgezahlt hat.
Ein weiterer Passus in diesem einseitigen Vertragswerk bestimmte, daß ich nur wenige Häuser mit Thermalwasser versorgen durfte, obwohl es ja meine eigenen Quellen betraf. Außerdem sollte ich ausschließlich nach Bad Griesbach liefern. Gerade dieser Passus sollte später viele Verhandlungen und Streitigkeiten auslösen, denn es war auf lange Sicht gesehen der falsche Weg. In der Zukunft hieß es „alles unter einem Dach“,

inklusive des Thermalwassers. Aber damals war diese Lösung weder denkbar noch machbar, denn man brauchte zunächst einen Investor, nämlich den Zweckverband. Der sollte als erstes das Kurmittelhaus errichten, erst dann konnten wir erwarten, daß private Investoren Vertrauen in eine positive Entwicklung setzen würden.
Der Zweckverband bestand aus dem Bezirk Niederbayern mit 60%, dem Landkreis Passau und der Stadt Griesbach mit je 20% Anteil. Das Grundstück für den Bau des Kurmittelhauses mußte ich dem Zweckverband kostenlos zur Verfügung stellen, und wir feierten voller Stolz die Eröffnung des ersten Bauabschnittes am 1. April 1977. Es gab zur Eröffnung sogar einen Festzug, dabei handelte es sich – aus heutiger Sicht – eher um eine Mickey-Mouse-Anlage. Aber dennoch war der erste Schritt getan, und wir waren froh und glücklich darüber. Jetzt konnten weitere folgen. Was den Zweckverband betrifft, so erwiesen sich die Verhandlungen als schwierig und erfolgten äußerst zäh, denn die Interessen und Meinungen waren sehr unterschiedlich. Es ist einfach schade, daß das, was Bad Griesbach so erfolgreich gemacht hat, gegen so heftigen Widerstand durchgesetzt werden mußte.
Allerdings gab es in diesem sogenannten Erschließungsvertrag außerdem noch die Institution, auf welche sich der Ausspruch über die niederbayerische Variante japanischer Verhältnisse bezieht, nämlich einen Gutachterausschuß, der sogar im Bebauungsplan mit verankert wurde. Ob das eigentlich rechtlich zulässig war, weiß ich heute nicht mehr. Es gibt ja den Satz: „Wer heilt, hat Recht." Warum also nicht parallel dazu den Spruch prägen: „Wer Erfolg hat, hat Recht." Jedenfalls erwies sich dieser Gutachterausschuß als absolut probates Mittel, den Aufbau Bad Griesbachs einzuleiten und voranzutreiben. Vertreten waren darin die Regierung von Niederbayern durch Rolf Weber, die Ortsplanstelle vom Landkreis Passau, der stellvertretende Landrat, der Kreisbaumeister, der Jurist und der Bürgermeister von Griesbach, die Architekten und auch ich. In diesem Kreis wurde alles besprochen, so daß auch über die Zuschußfähigkeit von Maßnahmen bereits im Vorfeld beraten werden konnte. Die Ortsplanung mußte ja auch die Pläne als positiv beurteilen, damit eine Förderung überhaupt möglich war. So jedenfalls haben wir die ersten Schritte unternommen. Es waren sehr kleine Schritte, und sie waren äußerst mühsam zu gehen. Wenn man sich heute Bad Griesbach ansieht, kann man sich einfach nicht mehr vorstellen, wie klein wir angefangen haben.
Es dauerte noch ein wenig, dann hatten wir wenigstens ein paar Leute zusammen, die in Bad Griesbach die ersten Häuser bauen wollten. Wir

organisierten anläßlich des Karpfhamer Volksfestes ein Treffen von allen Bauwilligen und saßen dann beisammen an einem Biertisch. Ein vielversprechender Anfang war das ja nicht gerade. Jedenfalls wurden immerhin das Haus Christl, das Haus Rottalblick, das St. Nicola und das St. Leonhard von privaten Bauherren errichtet. Wir selbst planten das Haus Kurpark und den Summerhof.

Die ersten Häuser entstehen

Für das Haus Kurpark gründeten wir einen geschlossenen Immobilienfond. Wir legten einen Eigenanteil von 500.000 DM an, und selbst an diesem relativ schmalen Betrag wären wir fast gescheitert. Der Sparkassenvorstand Direktor Krause hat bei allen Freunden und Bekannten Anteile von 5.000 DM- und 10.000 DM-Stückelungen zusammengebettelt, aber damit auch nur 300.000 DM auf die Beine gebracht. Das Projekt drohte schon zu kippen, da fiel dem Vorstand ein alter Freund ein, der ihm einiges verdankte. Den konnte er Gott sei Dank überzeugen, die restlichen 200.000 DM zu zeichnen. Ich weiß noch genau, wie ich mich mit Direktor Krause in München aufhielt, wo wir seine Bekannten in der Bankenbranche besuchten und uns doch nur abschlägige Bescheide holten. Wir saßen im Franziskaner, schwiegen und blätterten Prospekte durch wie die anderen Gäste auch. Wir hatten nämlich verstanden, daß wir ganz alleine und auf uns selbst angewiesen waren. Diese Erfahrung mußte ich immer wieder machen. Letztlich kann einem niemand helfen. Und man hat keinen Erfolg, wenn man nicht selbst die letzte Verantwortung und Entscheidung trägt.
Direktor Krause war damals bereits pensioniert und gründete mit mir die erste Gesellschaft in Griesbach, die KHB Kur- und Hotelbau GmbH. Bei dieser Gründung war ich aber erst 31/32 Jahre alt, und der Regierungspräsident Riederer meinte kritisch: „Ich tät es besser finden, wenn Sie zusätzlich noch bei einem Anwalt arbeiten. Sie sind ja noch viel zu jung für einen Unternehmer.“ Ich antwortete: “Herr Präsident, das mit meiner Jugend ist ja nur eine vorübergehende Angelegenheit, das Problem wird mit jedem Tag besser. Und das, was ich vorhab, das kann ich von keinem Rechtsanwalt lernen.“ Er hat sich davon aber nicht so ganz überzeugen lassen, denn er versprach sich durch die Verpflichtung Direktor Krauses, der ja große Erfahrung in der Finanzierung Bad Füssings hatte, die Nachteile meiner Jugend quasi auszugleichen. Der „alte Hase“ sollte mir „jungen Spunt“ bei allerlei Fragen auf die Sprünge helfen. Ich habe

Spatenstich vom Haus „Sonnleiten“: v. re. Graf von Arco, Alois Hartl sen., Alois Hartl jun., Sepp Ammermüller, Sparkassendirektor Krause

jedenfalls mit der KHB und Direktor Krause eine ganze Reihe von Häusern gebaut, nämlich das Kurpark, das Rupert und das Sonnleiten. Später, als ich mich größeren Vorhaben widmete, errichtete er ganz auf sich alleine gestellt den Konradshof.

Freilich ist es verständlich, wenn man sich bei der Beurteilung der Fähigkeiten eines noch dazu jungen Menschen zunächst einmal nach dessen Ausbildung erkundigt, nach Zeugnissen und Titeln fragt. Aber nach meiner Erfahrung kann das immer nur eine erste Einschätzung sein. Ob jemand seine Umwelt wach wahrnimmt, Interessen hat, eine rasche Auffassungsgabe zeigt, sich auf verschiedene Situationen einstellen, Problemlösungen finden und flexibel handeln kann, dies alles steht in keiner Diplomurkunde, in keinem Meisterbrief, in keinem Staatsexamenszeugnis.

Ich habe schon davon erzählt, daß ich nur Volljurist gelernt habe und am Landgericht Passau als Anwalt zugelassen bin. Aber was meine Haupttätigkeit ausmachte und immer noch ausmacht, dafür kann ich keinen noch so schön beschriebenen Zettel vorweisen – ich habe das alles nie „gelernt“, aber dafür um so mehr einfach gemacht. Ich habe nicht Geologie studiert, keine Lehre in der Bohrtechnik absolviert. Ich mußte Verträge mit der öffentlichen Hand schließen, Wasserrechtsverfahren durchführen, Bebauungspläne, Flächennutzungspläne und Baugenehmigungen erwirken, ich mußte Architektenverträge machen, mich im Geldgeschäft betätigen, Hotels betreiben, Bäder und Thermalwasser-Aufbereitungsanlagen bauen, Tenniszentren und Golfzentren hinstellen, mich mit Marketing beschäftigen, Zeitungen und Prospekte herausgeben, die

Aufgaben einer Werbe- und Marketingagentur erkennen, Tourismuskonzepte entwerfen, Konzepte von Heilmaßnahmen erarbeiten und umsetzen und so weiter. Ich glaube, ich bin der Mann der 100 Berufe, für die ich zwar keine Diplome vorweisen kann, die ich aber einfach lernen und ausüben mußte, um überleben zu können. Eine Ausbildung, wie man sie für die Suche nach Thermalwasser und den Aufbau eines Kurortes mit allem, was dazugehört, benötigt, gibt es nämlich nicht.
Jedenfalls bekam Bad Griesbach nach und nach sein Gesicht. Als wir den Summerhof bauten, gründete ich eine Gesellschaft mit den Teilhabern Graf Arco und Herrn Klein, dem Vater des jetzigen Kurcafes Klein. Außerdem errichteten wir und andere Investoren Appartementhäuser, und die ersten Frühstückspensionen entstanden. Übrigens bestand gerade in der Gründerzeit eine hervorragende Kameradschaft unter den Investoren und Geschäftsleuten, die sich allerdings vielleicht auch verbrauchte, so daß sie später dann einfach in sich zerfiel. Ein größerer Entwicklungsschritt bestand darin, daß ich die Volksbank Landau gewinnen konnte, die dann die IWOG-Häuser (Isar Wohn- und Gewerbebau) baute, welche jetzt der Familie Lidl gehören.
All das ging natürlich nie ohne Probleme ab, und soweit ich mich zurückerinnere, kamen alle paar Jahre irgendwelche Katastrophen hinzu. In der Zeit der Bohrungen wurden wir von der Ölkrise durchgeschüttelt. Jetzt, als es um die Errichtung des Kurortes ging, mußten wir mit der sogenannten Kurkrise und der Konjunkturkrise fertig werden. Aber selbst hier erwies es sich wieder, daß es keinen Schaden ohne Nutzen gibt, denn es gab zum damaligen Zeitpunkt Hilfen wie die Investitionszulagen, Investitionszuschüsse und eine Konjunkturzulage, so daß wir pro Objekt von staatlicher Seite nach meiner Erinnerung etwa 22,5% Zuschuß bekamen. Wenn wir die Objekte zur Hälfte aus Eigenkapital finanzieren mußten, waren damit 50% des erforderlichen Eigenkapitals eingesetzt. In dieser Phase half uns der damalige Regierungsdirektor Weber unglaublich.
Die Kurkrise brachte für uns ebenfalls Positives, denn damit wurden für uns quasi unfreiwillig die Weichen gestellt, daß der Ort Bad Griesbach nicht von der LVA vereinnahmt wurde. Bereits zu Beginn der Ortsgründung haben mir die Leute signalisiert, daß Belegungsverträge über die LVA (Landesversicherungsanstalt) nicht gewollt waren. Es existiert sogar der Ratschlag eines LfA-Mitarbeiters, der prognostizierte: „Bauen Sie einen Ort, in dem keine Leute mit Trainingsanzügen herumlaufen, und Sie werden Erfolg haben.“ Insofern sind wir ohne eigene Anstrengungen auf die Schiene gekommen, wo wir uns von dem Gesundheitsmarkt,

Besuch von Innenminister Merk, Senator Franz Gerauer, Sparkassendirektor Krause und Sparkassenvorstand Franz Stör (von links) in Bad Griesbach

einem vielfach manipulierten Markt, entfernt halten mußten. Und das erweist sich bis auf den heutigen Tag als äußerst positiv, denn wenn ein Politiker in Bonn meint, er müsse an der Schraube drehen, wie schnell sind dann Existenzen gefährdet!

Die Entwicklung Bad Griesbachs jedenfalls hatte begonnen, wir steckten mitten darin. Ich veröffentlichte bereits damals einen kleinen Prospekt, der erkennen läßt, daß der Umfang des Kurortes vom ersten Tag an feststand. Bad Griesbach kann nicht größer werden, als 1974 geplant wurde. Damals war man der Überzeugung, daß ein Ort mit zwischen 3.000 und 5.000 Betten gerade die richtige Größe hätte, um genügend Infrastruktur produzieren zu können. Wie man speziell auf diese Zahlen kam, kann ich heute nicht mehr genau sagen, aber welche Entscheidung aus dem Gefühl heraus ist schon rational nachvollziehbar? Wenn Sie wissen wollen, welche Größe Bad Griesbachs wir vorgesehen haben, dann müssen Sie am Fürstenhof vorbei eine Linie in Ost-West-Richtung ziehen. Dann wissen Sie auch, wo der Westast endet. Der damals nur vier Seiten umfassende Prospekt hatte den Zweck, Kaufinteressenten für Grundstücke anzuwerben. Aber von genau 38 interessierten Menschen unterschrieb kein einziger einen Kaufvertrag.

Aber auch hier wie immer kein Schatten ohne Licht. Der Prospekt fiel nämlich auch Egon Steigenberger in die Hände. Nicht ganz zufällig, denn der damalige Vorstand des Fremdenverkehrsverbandes Ostbayern war ein Bruder eines bei Steigenberger für Aquisition zuständigen Mannes. Jedenfalls kam über diesen Weg der Prospekt zu Steigenberger

persönlich. Er lobte dann in einem Brief unser Tourismus-Konzept und bezeichnete es als das beste, was in ganz Europa auf dem Markt sei.
Sie können sich gar nicht vorstellen, wie ich mich damals über diesen Brief freute. Zu jener Zeit waren nämlich die Steigenberger Hotels im Bayerischen Wald in Lam, Grafenau und Bodenmais in Hochblüte und wurden mir immer als unerreichbares Vorbild präsentiert. Ich glaubte nun irrtümlich, Steigenberger sei daran interessiert, ein Hotel in Bad Griesbach zu errichten. Doch dann erfuhr ich, daß der Hotel-Magnat zwar gerne ein entsprechendes Haus betreiben, jedoch keinesfalls bauen wollte. Diesen Job hatte er für mich vorgesehen. So gerne ich auch gewollt hätte, angesichts der Kosten sah ich die Aussichtslosigkeit der Angelegenheit ein und legte die Steigenberger-Pläne zunächst zu den Akten.
Eine immense Hürde baute man mir damals durch die Regierung auf, die von mir verlangte, daß nach der Errichtung einer Kapazität von 600 Betten erst einmal Halt gemacht würde. Erst wenn diese Betten auch entsprechend gefüllt, sprich: belegt wären, sollten wir weiterbauen. Diese auf Nummer Vorsicht hinauslaufende Politik entsprach in keinster Weise meiner Überzeugung und noch weniger meinen finanziellen Gegeben-

Besuch vom Umweltminister Alfred Dick mit Frau (1978)

heiten. Ich hatte am Anfang Grundstücke verkaufen müssen, um überhaupt die Zinsen und Tilgungen aufbringen zu können. Außerdem war ich grundsätzlich nicht davon überzeugt, daß eine Größenordnung von 600 Betten überhaupt lebensfähig sein konnte. Über diese Frage entbrannte ein heftiger Streit, dem endlose Diskussionen folgten, aber ich setzte mich dennoch durch.

Denn das hatte ich in vielen Situationen gelernt: wenn die Lage aussichtslos ist, muß man manchmal einfach nur den Sachverhalt ändern, um wieder voranzukommen. Durch meine Bekanntschaft mit Dr. Leebmann geriet der medizinische Aspekt der Ortsplanung in eine bedeutende Position, änderte die Ausgangslage. Und wenn sich der Sachverhalt ändert, kann man neu entscheiden. Wenn also der Bau eines Hotels von der Regierung untersagt wurde, bezog sich dieses Verbot noch lange nicht auf die Errichtung einer Klinik. Insofern konnte ich mich mit dem Passauer Wolf aus dem Dilemma des Baustops befreien. In einem nächsten Schritt kamen die Birkenhöfe durch die Hand privater Bauherren hinzu.

Der dann folgende Konjunkturaufschwung hat sowohl mich als auch andere Investoren dann wesentlich mutiger werden lassen. Ich selbst begann mit der Errichtung des Blumenhofs in fünf Bauabschnitten. Übrigens verkauften wir damals den Quadratmeter Wohnfläche noch für nur 1.200 DM bis 1.400 DM, aber so waren die Verhältnisse damals. Für einen Quadratmeter Grund konnte ich nicht mehr als 38,50 DM erzielen. Dennoch waren die Verkaufsverhandlungen äußerst schwierig, denn der Bebauungsplan war für einen „normalen“ Käufer praktisch kaum nachvollziehbar. Die Grundstücke zum Beispiel waren nur klein, denn die öffentlichen Flächen reichten jeweils bis hin zur Gebäudekante. Zäune durften auch nicht aufgestellt werden. Am schwierigsten erwies es sich den Interessenten zu vermitteln, daß wir so große Abtretungsflächen an die Stadt Griesbach leisten mußten. Außerdem mußte jeder akzeptieren, daß sein Bauplan vom Gutachterausschuß zerpflückt wurde und es teilweise sehr lange dauerte, einen Plan überhaupt genehmigt zu bekommen.

Dabei mag damals rechtlich nicht so alles ganz zulässig gewesen sein, aber andererseits konnte man ohne die staatlichen Zuschüsse nicht bauen. Aus der gemeindlichen Selbstverwaltung war so eine regierungsbeaufsichtigte Selbstverwaltung geworden. Das Spiel, welches damals alle spielten, hieß: Wenn du nicht brav bist und folgst, bekommst du keinen Zuschuß. So hart das auch klingen mag, aber dies war sehr heilsam und gut für den Erfolg von Bad Griesbach.

Bad Griesbach wächst

Sehr schnell erkannte ich, daß der Bau von Appartement-Häusern in Bad Griesbach überhand zu nehmen drohte. Selbstverständlich bevorzugen manche Gäste einen Aufenthalt in einem Appartement, so daß ich sie keinesfalls grundsätzlich verdamme, aber wie immer im Leben kommt es auf das richtige Maß an. Eine Gegensteuerung war nötig geworden, denn sonst wäre aus Bad Griesbach eine reine Appartement-Siedlung geworden, welches zum einen die vielen Gäste ausgeschlossen hätte, die ein Hotel bevorzugen. Auch bin ich davon überzeugt, daß sich durch die Betreuung in einem Hotel eine sehr viel familiärere Atmosphäre erzielen läßt, die sich auf die Atmosphäre des gesamten Kurortes positiv auswirkt. In diesem Zusammenhang erinnerte ich mich wieder an das Schreiben von Herrn Steigenberger und beschloß, das Thema „Steigenberger Hotel in Griesbach" neu aufzugreifen.

Ich weiß, daß heutzutage viel von Lean-Management gesprochen wird, aber ich selbst hatte vermutlich das „leanste" Management, das je existierte. Denn bis zum Jahr 1985 existierte nur eine, dann bis 1987 zwei Sekretärinnen, die mich in meiner Arbeit unterstützten. Mein Büro befand sich damals noch in der Sparkasse der Griesbacher Altstadt im ersten Obergeschoß. Es setzte sich aus drei kleinen Räumen zusammen, von denen mein Zimmer „Tropfsteinhöhle" genannt wurde, weil an der Oberkante Wasser eintrat und sich kleine Kalkzapfen bildeten. Erst später zog ich in den ersten Bauabschnitt des Blumenhofes und wählte unter den Zimmern die am schlechtesten gelegenen, die praktisch unverkäuflich blieben. Dennoch erbaute ich im Zustand dieser nicht vorhandenen Organisation immerhin den Summerhof, das Haus Kurpark, das Sonnleiten, das Rupert, die Blumenhöfe I-V, das Hotel Glockenspiel, die Poseidon-Therme, den Anbau zur Poseidon-Therme, das Steigenberger Hotel und Teile des Parkhotels, die Tennisplätze, die Tennishallen und ich weiß nicht, was sonst noch. Ich hab mir nämlich gedacht: „So viele Fehler kannst du gar nicht machen, was dich eine gescheite Verwaltung kosten würde." Erst ab 1987 begann ich auf Wunsch und Drängen der Regierung und der Banken hin, eine ordentlich strukturierte Verwaltung aufzubauen.

Ich hatte übrigens immer zwei kleine Helfer bei mir, die ich gar nicht genug weiter empfehlen kann. In ein kleines silbernes Büchlein schrieb ich mir alles auf, was mir so aktuell einfiel, und ein Vokabelheft funktionierte ich um, indem ich mir alle nützlichen und wichtigen Zahlen notierte. Dies hatte den Vorteil, daß ich alles Wichtige immer bei mir trug und deshalb auch unglaublich schnell reagieren und handeln konnte. Zum Beispiel ließen sich bei der Errichtung des Blumenhofes so schnell die Prospekte gar nicht nachdrucken, wie wir die Einheiten verkauften. Dieser Erfolg versetzte mich in die Lage, etwas in Angriff zu nehmen, was ich schon lange im Hinterkopf herumtrug: die fehlende Infrastruktur in Bad Griesbach durch den Bau von Geschäften und Restaurants nachzuholen.

Übrigens hatte ich nie etwas gegen Leute, die auf einen fahrenden Zug aufspringen, auch wenn sie es nicht waren, die den Zug zum Fahren gebracht haben. Nur: die Fahrtrichtung zu ändern, das gestehe ich diesen Personen nicht zu. Aber daneben gab es natürlich auch eine ganze Reihe von Versuchen, mir das Gesamtprojekt abzujagen, oder mir ein fremdes Verwaltungssystem aufzuoktroyieren. Zu dem Thema der Abjage-Versuche mit allen möglichen Mitteln möchte ich mich zum jetzigen Zeitpunkt nicht äußern. Aber was mir im Zusammenhang mit den Künsten der Verwaltung passiert ist, kann ich doch anhand eines Beispiels erzählen.

Speziell von einem Professor wurden mir geradezu magische Fähigkeiten in Verwaltungsangelegenheiten geschildert. Der Professor setzt alles durch, so hieß es. Also besuchte ich ihn in seiner Villa in einem Münchner Nobel-Vorort. Ich saß da in einem riesigen Büro, während er an seinem Schreibtisch mit Ministern und anderen hochwichtigen Persönlichkeiten telefonierte, was mir hätte offensichtlich stark imponieren sollen. Mehr beeindruckt war ich allerdings von seinem Schäferhund, der ständig durch das Fenster vom Garten herein- und hinaussprang. Nachdem er mich genügend lange hatte warten lassen, um offensichtlich meine Ehrfurcht zu steigern, wandte sich der Professor mir zu und teilte mir mit, daß ich beruhigt in die Karibik fahren könne, um dort die nächsten zehn Jahre zu verbringen, denn in der Zwischenzeit werde er Bad Griesbach aufbauen. Er hörte gar nicht mehr auf, mir seine gewaltigen Verbindungen aufzuzählen, und ich hörte andächtig zu. Als ich am Ende der Unterredung endlich zu Wort kam, fragte ich ihn, was es kosten würde, wenn das Ganze womöglich kein Erfolg würde. Er überlegte und sprach dann selbstbewußt von seiner Honorarforderung. Er nannte eine Summe zwischen 18 bis 20 Millionen DM. Unter diesen Umständen bevorzugte ich es allerdings, in Griesbach zu bleiben und auf die Karibik zu verzichten.

Freilich prophezeihte er mir einen Fehlschlag nach dem anderen. Und er war nicht der einzige, der unkte, ich werde den Höllenritt nicht überleben. Mit dieser Wahrscheinlichkeit mußte selbst ich rechnen, obwohl ich

doch immer überzeugt war, daß Bad Griesbach ein Erfolg wird. Ob ich wirtschaftlich diesen Erfolg erleben würde, wußte ich selbstverständlich nicht. Aber ich entschied, daß es nach diesem Ausflug in die große Welt der Millionenbeträge sinnvoll und richtig war, nach Bad Griesbach zurückzukehren und mir die Karibik eventuell einmal für später aufzuheben. Übrigens habe ich den Professor später zufällig wieder getroffen. Damals hatte er gerade – wenn mich meine Erinnerung nicht täuscht – mit einem Projekt namens Stella Maris eine Pleite im Wert von mehreren Hundert Millionen DM hingelegt. Als bescheidener Niederbayer fragte ich ihn, ob er jetzt nicht auch finde, daß ich mit Niederbayern anstatt der Karibik die bessere Wahl getroffen hätte. Allerdings erhielt ich auf meine Frage keine Antwort.
Wie dem auch immer sei, wir eröffneten am 1. April 1977 das Kurmittelhaus – und das war keineswegs ein Aprilscherz. In der Saison zählten wir 64.000 Übernachtungen. Da die Bauarbeiten noch voll im Gange waren, mußten die Gäste teilweise in Gummistiefeln ins Kurmittelhaus gelangen. Ich bewunderte die Menschen, die damals bereit waren, derlei Unbequemlichkeiten auf sich zu nehmen. Zu allem Überfluß stellte sich dann auch noch ein immenser Schaden im Kurmittelhaus heraus, denn

Das erste Bad im Kurmittelhaus (1977): v. re. Baron von Moreau, Hans Lindinger, Alois Hartl

bei seiner Eröffnung blieb das Wasser kalt. Man eröffnet ein Thermalbad – und dann kommt nur kaltes Wasser. So etwas ist natürlich tödlich. Fieberhaft suchten wir nach der Ursache, und ich kann mich gut erinnern, wie ich das Osterfest 1977 im Keller des Kurmittelhauses verbrachte, wo ich auf der Suche nach dem Fehler mit dem Bademeister die Leitungen abklopfte. Endlich entdeckte mein Vater mit den Leuten von der Wasserversorgung einen Setzungsschaden in einer zum Kurmittelhaus führenden Leitung, der verursachte, daß Wasser ins Erdreich sickerte.
Das nächste, was uns an Unbill widerfuhr, war eine an sich leichte und luftige, aber dennoch nervende Sache, nämlich der Wind. Lag es an der noch nicht vollständigen architektonischen Gestaltung oder an der noch nicht komplettierten und natürlich noch nicht eingewachsenen Bepflanzung, jedenfalls pfiff der Wind damals so stark den Berg hinauf, daß wir diesbezüglich schnell einen schlechten Ruf weg hatten. Inzwischen ist Bad Griesbach allerdings so bebaut und eingewachsen, daß sich dieses windige Problem nicht mehr ergibt.
Insgesamt jedoch standen die Zeichen nach der Einweihung des Kurmittelhauses so günstig, daß ich das, was ich schon lange für erstrebenswert hielt, in Angriff zu nehmen wagte, nämlich die Errichtung eines Steigenberger Hotels im Ort. Aber daß Steigenberger letztlich wirklich nach Griesbach ging, verdanke ich eigentlich Dieter Bauer, dem Bruder von Frau Steigenberger. Er hat nämlich immer an den Erfolg unseres neuen Kurortes geglaubt. Als dann aber der erste Besichtigungstermin anstand, konnte niemand etwas sehen, denn Bad Griesbach lag im dichtesten Nebel.
Zunächst gingen wir davon aus, daß das zu bauende Hotel wesentlich preiswerter sei, als es dann tatsächlich wurde. Aber wenn man noch unerfahren ist, muß man teures Lehrgeld bezahlen, und der Bau wurde unter der Hand teurer und teurer. Da ich selbst kein Geld hatte, gründete ich mit Hilfe der Sparkasse Passau einen Immobilienfond, der von der Regierung von Niederbayern mit Zuschüssen bedacht wurde. Die Finanzierung war äußerst solide und korrekt. So großartig sich das anhört, es erwies sich aber auch als Nachteil, denn wir konnten deshalb keine Anleger finden. Ich erkannte damals, daß viele Kapitalanleger eine solide Endfinanzierung mit echten Gegenwerten gar nicht wollen, sondern eigentlich viel mehr Wert auf hohe Verluste legen. Die Finanzverhandlungen mit der Landesbank erwiesen sich als dermaßen schwierig, daß ich voller Wut schimpfte, „... die kennen sich anscheinend in Afrika besser aus als in Niederbayern!" Aber die Sparkasse ließ uns nicht im Stich,

Besichtigung von Bad Griesbach mit v. li. Baron von Moreau, Alois Hartl, Otto Hofmeister, Egon Steigenberger

Grundsteinlegung vom Steigenberger Hotel Bad Griesbach (1979) mit v. li. Egon Steigenberger, Alois Hartl und Umweltminister Alfred Dick

und auch Dr. Leebmann hat mir damals sehr geholfen. Später begann ich, die Anteile selbst zu übernehmen, und im Lauf der Jahre wanderten sie alle wieder in meine Hände zurück. Das Hotel nahm langsam Gestalt an.
Mit Steigenberger schloß ich einen Managementvertrag ab, d. h. Steigenberger war lediglich Geschäftsführer. Im Laufe der Zeit hat man es allerdings hervorragend verstanden, den Mitarbeitern das Gefühl zu geben, daß sie bei Steigenberger angestellt seien, während in Wirklichkeit ja wir die Arbeitgeber waren und das Risiko zu 100% trugen. Zum anderen gab man natürlich auch den Gästen das Gefühl, exklusiv bei Steigenberger zu sein.
Dabei war dieses Haus damals noch ohne Thermalwasser. Da es auch kaum eine Infrastruktureinrichtung gab, muß man es als ein eigentlich sehr primitives Haus bezeichnen. Ich erkannte schnell, daß wir unter diesen Umständen keine Überlebenschancen haben, und begann, die grundlegende Struktur des Hotels zu verändern. Sei es nun mit den Freibecken,

Hotel König Ludwig (vormals Steigenberger Hotel) im Bau

Hotel König Ludwig – heute

sei es die Installation von Massage- und Fangoabteilungen oder der Kursaal, die Gäste sollten viel mehr Möglichkeiten haben, das Hotel zu nutzen und sich dort wohlzufühlen.
Der Kursaal sollte übrigens ein ganz besonderer Teil Bad Griesbachs werden. Zunächst erhielten wir die Auflage, daß er nur einige Millionen kosten dürfte. Unter der Planung von Herrn Weber, einem begeisterten Architekten, der von Alexander von Branca immer als „Herr Baudirektor" angesprochen wurde, wurde er um einiges größer als gedacht. Ich schenkte der Stadt Griesbach das entsprechende Grundstück, und wir schlossen einen Vertrag, in dem wir uns verpflichteten, die Heizung und ähnliche Instandhaltungsmaßnahmen bereitzustellen.
Die Umgestaltung des Hotels erwies sich als äußerst mühsam, aber da uns die Steigenberger Consulting in wirtschaftlicher Hinsicht keine Zukunftschancen ausrechnete, wurde aus der blanken Not die erforderliche Dynamik geboren. Fieberhaft arbeitete ich daran, das Hotel von oben bis unten umzumodeln. Das eigene Thermalwasser ins Haus zu leiten, hatte dabei oberste Präferenz, aber alle Verträge standen dem entgegen. Wieder mußte ich mich auf den Weg machen, um mit dem Zweckverband zu verhandeln, damit die Verträge geändert werden konnten. Die Regierung unterstützte mich bei diesem Vorhaben zwar, aber das Sagen blieb dem Zweckverband vorbehalten.
Um sich besser in das Problem hinein zu fühlen, unternahmen wir einen gemeinsamen Ausflug nach Bad Kleinkirchheim. Wir lernten interessante Leute kennen und sahen, daß dort schon manches verwirklicht war, was ich mir erst noch herbeiwünschte. Dieser Ausflug war sicherlich auch deshalb so informativ und ideenreich, weil er der feuchtfröhlichste war, den ich je erlebt habe. Wenn man entspannt ist und gut drauf, wie wir in Bayern sagen, dann blitzen die Ideen gerade so hervor. Vieles davon wurde später auch umgesetzt. Ein ganz anderer Ausflug nach Abano hatte einen ähnlichen Erfolg, allerdings durch eine komplett andere Erfahrung. Ich stand nämlich nur eine kurze Weile auf dem Balkon unseres Zimmers und erklärte nach einem Blick auf den Kurort meiner Frau: „Ich hab alles gesehen, wir können wieder fahren." Was ich damals tatsächlich sah und verstand, war, daß alles unter einem Dach sein muß, um Erfolg zu gewährleisten. Wir fuhren aber dann natürlich doch nicht stante pede nach Hause, sondern besichtigten Abano und dann auch noch Venedig. Und da zu jener Zeit – wie sonst oft auch – gerade einmal wieder – Streik war, hatten wir Gelegenheit zu Fuß oder mit dem Taxi die ganz besonderen Schönheiten beider Orte zu bewundern, die wir sonst womöglich glatt übersehen hätten.

Wie sehr ich diese Ablenkung nötig hatte, bemerkte ich spätestens, als mich in Griesbach wieder die rauhe Wirklichkeit einholte. Ich hatte verstanden, daß Bad Griesbach nur dann erfolgreich sein und bleiben würde, wenn anstatt der 900 geplanten Betten einfach alle Häuser direkt an das Thermalwasser angeschlossen würden. Zunächst sollten die an das Kurmittelhaus angeschlossenen Häuser über einen unterirdischen Gang direkten Zugang zum Wasser erhalten, wie es auch mit der Hilfe der Regierung von Niederbayern geschah. Die Einrichtung dieses sogenannten Thermal-Bademantel-Ganges erleichterte den Gästen der entsprechenden Häuser den Zugang zum Thermalwasser und versprach dadurch natürlich insgesamt eine Zunahme der Attraktivität Bad Griesbachs.

Aber ich wollte mehr, versprach mir nur mit der Anbindung aller Häuser an das Thermalwasser bleibenden Erfolg. Die Idee, daß jedes Hotel de facto eine Insel sein solle, die der Gast gar nicht mehr verlassen müsse, wenn er es nicht wünsche, hatte ich von Abano mitgebracht. Daran knüpfend konzipierte ich dann meine eigene Idee eines möglichst attraktiven Thermalbades. Ich wollte jedes Haus mit einem Hallen-Thermalbad ausstatten, eine Sauna und einen Mineralwasser Trinkbrunnen installieren. Im Laufe der Zeit kamen noch Erweiterungen wie Schönheitsfarmen und Fitneßcenter inklusive diplomierter Sportlehrer hinzu. Wenn man den Sommer gut überstehen wollte, mußte zusätzlich durch den Bau eines Freibeckens der optimale Komfort für den Gast gewährleistet sein.

Und bis auf den heutigen Tag habe ich in dieser Beziehung immer noch nicht ausgelernt. Die Welt, die Menschen entwickeln sich – und so darf auch Bad Griesbach nicht stehenbleiben. So kann man zu der Sauna noch eine Dampf- oder Bio Sauna hinzufügen, Kneipp-Einrichtungen sind gefragt ebenso wie Hot-Whirl-Pools. Der Gast soll im Haus ein komplettes Angebot vorfinden. Dabei darf natürlich auch eine hervorragende Arzt-Praxis nicht fehlen, die alle Vorzüge der Schulmedizin und der Naturheilverfahren in sich vereinigt.

Aber auch bezüglich der allgemeinen Hotel-Ausstattung hat sich einiges geändert. Heute sind keine riesigen Speisesäle mehr gefragt, statt dessen erzeugen kleinere Räume eine angenehme Wohnzimmer-Atmosphäre und lassen sich viel leichter für verschiedene Funktionen umgestalten. Auch benötigt man heute für jedes Gästezimmer einen Fernseher, eine Minibar und Sitzgelegenheiten, damit jedes Zimmer nicht nur als Schlaf- sondern auch als Wohnraum nutzbar ist. Solche Umstrukturierungsmaßnahmen erwiesen sich damals als nicht unumstritten, aber auch hier setzte ich mich durch und gestaltete das Haus entsprechend um.

Auch die anderen Häuser wollte ich im genannten Sinne umstrukturieren, aber die Verträge mit dem Zweckverband standen dem diametral entgegen. Er hatte nämlich das verständliche Interesse, seine Investitionen abzusichern, indem gewährleistet war, daß möglichst wenige Hotels eigenes Thermalwasser hätten, damit möglichst viele Gäste ins Kurmittelhaus gehen. Insofern verstand ich natürlich die ablehnende Haltung des Zweckverbandes, vertrat aber durchaus meine Auffassung, daß längerfristig nur eine Umgestaltung Bad Griesbachs in Richtung mehr Angebote, mehr Komfort für die Gäste einen bleibenden Erfolg unseres Kurortes sichern würde. Es war harte Arbeit, den Zweckverband umzustimmen, und ich mußte teuer dafür bezahlen. Aber ich hatte mein Ziel erreicht, daß jeder Gast in Bad Griesbach mit dem Bademantel das Thermalbad erreichen kann.

Bezüglich des Zweckverbandes möchte ich allerdings noch ein wenig nach-tarocken, wie man bei uns sagt. Schließlich ging es mir nur und ausschließlich um den Erfolg des gesamten Projekts. Selbstverständlich kann man immer anderer Meinung sein und diese auch vertreten, aber wie wir, Dr. Leebmann und ich, teilweise dort behandelt wurden, war schon nicht mehr erträglich. Einmal fuhren wir zu einer Sitzung nach Landshut/Schönbrunn, wo ein gewisser Herr aus Landshut alles anstellte, um einen Konsens zwischen uns und dem Verband zu verhindern. Nach der Sitzung mußten wir feststellen, daß man uns wie Verbrecher behandelt hatte. Ein anderes Mal folgte ich einer Einladung des Verbandes, reiste aus dem Bayerischen Wald im Schneesturm an, wartete zwei Stunden vor dem Sitzungssaal, um dann mitgeteilt zu bekommen, daß man mich nicht mehr benötige. Heute finde ich es bedauerlich, daß das Kurmittelhaus an der Ortsentwicklung de facto nicht teilnimmt. Aber vielleicht sind die Erinnerungen an jene Zeit doch noch zu frisch, um dieses Thema weiter zu bearbeiten.

Es dauerte jedoch nicht lange, und die Umgestaltungsmaßnahmen im Hotel König Ludwig zahlten sich aus. Zum damaligen Zeitpunkt war es undenkbar, daß an einem Ort gleich mehrere Steigenberger Hotels existieren, welche sich dann ja untereinander Konkurrenz machen würden. Deshalb begann ich das Parkhotel in Form einer Bauherrengemeinschaft zu errichten. Dieses Haus ist wunderschön im südöstlichen Teil gelegen und bietet den besten Blick über das Rottal in Richtung Pocking, Kloster Reichersberg und hinüber zum Bayerischen Wald sowie nach Österreich. Und auch bei diesem Bau mußte ich Lehrgeld zahlen, denn ein Hotel sollte man nie mit einer Bauherrengemeinschaft errichten. Ich jedenfalls würde so etwas nie mehr machen.

Zugegeben, für ein einfaches Haus mag diese Form einer Gemeinschaft geeignet sein, aber für ein großes und arbeitsintensives Haus ist so ein Finanzierungsmodell nicht geeignet. Die vielen Eigentümer wollen natürlich mitreden, kennen sich teilweise im Hotelmetier nicht aus, übersehen nicht das ganze Haus und können die dabei zu berücksichtigenden Notwendigkeiten schlecht einordnen. In schrecklicher Erinnerung sind mir die ewig langen Gesellschafterversammlungen, die teilweise bis zu 12 Stunden währten. Persönliche Beleidigungen und Diffamierungen waren dabei zumindest in der Anfangsphase an der Tagesordnung. Ich zog mich von diesen Versammlungen möglichst bald zurück, denn dafür war mir meine kostbare Zeit zu schade. Es mag gegenüber den vernünftigen Bauherren, die es im Parkhotel selbstverständlich auch gibt, ungerecht sein, aber der Grundtenor der Gemeinschaft war aus meiner Sicht am Anfang eigentlich nur chaotisch.
Das Parkhotel planten wir als ein Haus im Zwei- bis Drei-Sterne-Sektor. Unter anderem sahen wir auch Galeriezimmer vor, weil sich diese im Hotel Glockenspiel, welches ich einige Jahre früher errichtete, allergrößter Beliebtheit erfreuten. Warum das dann im nur 30 Meter entfernten Parkhotel nicht der Fall war, verstehe ich bis heute nicht. Mittlerweile haben wir die meisten Galeriezimmer im Parkhotel umgebaut. Von dem Moment an, als Gäste in das Parkhotel einziehen konnten, hat sich bei den Mitarbeitern dieses Hotels ein wunderbarer Teamgeist entwickelt, so daß ich die Mannschaftsleistung dieses Hauses nur lobend hervorheben kann. Auch die Küchenleistung ist solide und stimmt einfach, so daß der Gast das Parkhotel nie unzufrieden verläßt. Aber so weit sind wir noch gar nicht, denn nachdem die ersten beiden Bauabschnitte errichtet waren, erreichte uns eine Konjunkturkrise. Wir wußten nicht, wie es weitergehen würde. Ohne den letzten Bauabschnitt, der die Halle und den Empfang umfaßte, konnten wir das Hotel schlecht betreiben.

Dr. Manfred Köhnlechner in Bad Griesbach

In dieser desolaten Situation erreichte mich ein Anruf aus dem Büro von Manfred Köhnlechner. Dr. Köhnlechner war Doktor der Jurisprudenz und Topmanager bei Bertelsmann, schied dann bei dem Verlag aus und widmete sich von da an voll und ganz den Naturheilverfahren. Zum damaligen Zeitpunkt wurde er von der Schulmedizin stark angegriffen, aber heute kann man feststellen, daß viele seiner Vorschläge und Ansichten von sehr vielen Ärzten übernommen wurden. Mittlerweile sind die Na-

turheilverfahren zum Beispiel von der Bevölkerung fast ohne Einschränkung akzeptiert, während es damals noch fast einer Sünde gleichkam, für diese softe Art der Medizin zu plädieren. Köhnlechner hat mir gegenüber immer wieder geäußert, sein Ziel sei es, so zu arbeiten, daß er eigentlich überflüssig werde. Wenn man es so betrachtet, hat er sein Ziel erreicht. Die Naturheilverfahren sind heute anerkannt.
Trotz seiner damaligen Umstrittenheit war Dr. Köhnlechner hervorragend in den Medien vertreten, vor allem in der Bild-Zeitung. Es gab sensationelle Berichte über seine Erfolge zum Beispiel in der Akupunktur, der Ozon-Therapie, der Neuraltherapie, der Blutwäsche, verschiedener Diäten usw. Gerade deswegen hielt ich den ersten Anruf für einen schlechten Scherz. Ich glaubte, da wolle mich jemand auf den Arm nehmen. Denn so umstritten und häufig attackiert, so bekannt und berühmt war er gleichzeitig. Aber er hatte tatsächlich ernsthaft Interesse an uns, denn er erwarb sich im Folgenden große Verdienste, daß das Parkhotel überhaupt fertig gestellt werden konnte. Auch später wurde der Bekanntheitsgrad von Bad Griesbach durch seine Person äußerst stark gefördert. Meine persönlichen Erfahrungen mit ihm gestalteten sich durchweg positiv. Er war ein Mann von exzellenter Auffassungsgabe und selten rascher Entschlußkraft, wie man es selten erleben kann. Wir einigten uns binnen kürzester Frist, und da wurde kein Wort zuviel verloren. Er skizzierte auf einem Blatt Papier, wie unsere Zusammenarbeit aussehen sollte, und der Fall war erledigt. Dadurch, daß er nach Bad Griesbach kam, ging der Verkauf der restlichen Einheiten im Parkhotel derart schnell voran, daß wir den letzten Bauabschnitt in die Wege leiten konnten. Gleich nach seiner Eröffnung war dank Dr. Köhnlechners Publicity das Parkhotel voll ausgebucht.
Natürlich gab es auf mich auch Druck von außen, ich solle mich nicht mit so einer umstrittenen Persönlichkeit binden. Aber ich sagte mir, wenn ich das versäume, werde ich mir mein ganzes restliches Leben diese Frage stellen: Was wäre gewesen, wenn? Und da mir solche Fragestellungen prinzipiell zutiefst zuwider laufen, ergriff ich die Chance sozusagen beim Schopf. Natürlich war es riskant, aber welche Chance birgt kein Risiko in sich? Ganz besondere Einwände gegen eine Zusammenarbeit mit Köhnlechner hatte Egon Steigenberger. Aber er sollte nicht Recht behalten, denn sowohl für das Parkhotel als auch für gesamt Bad Griesbach war Köhnlechner ein Segen, denn jetzt waren wir in sämtlichen Presseorganen vertreten.
Wenn Köhnlechner einen öffentlichen Vortrag hielt, wußten wir von vorne herein, daß auch der größte Raum in Bad Griesbach überfüllt

Dr. Manfred Köhnlechner mit Rudolf Schock in der Therme vom Parkhotel Bad Griesbach

würde. Er selbst war klapperdürr, besaß aber eine phantastische Ausstrahlung. Außerdem hatte ich persönlich Erlebnisse mit ihm, die ich nicht glauben würde, wenn ich nicht selbst dabei gewesen wäre. Ich konnte miterleben, wie er Leuten in das Knie gespritzt hat, und sie haben sich vom Rollstuhl erhoben und sind einfach losgelaufen. Er befreite so viele Menschen von ihren Schmerzen und verzeichnete auch andere unglaubliche Erfolge. Den Zustrom von Interessenten und auch Gästen können Sie sich nicht vorstellen. Als er zum Beispiel einmal eine Kartoffeldiät herausbrachte, hatten wir innerhalb einer Woche 80.000 Zuschriften. So etwas gab es später in der Geschichte Bad Griesbachs nicht mehr.

Natürlich wollte auch ich angesichts von Köhnlechners Erfolgen sein Patient sein. Er diagnostizierte, daß ich wegen meiner stressigen Tätigkeit, ständiger Anspannung und nicht gerade gesündester Lebensweise deutlich herzinfarktgefährdet sei. Aus diesem Grund verpaßte er mir jede Woche eine Magnesium-Spritze. Nach einiger Zeit regte er eine Blutuntersuchung auf die Zusammensetzung der Mineralstoffe hin an, für die er überhaupt einen gewissen Faible hatte. Man mußte dabei auch als Patient aufschreiben, wie man sich zur Zeit der Blutabnahme fühlte. Beeindruckend war das Ergebnis der Laboruntersuchung. Auf dem Zettel stand: „Wir glauben, daß der Patient sich gut fühlt, nur hat er zuviel Magnesium.“

Ähnlich erging es mir mit dem leidigen Cholesterin. Mein Cholesterinspiegel sei zu hoch, hieß es, und das bedeute eine starke Gefährdung in Richtung Herzinfarkt. Folglich strich man mir aus meinem Frühstück alles, was Spaß macht wie Eier, Brezen, Salami und was sonst noch zu einem richtig schönen, ungesunden Frühstück gehört.

Nach drei Monaten Müsli stellte man erstaunt fest, daß der Cholesterinwert nochmals gestiegen war. Da reichte es mir, ich gab die gesundheitsbewußte Ernährung auf und wieder meinen Gelüsten nach. Später hieß es dann auf einmal, man dürfe einen Cholesterinspiegel von 200 plus Anzahl der Lebensjahre haben. Nach dieser Rechnung stand ich mit meinem Wert plötzlich im Minus! Was gesundheitsschädlich ist und was normal, ist offensichtlich eben auch reine Definitionsfrage. Jedenfalls hielt Dr. Köhnlechner von der ganzen leidigen Cholesteringeschichte sowieso nichts.

Die Zusammenarbeit mit ihm bedeutete immer höchste Anspannung, denn wir mußten oft blitzschnell entscheiden, was noch am selben Tag zu tun, für den folgenden zu planen war. Damit hat er die Nervenkraft einiger Mitarbeiter doch erheblich überfordert. Seine Eßgewohnheiten richteten sich nach den Regeln der Trennkost aus. Entweder aß er schwarzen Preßsack ohne Brot oder suchte sich sonst eine Speise aus, um nur von dieser zu essen. Eine andere Angewohnheit von ihm war, daß es ihn nie lange an einem Ort hielt. Wenn wir hin und wieder gemeinsam zu Abend aßen, mußte er immer schon nach einer halben Stunde weg. Außergewöhnlich sympathisch an ihm fand ich, daß alle Besprechungen mit ihm nie länger als fünf Minuten andauerten. Alle Probleme konnten wir rasch klären. Wir besprachen unsere unterschiedlichen Interessenlagen, zählten Für und Wider auf, und dann war der Kas gegessen, wie wir in Bayern sagen. Übrigens habe ich durch Dr. Köhnlechner auch Franz Beckenbauer kennengelernt.

Franz Beckenbauer war immer schon Patient bei Dr. Köhnlechner und konnte mir später viele Geschichten aus der gemeinsamen Zeit erzählen. Dr. Köhnlechner hat ihn eines Tages angesprochen und gesagt: „Du mußt unbedingt einmal nach Niederbayern kommen, da ist so ein Verrückter, den mußt Du unbedingt kennenlernen.“ Ja, mit dem „Verrückten“ hat er mich gemeint. Jedenfalls kam es dann auch so. Seit damals verbindet mich mit Franz Beckenbauer eine Freundschaft; er gehört quasi zu unserer Familie, wie wir zu der seinen zählen. Aber dazu später mehr.

Dr. Manfred Köhnlechner mit Lisa Fitz und (im Hintergrund) Reiner Holbe vor dem Parkhotel Bad Griesbach

Nach einiger Zeit stand fest, daß sich auch das Hotel König Ludwig, damals unter Steigenberger-Management, so hervorragend entwickelte, daß man ins Auge faßte, einen weiteren Steigenberger-Betrieb in Griesbach aufzunehmen. Zusammen mit Geschäftspartnern entschlossen wir uns in dem Vertragswerk dazu, daß Steigenberger nur das Management des Parkhotels übernimmt, jedoch nicht das Marketing. Schließlich füllte Dr. Köhnlechner das Haus, so daß ein Marketingvertrag mit Steigenberger überflüssig war. Erst als Dr. Köhnlechner und ich uns trennten, komplettierten wir den Vertrag mit Steigenberger auch im Marketingbereich. Wegen der reduzierten Aufgaben Steigenbergers blieb das Parkhotel auch bei seinem Namen ohne den Zusatz Steigenberger.
Lustig war die Einweihung des Parkhotels. Dr. Köhnlechner hatte alles mobilisiert, was er an Pressekontakten hatte, und die reichten sehr weit bis zur Neuen Züricher Zeitung. Der einzige Journalist, der fehlte, war der Lokalredakteur der Passauer Neuen Presse. Ich fragte natürlich nach, weshalb er nicht gekommen sei, und es hieß, er habe keine Einladung erhalten. Ich prüfte das sofort nach und mußte an seiner Behauptung zweifeln, denn nach menschlichem Ermessen mußte er die Post erhalten haben. Da ich wußte, daß er kein großer Freund der Entwicklung Bad Griesbachs war, nahm ich an, daß er die Einweihungsfeierlichkeiten absichtlich verpaßt hatte. Dabei handelte es sich ja um eine für Journali-

sten recht interessante Sache, da viel Prominenz anwesend war. Ich wollte das Versäumnis der Passauer Neuen Presse nicht auf sich beruhen lassen. Dabei kam mir entgegen, daß der verantwortliche Redakteur dafür bekannt war, vorwiegend über Rehunfälle zu berichten, was ihm natürlich einigen Spott einbrachte. Folglich setzte ich in die Griesbacher Nachrichten, einem ganz kleinen Lokalblatt, einen Artikel, worin ich nach Gründen für die Abwesenheit des Passauer Redakteurs suchte und die Vermutung anstellte, er sei durch einen Rehunfall auf seinem Weg zu uns aufgehalten worden.

Der Redakteur aber konnte darüber überhaupt nicht lachen. Stattdessen war er beleidigt und wollte künftig nichts mehr über Griesbach berichten. Daraufhin äußerte ich mich in den Griesbacher Nachrichten dahingehend, daß folglich für keinen Griesbacher mehr ein vernünftiger Grund bestehe, die Passauer Neue Presse zu abonnieren. Das wurde mir als Boykottaufruf ausgelegt, und man verlangte einen Widerruf. Ich war auch dazu bereit und bot folgenden Text an: Jeder unvernünftige Griesbacher solle die Passauer Neue Presse weiterhin lesen. Das hat natürlich der Gegenseite nicht gefallen, und es wurde eine Klage für das Landgericht Passau vorbereitet. Ich freute mich schon sehr auf die Gerichtsverhandlung, denn eigentlich war die ganze Geschichte ein Witz, aber sie hätte ordentlich Publicity gebracht. Ich hätte auch nichts dagegen gehabt, verurteilt zu werden, damit ich zur nächsten Instanz nach München käme, um den Spaß auf die Spitze zu treiben. Die Geschichten für das „Königlich Bayerische Amtsgericht“ werden nämlich durchaus vom wahren Leben geschrieben. Aber anscheinend hat die Chefetage der Passauer Neuen Presse dann doch gesehen, welch komische Entwicklung das nimmt. Ein stellvertretender Chefredakteur besuchte mich, und die Angelegenheit wurde aus der Welt geschafft.

Nach einer durchaus erfolgreichen Phase unserer Zusammenarbeit wollte Dr. Köhnlechner dann doch andere Wege beschreiten. Die Trennung von ihm verlief sehr harmonisch, denn unsere Zusammenarbeit lief einfach aus. Ich bin zwar der Auffassung, daß Dr. Köhnlechner auch heute noch im Gesundheitsbereich eine dominierende Rolle spielen könnte, wenn er sich auf einen Ort wie Griesbach konzentriert hätte. Statt dessen hat er mal da mal dort ein Köhnlechner-Zentrum eröffnet. Aber in diesem Punkt erwiesen sich unsere Auffassungen als einfach unterschiedlich. Er war jedenfalls Herr des Verfahrens, er hat getan, was und wie er es wollte. Und obwohl ich seinen Weggang bedauerte, bin ich noch heute froh, mich trotz aller Unkenrufe von außen für ihn entschieden zu haben, denn er hat die Entwicklung Bad Griesbachs enorm voran gebracht.

Wie ich bereits erwähnte, war das Parkhotel immer ein äußerst schwieriges Haus, allerdings nicht bezüglich der Mitarbeiter, die sowohl im Hotel- als auch im Küchenbereich eine sehr gute und solide Leistung zeigten. Aber die Sitzungen der Parkhotel-Gesellschaft sind mir in übler Erinnerung. Einer der Gesellschafter, der mit für die merkwürdige Atmosphäre verantwortlich war, warnte mich damals schon, daß Steigenberger zu teuer einkaufe und einiges an Provisionen kassiere. Er sagte einmal zu mir: „Sie müssen es glauben, Steigenberger verdient an jeder Klopapierrolle mit!“ Steigenberger wies damals solche Vermutungen weit von sich. Ich konnte das auch gar nicht glauben, sollte aber eines Besseren belehrt werden. Jedenfalls halte ich heute in der Rückschau jenem Gesellschafter einiges zugute. Tatsächlich erwiesen sich die Sitzungen der Gesellschaft als äußerst schwierig, und nachdem ich einmal die Aufgabe des Aufsichtsratsvorsitzenden übernommen hatte, lud ich mir später solchen Ärger nicht mehr auf. Heute sitzen meine Mitarbeiter für mich in den entsprechenden Positionen. Und die Gesellschaft verändert sich zusehends, da ich einige Anteile zurückkaufen konnte. Heute bin ich sozusagen Großaktionär und prognostiziere, daß sich im Lauf der Zeit weitere Anteile bei mir ansammeln werden.

Franz Beckenbauer und viel Prominenz

Aber immer der Reihe nach. Durch Dr. Köhnlechner lernte ich wie gesagt Franz Beckenbauer kennen. Als er zum ersten Mal nach Bad Griesbach kam, brachte er einen ganz neuen Flair mit in unseren Kurort – und natürlich auch jede Menge prominente Sportler. Zu Beginn unserer Bekanntschaft spielten wir hauptsächlich Tennis miteinander, Golf war eher eine Nebensache. Das sollte sich allerdings später ändern. Als der Franz das Golfspiel für sich so richtig entdeckte, erzielte er in kurzer Zeit immense Fortschritte, so daß ich eine Zeitlang überhaupt nicht mehr mithalten konnte. Ich habe zwar inzwischen gar nicht schlecht aufgeholt, aber er ist natürlich ein echter Sportler und spielt sein Handicap 7 so sicher und locker, daß er es leicht noch verbessern kann. In der Beziehung kann ich natürlich nicht an ihn heranschmecken, wie wir in Bayern sagen. Jedenfalls hat sich unsere Bekanntschaft zu einer echten Freundschaft entwickelt, und wir pflegen unser gemeinsames Hobby: das Golfspiel. Wenn im Frühjahr in Kitzbühel noch Schnee liegt und bei uns schon die Sommergrüns bespielbar sind, hält es den Franz nicht mehr zu Hause, und er kommt zum Golfspielen. Dasselbe nur umgekehrt im Herbst, wo er bei uns noch die letzten Spieltage ausnützt, wenn in Kitzbühel schon Schnee liegt. Natürlich reagieren auch die Einheimischen je nach ihrem Naturell auf die Anwesenheit der Prominenz, wobei sich manchmal nette Episoden ereignen. Zu irgendeiner Gelegenheit machten der Franz und ich in Griesbach in einer Gaststätte eine Leberkäs-Brotzeit. Die Wirtin war offensichtlich angesichts der Berühmtheit eines Franz Beckenbauer sehr aufgeregt. Später kam sie zu mir und jammerte, daß dieser hohe Besuch so unvorgesehen aufgetaucht sei. „Herr Hartl, was wird sich der Beckenbauer bloß von mir gedacht haben, ich war ja ned amal geschminkt!"

Einen der nettesten Bekannten, die ich durch Franz Beckenbauer kennenlernte, war Carlos Alberto, Mittelläufer der brasilianischen Nationalmannschaft, der mit seinen Kollegen die Weltmeisterschaft gewonnen hatte. Später spielte Carlos Alberto mit Franz bei Cosmos New York. Als er mit seiner Frau Theresa zum ersten Mal nach Bad Griesbach kam, bot sich den beiden vom Wetter her ein trister Empfang, denn es regnete und schneite gleichzeitig. Aber mit den beiden kam der Sonnenschein, denn ich habe selten so freundliche, lustige und aufgeschlossene Menschen getroffen. Lange Jahre haben wir uns dann nicht mehr gesehen, aber anläßlich des 50. Geburtstages von Franz in München traf ich die beiden wieder, und es war, als hätten wir uns niemals aus den Augen verloren.

Carlos war einige Zeit zweiter Bürgermeister von Rio de Janairo, und ist auch Mitglied oder Präsident einer Samba-Schule. Er lud meine Frau und mich nach Rio ein, aber momentan fehlt uns die Zeit und vielleicht auch der Mut, dorthin zu fliegen. Jedenfalls ist er bei uns sehr gern gesehener Gast. Einmal kamen Carlos und Franz zum Kaffeetrinken in unser Haus, und mein ältester Sohn forderte sie zu einem kleinen Fußball-Match im Garten auf. Obwohl ihm dies wahnsinnige Freude bereitete, wirkte er hinterher doch ein wenig frustriert. Auf meine Frage, was denn los sei, antwortete er: „Wenn ich morgen in der Schule erzähle, daß ich heute Nachmittag mit Franz Beckenbauer und Carlos Alberto im Garten Fußball gespielt habe, dann glaubt mir das sowieso keiner."

Durch Franz habe ich auch den ex-Bundestrainer Jupp Derwall und seine Frau als reizende und sehr freundliche Menschen kennen gelernt. Ich bin immer hoch erfreut, sie in Bad Griesbach empfangen zu können.

Einmal haben wir, der Franz, Jupp Derwall, der Tennislehrer und ich ein Tennis-Match ausgetragen. Der Kampf ging so spannend hin und her, daß wir wegen der gleichzeitig im Fernsehen übertragenen Auslosung der Mannschaften für die Europa-Meisterschaft unser Spiel nicht unterbrachen. Wir waren der Ansicht, das Ergebnis, in welcher Gruppe die deutsche Fußball-Mannschaft spielt, erfahren wir noch früh genug. Später sahen wir uns im Hotel die Auslosung an, waren aber sehr erstaunt, daß kein Journalist anrief, um Jupp nach seiner Meinung über die Gruppe zu befragen, in der die deutsche Mannschaft spielen sollte. Am nächsten Tag stand in der Bild-Zeitung, Jupp Derwall verkrieche sich im tiefsten Niederbayern, wo es nicht einmal ein Telefon gebe. Zu jener Zeit mußte Jupp Derwall sowieso schon viele Angriffe über sich ergehen lassen, aber dieser war äußerst ungerecht. Ein Bagger von uns hatte nämlich bei Bauarbeiten das Telefonkabel durchtrennt, so daß eine Verbindung nach Bad Griesbach rein technisch nicht möglich war. Jedenfalls erinnere ich mich noch daran, daß Franz den Jupp schon damals darauf aufmerksam machte, wie schwierig die Gruppe der Deutschen sei. Später ist ja dann der Franz auch Bundestrainer geworden.

V. li. Franz Beckenbauer, Alois Hartl, Carlos Alberto (brasilianischer Fußball-Nationalspieler, Weltmeister und späterer Mannschaftskamerad von Cosmos New York; 1983)

Auch andere Fußballprominenz kam nach Bad Griesbach, zum Beispiel Fritz Walter, ein lieber Gast, der immer sein Moe'sche haben wollte. Wieder andere kamen gleich in der Gruppe angereist, wie die sogenannten Schneeforscher, eine Gruppe von Fußballspielern und Trainern, darunter Uwe Seeler, Jupp Derwall, Luggi Müller, Max Lorenz, aber auch Rudi Houdeck, die graue Eminenz des FC Bayern. Die Schneeforscher richteten sich im Parkhotel einen Stammtisch ein, und die Abende mit ihnen waren – wie kaum anders zu erwarten bei Sportlern – teilweise lang und sehr sehr hart.

Uwe Seeler meinte damals noch, Golfspielen komme für ihn nie in Frage, aber mittlerweile hat auch ihn der Virus golfus gepackt, und er absolvierte schon einige Kurse bei uns. In den letzten Jahren kommen im Herbst auch immer die „Schneeflöckchen", die Frauen der Schneeforscher, zu einem Golfkurs nach Bad Griesbach. Ich kann behaupten, daß Golf überhaupt für viele namhafte Spieler heute Freizeitsport Nummer 1 ist.

Lustige Zeiten erlebten wir auch mit Helmut Schön, der uns immer wieder mit seinem hervorragenden Langzeitgedächtnis erstaunte, denn er konnte jede seiner fußballerischen Leistungen genau mit Stadion, Jahr, Tag und Uhrzeit benennen, ob er nun mittels eines Kopfstoßes ein Tor geschossen hatte, oder um welche andere Situation es sich auch immer handelte. Selbstverständlich lernte ich auch Robert Schwan kennen. Ich weiß noch, wie er den Franz Beckenbauer ansprach und frozzelte: „Du hast ein wahnsinnig großes Glück gehabt, mich kennen zu lernen." Der Franz hat ihm dann in seiner lapidaren Art geantwortet: „Aber Du erst!"
Hin und wieder besucht uns auch Sepp Maier in Bad Griesbach. Der Sepp gab einmal folgende Geschichte über den Franz Beckenbauer zum Besten: Zu Zeiten Beckenbauers und Gerd Müllers wurde beim FC Bayern fast immer durch die Mitte gespielt. Die Journalisten kritisierten daran herum und fachsimpelten, mit dem Spiel über die Flanken werde besserer Fußball gespielt. Diese Kritik lief an Franz Beckenbauer und Gerd Müller hinunter wie Wasser an einer Gans, denn die beiden waren exquisite Spezialisten im Doppelpaß-Spiel. Einmal stellte ein Journalist dem Franz die Gretchenfrage, warum er und Müller partout durch die Mitte anstatt über die Flanken spielen. Der Franz meinte darauf lapidar: „Siehst Du des denn nicht, in der Mitte steht halt das Tor!" Und ich finde, wer Erfolg hat, hat natürlich auch Recht.
Freilich ist der Franz Beckenbauer ein ganz anderer Mensch, wenn es um Fußball geht, denn das ist ja schließlich sein Beruf. Privat ist er freundlich und gesellig, überhaupt eigentlich immer gut aufgelegt. Er steht so in der Öffentlichkeit, daß die Menschen von ihm permanent Freundlichkeit fordern. Das kann natürlich niemand leisten. Wenn jemand den ganzen Tag freundlich sein muß, dann muß er auch das Recht haben, zwischendurch einmal ordentlich grantig zu sein.
Gerade was den Umgang mit Menschen betrifft, konnte ich von Franz viel lernen. Er interessiert sich tatsächlich für die Menschen, ihre Sorgen und Nöte. Und er läßt es nicht auf dem beruhen, was von außen an ihn heran getragen wird, sondern geht auf die Leute zu, fragt nach, spricht mit ihnen. Wenn man mit dem Franz unterwegs ist, wird die Stimmung gleich um einige Grade freundlicher. Auch was den Umgang mit der Presse angeht, konnte ich mir einiges vom Franz abschauen. Er verhält sich nämlich einfach ganz normal wie sonst auch, ist vollkommen unbefangen. Das kommt gut an, und die Presse verzeiht dem Franz auch wirklich alles. Da er durch seine offene, direkte und unverblümte Art alleine schon erheblichen Unterhaltungswert besitzt, muß die Presse ihm allerdings auch wirklich dankbar sein.

Nur wenn es um Fußball geht, erkennt man ihn fast nicht wieder. Wenn ich manchmal mit meinen Söhnen und ihm ein Spiel ansehe, dann ist er gar nicht zu Scherzen und Späßen aufgelegt. Statt dessen sieht er konzentriert auf das Fußballfeld und spricht kein Wort. Und ich bin mir sicher, daß er ein vollkommen anderes Spiel sieht als ich. In solchen Momenten ist es auch sinnlos, sich mit ihm unterhalten zu wollen. Einmal äußerte ich mich über die Qualität eines Spielers, worauf er meinte, ich hätte vom Fußballspielen keine Ahnung. Wahrscheinlich hat er Recht.
Sehr gut reden kann man mit Franz Beckenbauer, wenn es um Menschen in Not geht. Er hat eine Stiftung mit seinem Namen gegründet, die sich der Menschen annimmt, die unschuldig in Not geraten sind und auch vom Netz der sozialen Absicherung nicht aufgefangen werden. Die Stiftung erlangt Einnahmen durch Wohltätigkeitsspiele von Franz und seinen Freunden und aus verzinstem Kapital. Ich wußte, daß Franz aus den Einnahmen seines letzten Spiels in Hamburg 1 Million DM in die Stiftung eingebracht hatte. Ich wies ihn damals darauf hin, daß schon rein altersbedingt Fußballspiele zugunsten der Stiftung irgendwann einmal ein Ende finden werden. Deshalb schlug ich ihm vor, ein Golfturnier auszurichten, dessen Einnahmen seiner Stiftung zugute kämen. Wir gründeten dann den Franz Beckenbauer-Cup in Bad Griesbach, und konnten inzwischen der Stiftung 1.000.000 DM überweisen.
Auch zu mir kommen hin und wieder Briefe und Bittschreiben, ich weiß von den großen Nöten der Menschen. Freilich kann die Stiftung nur einen Tropfen auf den heißen Stein leisten, aber das ist immerhin besser als gar keine Hilfe. Und er ist sehr fleißig, Geld für die Stiftung zu sammeln. Dabei nimmt er manche Strapazen auf sich, um jeweils rechtzeitig bei den Turnieren anwesend zu sein. Denn obwohl wir in Bad Griesbach als einziger Ort den Franz Beckenbauer-Cup haben (was eine sehr liebe Geste des Franz mir gegenüber ist), veranstalten inzwischen einige Clubs ein Turnier zugunsten der Franz Beckenbauer-Stiftung. Natürlich sind wir im Gegensatz zu anderen Clubs in der Lage, ein wirklich riesiges Turnier zu veranstalten, bei dem 300 Spieler mitspielen. Am Abend nach dem Turnier richte ich jeweils ein großes Fest aus. Diese Feste sind – bis auf eines – bisher immer durchaus gelungen. Aber einmal fiel die Veranstaltung wegen eines fürchterlichen Regens, dem die Schirme nicht standhielten, buchstäblich ins Wasser. Mittlerweile sind wir auf derlei Situationen aber bestens eingestellt.
Vor einiger Zeit war der Franz gerade Trainer in Marseille, und er sollte anlaßlich des Beckenbauer-Cups nach Bad Griesbach kommen. Es war vorgesehen, daß er am Tag vor dem Turnier mit dem Chef von adidas

1. Beckenbauer Cup 1988

nach Deutschland fliegen sollte. An jenem Tag spielte ich gerade mit Freunden eine Proberunde Golf, als ich weggerufen wurde, um sofort den Franz in Marseille anzurufen. Ich erfuhr von ihm, daß es mit dem Flug nicht klappt. Man stelle sich vor: ein Beckenbauer-Cup ohne seine Anwesenheit, welche Blamage!
Also kümmerte ich mich sofort um eine Maschine, die ihn in Marseille abholen konnte. Damit der Flug nicht so fad für ihn und seine Frau Sybille würde, schickte ich einen Kellner mit frischen Weißwürsten, Brezen und Weißbier mit. Ich wußte nämlich, daß er „bayerische Nahrung“ in Marseille durchaus vermißte. Ein Bayer kann ein Weltbürger sein, aber dennoch bleibt er halt immer Bayer. Also kamen Franz und Sybille bestens gelaunt an, und er spielte sein Turnier in Sagmühle. Für das anschließende Fest hatte ich auf der Terrasse des Clubhauses ein Zelt errichten lassen, und ein Ochs am Spieß wartete schon darauf, angeschnitten zu werden, denn nach einer Golfrunde, bei der man knapp 10 Kilometer zurücklegt, kann man schon etwas Deftiges vertragen. Es wurde ein sehr lustiges Fest, welches mit einem mitternächtlichen Feuerwerk seinen offiziellen Abschluß fand. Offiziell deshalb, weil den Franz nach diesem schönen Tag ein so großes Heimweh packte, daß er gar nicht mehr nach Marseille zurück wollte. Also feierten wir die ganze Nacht durch und blieben bis zum Morgengrauen sitzen, bis der Abschied wirk-

Beckenbauer Cup 1991 mit Bernhard Langer

lich keine Sekunde mehr verlängert werden konnte. Franz und Sybille flogen schweren Herzens zurück nach Marseille, und der Franz stand pünktlich auf die Minute auf dem Marseiller Fußballfeld, um das morgendliche Training zu leiten. Denn neben seinen vielen anderen guten Eigenschaften ist der Franz 100%ig pünktlich und zuverlässig. Was er sagt, das gilt!

Ein anderes, ebenfalls rauschendes Fest war seine Nachfeier zum 50. Geburtstag. Eine Woche vor der Eröffnung des Oktoberfestes, der Wies'n, feierte Franz seinen runden Geburtstag ganz offiziell in München. Erst gab es ein Fußballspiel mit einer Weltauswahl, dann eine wunderbare Feier in einem der Festzelte, die bereits für das Oktoberfest aufgebaut waren. So etwas hat es noch nie vorher gegeben, aber das läßt der Franz nicht als Grund gelten, daß etwas nur deshalb nicht geschehen soll, weil es das vorher noch nicht gegeben hat. Meine ganze Familie inklusive meiner drei Kinder waren auch eingeladen. Gerade für die Kinder war das natürlich ein Riesenspaß, bei solch einem Superfest dabei sein zu dürfen, und sogar meine kleine, damals noch neunjährige Tochter hielt bis zum Schluß aus. Übrigens kann der Franz hervorragend mit Kindern umgehen.

Gut eine Woche später war dann sozusagen die Nachfeier in Bad Griesbach anläßlich des Beckenbauer-Cups. Schon allein die Golfrunde sollte

Beckenbauer Cup 1995 mit Alexander Hartl

eine ganz besondere Angelegenheit werden, denn wir hatten vorher einen Anruf erhalten, daß man eine Episode mit versteckter Kamera drehen wollte; Franz Beckenbauer war als das Opfer vorgesehen, das hereingelegt werden sollte.

Das Drehbuch stimmte eigentlich perfekt, es wurde ja schließlich auf Franz' Naturell hingeschrieben. Das Team um Fritz Egner hatte sich außerordentliche Mühe gemacht, es waren 27 Kameras aufgebaut, alle natürlich versteckt, und unsere Mitarbeiter hatten auch jede Menge zu tun. Vorgesehen war, daß bei dem Golfturnier vor uns eine Gruppe von Japanern spielt, die absichtlich das Spiel verzögert. Nun ist es eine Tatsache, daß jede Störung des Spielflusses die nötige Konzentration verhindert, die man ja gerade bei einem Turnier benötigt, um gut zu spielen. Es war vorgesehen und gewünscht, daß Franz angesichts dieser Störung einfach explodiert. Wir übrigen Mitspieler waren natürlich eingeweiht und sollten uns möglichst normal verhalten. Die Japaner standen also am Abschlag und schossen in den Wald oder sonst wohin. Sie taten alles, nur nicht vernünftig Golf spielen. Und wie reagiert der Franz? Er schüttelt lediglich den Kopf.

Beim nächsten großen Hindernis war gedacht, daß ich absichtlich in den Teich neben das 5. Grün schieße, wo die Japaner mit einem Caddy standen. Die Situation, die wir beobachten konnten, steigerte sich ins Absurde. Ein Japaner warf seinen Schläger in den Teich und forderte den Caddy auf, nach diesem zu tauchen – es war immerhin September. Der Caddy tat dies, tauchte aber meinen Ball auf, überreichte ihn dem Japaner. Der meinte nur, es sei nicht sein Ball und warf ihn ins Wasser zurück. Der Caddy mußte weiter tauchen, und die Japaner winkten uns durch, voraus zu spielen. Mehr konnte man eigentlich nicht aufführen, um die erhoffte „Beckenbauer-Explosion" zu provozieren, aber der Franz blieb ganz ruhig.

Am 7. Loch war ein Schauspieler in der Rolle eines Spaziergängers mit einem auf Golfbälle trainierten Hund unterwegs. Der Hund lief wie vorgesehen zu unseren Bällen und zerbiß sie. Normalerweise ist das eine Katastrophe für einen Golfspieler, aber Franz blieb gegen sein Naturell vollkommen gelassen – keine Reaktion. Später am 9. Loch tauchten plötzlich die Japaner wieder vor uns auf, was beim Golfspiel vollkommen unmöglich ist. Aber den Franz hat auch das nicht gestört; beim ganzen Spiel kam es nicht zu der erhofften Explosion.

Später klärte er mich auf, daß ihm meine Reaktion auf den Schauspieler mit Hund spanisch vorgekommen sei. Ich hatte nämlich nur ganz höflich darum gebeten, den Platz zu verlassen, anstatt selbst zu explodieren, wie er es von mir erwartet hätte. Insofern hatte Franz den Braten dann doch irgendwie gerochen. Aber das erklärt alleine nicht, warum er sich an diesem Tag so völlig anders verhielt. War es sein Instinkt oder einfach nur Müdigkeit, jedenfalls erwies sich die Geschichte als Reinfall.

Nach dem Turnier war ein Fest für 700 Gäste im Wührer-Stadl in Uttlau geplant. Als nachträgliche Geburtstagsüberraschung hatte ich eine ganz besondere Musikkapelle im Auge, nämlich die Jetzendorfer Hinterhofmusikanten aus der Holledau. Diese Kapelle marschiert in bayerischer Tracht auf, auf bayerisch „ganz wuide Hund", kann aber jederzeit auf Joe Cocker oder Harry Belafonte oder wen auch immer Sie hören wollen, umschalten. Zunächst aber spielt die Kapelle immer bayerische Musik, ihre wirklich hervorragenden Einlagen bringt sie quasi als Überraschung. Wie vorhergesehen, reagierten die Gäste an diesem Abend äußerst irritiert auf die bayerische Weisen, die ja eher der Stimmung in einem Bierzelt entsprechen als einem doch üppigen Fest mit reihenweise prominenten Gästen. Aber die Kapelle ließ sich nicht aus der Ruhe bringen. Die Irritation der Gäste schlug in Ärger um, manche riefen „Aufhören!". Aber genau diese Reaktion erweckte den Ehrgeiz der Musiker, die daraufhin aufdrehten und ihr Bestes zum Vorschein brachten. Auf einmal standen 500 Gäste auf den Bänken und sangen jeden altbekannten Schlager bei grandioser Stimmung mit. So etwas habe ich noch nie vorher erlebt. Die Musik kam so gut an, daß ich sie Stunde um Stunde verlängern mußte, und immer noch wurden Zugaben gefordert. Von diesem Fest schwärmen heute noch viele, aber wiederholen läßt sich so etwas nicht. Man muß immer wieder neue Ideen realisieren und ganz neue Feste feiern.

Die lustigste Golfrunde anläßlich des Beckenbauer-Cups erlebte ich mit Otto Waalkes. Otto ist ein sehr sympathischer und lustiger Mensch, der damals aber mit dem Golfspiel noch sehr auf Kriegsfuß stand. Allerdings wurde von ihm auch gar nicht erwartet, daß er lange und gerade Schläge zeigte, denn für die Zuschauer war es natürlich viel lustiger, wenn er im Sandbunker oder im höchsten Gras stand und versuchte, den Ball zu treffen und vorwärts zu befördern. Wenn man sich bei solch lustigen Situationen rein auf sein Spiel konzentrieren wollte, hätte man natürlich keine Chance. Mit Otto auf der Golfrunde erlebt man statt dessen vier Stunden beste Unterhaltung und jede Menge Spaß.

Am Abend feierte Sybille Beckenbauer ihren Geburtstag mit einem großen Fest. Otto hat zum Gaudium aller Gäste eine immense Champagner-Pyramide nicht gerade mit dem Tropfen sparend gefüllt. Anschließend führte er die Kinder in einer Polonaise durch die Sitzreihen an, wobei er fast an den Rattenfänger von Hameln erinnerte. Besonders die Kinder waren so begeistert, daß er hinterher mit Michael Schanze eine große Show für seine Fans in der Kegelbahn abzog. Otto kommt immer wieder zwischendurch zu Gast nach Bad Griesbach, und wir haben immer großen Spaß mit ihm, da er ganz offensichtlich nicht nur beruflich, sondern auch ganz privat eben Otto ist.

Mittlerweile hat sich eingebürgert, daß verschiedene Prominente auch außerhalb des Beckenbauer-Cups in unseren Kurort kommen. Und wenn es die Zeit erlaubt, spiele ich gerne eine Runde Golf mit, um alte Bekanntschaften wieder aufzufrischen.

Die Trophäe, um die bei dem Cup gespielt wird, wurde von Joseph Michael Neustifter entworfen. Auf ihren zwei Seiten kann man zum einen ein schönes Frauengesicht, zum anderen den Stier als Sinnbild Europas sehen. Sie einfach als Pokal zu bezeichnen, wird ihr nicht gerecht, denn es handelt sich um ein Kunstwerk. Anfangs überreichten wir den Turniersiegern Abgüsse des Cups, aber inzwischen sind wir davon abgekommen. Die Gäste wollen eh lieber eine Silberschale oder ein entsprechendes Tablett mit eingraviertem Autogramm von Franz Beckenbauer. Bei der Preisverleihung werden die Gäste und einheimischen Spieler zu gleichen Teilen bedacht, denn jeder Platz ist für einen Fremden schwie-

10. Beckenbauer Cup 1997 (v. li. Franz Beckenbauer, Gaby Hartl, Sybille Beckenbauer, Alois Hartl)

riger zu spielen als für einen, der täglich Zugang darauf hat. Diesen Nachteil für die Gäste glichen wir mit den geteilten Preisen aus. Freilich gehört es für jeden, ob Gast oder Einheimischer, zu den besonders ehrenvollen Momenten, beim Beckenbauer-Cup zu siegen. Und ich freue mich ganz besonders, 1994 den Beckenbauer-Cup für die Einheimischen gewonnen zu haben. Mein ältester Sohn, der Handicap 8 hat, gewann ihn im Jahr darauf, und jetzt ist natürlich mein jüngster Sohn ebenfalls sehr begierig, den Preis zu erringen.

Aber bei allem sportlichen Ehrgeiz und Spaß, steht beim Beckenbauer-Cup doch der wohltätige Aspekt im Vordergrund. Schließlich ist das Ziel, durch viele Aktivitäten möglichst viel Geld für die Stiftung zu sammeln. Wir haben in Bad Griesbach jährlich jeweils einen Betrag von 100.000 DM auf die Beine bringen können, bisher also insgesamt 1.000.000 DM. Der bei uns tagende Stiftungsrat, von Peter Boenisch beginnend bis zu Robert Schwan, arbeitet kostenlos und ohne Spesenersatz, so daß wirklich jede Spendenmark zu 100% den Bedürftigen zugute kommt. Zum Beispiel erhielt das hiesige Stift Rottal einen Spezial Rollstuhl, ein Lesegerät, einen Bus usw.. Franz Beckenbauer macht sich dann auch die Mühe, die gespendeten Güter persönlich zu überreichen. Diese Geste wird von den Menschen, die nicht auf der Sonnenseite leben, wirklich sehr geschätzt.

Prominente Golfer in Bad Griesbach

Uschi Glas

Rudi Carell

Sepp Maier

Otto Walkes

Toni Sailer

Peter Hofmann

Ralf Siegel

Hansi Hinterseer

Der Fürstenhof

Dank Dr. Köhnlechner hatte sich das Parkhotel dermaßen rasant entwickelt, daß die Idee, ein weiteres Hotel zu errichten, einfach auf der Hand lag. Dazu kam die Notwendigkeit, den bereits existierenden Häusern Griesbacher Hof und Konradshof ein Bad zur Verfügung zu stellen. Beide Überlegungen mündeten in die Planung und Errichtung des Fürstenhofes. Bei jedem Hotel stellt sich allerdings die Frage, welchen Schwerpunkt man setzen will. Ein erfolgreiches Hotel-Konzept lediglich zu kopieren, macht keinen Sinn, wenn mehrere gleich nebeneinander stehen. Denn dann wird den Gästen in jedem Hotel prinzipiell dasselbe geboten. Der Kuchen wird so nicht größer, statt dessen kommt es zu Kannibalismus.

Es gab eine ganze Reihe von Angeboten verschiedener Hotelgesellschaften, die de facto nichts anderes wollten, als uns die Gäste wegzunehmen, indem sie unser Konzept kopieren. Aber das kann in keinem Fall unser Ziel sein. Freilich ist durch das Thermalbad schon ein bestimmter Bereich festgelegt, aber in diesem Rahmen kann man durchaus variieren. Insofern sollte jedes Haus sein ganz spezielles und besonderes Konzept haben.

Das Konzept des Fürstenhofes entwickelte sich aus zwei fundamentalen Angelpunkten, nämlich der Idee einer deutlich familiären Atmosphäre auf der einen Seite, und was den medizinischen Bereich angeht, der Kombination von Fango und Thermalwasser. Fango ist ein Wärmeträger, der erst mit dem ortsüblichen Thermalwasser seine volle Wirkung entfalten kann. Der italienische Kurort Abano ist berühmt für Fango. Also habe ich erst mal eine Marktstudie in Auftrag gegeben, um untersuchen zu lassen, wie man dort mit dem Fango umgeht. In Abano wird das Fango in großen Tümpeln wieder aufbereitet. Aber da habe ich eingehakt, denn auch wenn man Jahre vergehen läßt, wer legt sich schon gerne in den „Dreck anderer Leute“. Bei den heutigen Ansprüchen an Hygiene und Komfort versteht es sich beinahe von selbst, auf dieses doch etwas unappetitliche Vorgehen zu verzichten. Bei uns wird der Fango nur einmal verwendet und dann als Sondermüll entsorgt.

Um den Umgang mit dem für uns neuen Material zu testen, ließ ich Musterfangokabinen errichten. Die Kombination von Fango und Thermalwasser setzte sich im Fürstenhof sehr schnell durch und entwickelte sich zu einem großartigen Erfolg. Aber bis wir soweit waren, mußte ich noch eine ordentliche Wegstrecke zurücklegen. Denn da der Fürstenhof mit seinen 148 Fremdenzimmern, einem großen Thermalbad und einer sehr umfangreichen Therapieabteilung wirklich kein kleines Projekt darstellte, sollte es umso schwieriger sein, ihn zu finanzieren.

Die Bautafel vom Hotel Fürstenhof 1985

Meine Bemühungen um Zuschüsse erwiesen sich als so vielgestaltig wie schwierig. Ich fuhr mit meinem Steuerberater und dem Notar zu diesem Zweck sogar nach Bonn ins Wirtschaftsministerium, um zu klären, welche Auflagen ich erfüllen müsse, um Zuschüsse zu erhalten. Damals war noch Herr Bangemann von der FDP Wirtschaftsminister. Aber ihn persönlich bekamen wir selbstverständlich nicht zu Gesicht, sondern wir verhandelten mit den verantwortlichen Männern einer zuständigen Abteilung. Nachdem ich mich vorgestellt hatte, reagierte man sehr merkwürdig auf mich. Ich war ziemlich perplex, als die Herren erklärten, Unternehmer wie ich seien in Deutschland nicht erwünscht. Auf meine Frage, wie denn der Wunschkandidat eines Unternehmers ihrer Ansicht nach aussehen sollte, erhielt ich zur Antwort: Ein Unternehmer ist dann gut, wenn er selbst am Tresen steht, seine Frau in der Küche das Schnitzel in die Pfanne wirft, und seine Kinder das Essen servieren.

Ich war wie vor den Kopf gestoßen und konnte kaum glauben, in einem Bonner Ministerium mit derartigen Aussagen konfrontiert zu werden. Damit will ich dem Familienbetrieb nichts wegnehmen, aber von Leuten, die immerhin die Geschicke einer hochmodernen Industrienation leiten, kann man – so denke ich wenigstens – immerhin erwarten, daß sie ein wenig über den Tresenrand hinaus sehen.

Wir fuhren dann mit einem deutlichen Frust nach Hause zurück. Ich habe mir damals geschworen, nie wieder in ein Ministerium oder zu einem Minister zu fahren. Bei all diesen Besuchen, auch wenn der Minister oder seine Mannen noch so freundlich waren, ist nämlich nie etwas heraus gekommen. Alles, was nach einer echten Entscheidung aussah, wurde jeweils in die Unterabteilungen abgeschoben. Mit Zusagen wie dem schon fast obligatorischen wie nichtssagenden „Wir-werden-das-wohlwollend-prüfen“ ist letztlich nichts anzufangen. Am Ende kommt es dann doch immer wieder auf die nachgeordneten Beamten an, und man trägt sein Anliegen von Neuem vor. Deswegen gehe ich lieber gleich zum zuständi-

Blick vom Hotel Fürstenhof ins Rottal

gen Inspektor, zum Regierungsrat und Regierungsdirektor. Dieser Personenkreis ist nach meiner Erfahrung längst nicht so abgehoben und hat durchaus noch einen Bezug zur Realität.
Ich finanzierte den Fürstenhof dann zusammen mit der Sparkasse, wo man durch die häufige Zusammenarbeit sehr viel Vertrauen in meine Geschäftstätigkeit setzte. Es war kein blindes Vertrauen, welches sich nach dem Motto „Einmal Erfolg, immer Erfolg" ausrichtete. Diesen Spruch halte auch ich für einen Trugschluß, denn jeder Erfolg muß neu erarbeitet werden. Und es war in meiner finanziellen Situation nicht einfach, ein weiteres Haus zu errichten. Deshalb spielte ich auch mehrmals mit dem Gedanken, den Fürstenhof zu verkaufen.
In diesem Zusammenhang fallen mir zwei Erlebnisse ein, die mir widerfuhren, als ich versuchte, eine Immobilie zu verkaufen. Normalerweise ist der An- oder Verkauf eines Hauses eine ernste Angelegenheit, aber in jenen Fällen besaß das Ganze schon fast anekdotischen Charakter. Wegen des Fürstenhofs hatte ich mit der Absicht zu verkaufen bereits Kontakt zu einem Unternehmen aus Stuttgart hergestellt. Die Verhandlungen mit dem Bevollmächtigten des Unternehmens liefen zufriedenstellend, folglich gingen wir zum Notar, um den Verkauf hieb- und stichfest zu machen. Erst beim Notar stellte sich heraus, daß dieser Bevollmächtigte gar keine Vollmacht hatte. Die ganze Angelegenheit fiel also ins Wasser. Schlimm genug eigentlich, denn ich hatte umsonst Zeit und Mühe investiert, aber hinterher kam es noch gröber, denn es gab doch tatsächlich einen großen Streit über die Notarkosten. Immerhin mußten diese dann von der anderen Partei gezahlt werden. Das war aber nicht das einzige

Erlebnis in dieser Richtung, bedeutend Schlimmeres erlebte ich im Zusammenhang mit meinem Hotel Glockenspiel.
Ich hatte das Glockenspiel mit etwa 60 Zimmern geplant und zur Gänze an eine Frau Knoll verkauft. Diese Frau kam eines Tages zu mir und erklärte, daß sie Erbin eines Arzneimittelkonzerns und verfolgte Jüdin sei, in einigen Jahren einen größeren Geldbetrag als Abfindung erwarte und dieses Geld anlegen möchte. Sie trat freundlich und bescheiden auf, außerdem stammte ihr Freund aus Asbach, einem Nachbarort. Ich sah keinen Grund, mißtrauisch zu sein. Zum Beispiel hatte ihr der Sparkassendirektor eine Kreditkarte angeboten, die sie nicht benutzen wollte, solange ihre Abfindung ausstand. Sie wirkte bei der Planung des Glockenspiel mit, kam in mein Haus zu Besuch, brachte den Kindern Geschenke mit, lud uns wiederum ein: ein eher gutes Verhältnis.
Wir verbrieften den Verkauf beim Notar, wobei jeder Heizkörper, jedes Leitungsrohr besprochen wurde. Beim Hinausgehen hörte ich ihren Freund leise zu ihr sagen. „Jetzt hast du dein Todesurteil unterschrieben.“ Ich wunderte mich zwar, vergaß es aber auch gleich wieder, denn wir feierten im Käfer anschließend die Verbriefung. Als es ums Zahlen ging, stellte sich heraus, daß sie keinen Pfennig hatte. Ich wunderte mich wieder und beglich die Rechnung. Aber dann mußte ich erfahren, daß die Frau vollkommen mittellos war, weder ihre Verbindung zu dem Arzneimittelkonzern noch die erwartete Abfindung waren reell, keine ihrer Angaben konnten bestätigt werden. Natürlich tritt in so einem Fall der Staatsanwalt auf den Plan, aber ich konnte ihr Vorgehen nicht verstehen, denn sie hatte sich ja überhaupt keinen Vorteil durch ihre falschen Behauptungen verschaffen können. Aber man ist vor den Verrücktheiten anderer Leute wahrscheinlich nie sicher.
Ich habe das Glockenspiel dann übrigens im Teileigentum verkauft. Es ist ein Hotel garni und erfreut sich allergrößter Beliebtheit. Wenn ich mir die Belegungszahlen im Glockenspiel und den anderen Häusern, die ich errichtet und verkauft habe, heute so ansehe, komme ich zu dem Schluß, es war ein Fehler zu verkaufen. Auf der anderen Seite aber hatte ich damals einfach nicht genügend Geld, die Häuser zu halten. Und es ist doch immer so: hinterher ist jeder schlauer als vorher.
Aber zurück zum Fürstenhof. Es war schon vom ersten Tag an mein Anliegen, diesem Haus eine ganz besondere Note zu geben. Dieses Bestreben schlug sich nieder in der äußeren Gestaltung, bei den Zimmern, bei einem Wappen und natürlich im medizinischen Bereich.
Der Fürstenhof ist das letzte Haus des Ostastes. Da hier kein Erweiterungsbau mehr entstehen kann und soll, wurde quasi als Abrundung die

runde Form gewählt. Diese Idee stammte von Alexander von Branca; dahinter steckt der Aspekt eines architektonischen Abschlusses, an den nicht mehr weiter baulich angebunden werden kann. Die beiden Rundbauten vorne springen zurück, und dazwischen ist das Freischwimmbecken gelagert. Das Dach wird von Säulen getragen. Herrn Hummel ist es zu verdanken, daß er den Fürstenhof so „in Form" gebracht hat, daß er auch finanzierbar war.
Mit dem Fürstenhof ließ ich zwei große Biotope anlegen. Die Grundstücke gehörten mir, und ich wollte einfach etwas für die Natur tun. Herr Dr. Goldschmitt, der mir bei der Planung und Gestaltung dann half, hat sich besonders dem Naturschutzgedanken verschrieben und stellt für mich übrigens ein äußerst positives Beispiel des Bundes Naturschutz dar, mit dem ich ja nicht nur gute Erfahrungen machte. Übrigens ist er mittlerweile aus dem Verein ausgetreten. Aber wenn jemand – wie zum Beispiel auch bezüglich der Planung eines Golfplatzes – mit einem gesunden Menschenverstand an eine Sache herangeht, bin ich der letzte, der sich gegen die Argumentation des Naturschutzes wehrt.
Was die Gestaltung der Zimmer betrifft, hat sich die besondere Mühe, die Herr Hummel und ich darauf gelegt haben, bis auf den heutigen Tag ausgezahlt. Bevor man so ein Hotel zu errichten beginnt, baut man praktisch ein Musterzimmer, und an diesem feilt man dann im Detail. Natürlich konnten wir bei den Fürstenhof-Zimmern auch aus den Erfahrungen mit den Fehlern lernen, die Steigenberger diesbezüglich gemacht hatte. Ich bin sehr zufrieden, daß wir hier eine Einrichtung geschaffen haben, die sich auch nach zehn Jahren noch gut bewährt, auch nach langer Zeit noch ansehnlich ist. Denn Qualität wird de facto nie schäbig und unansehnlich.
Auch meine Idee, dem Fürstenhof eine etwas persönlichere Note zu geben, nahm langsam Gestalt an. Bei einigen Ausflügen nach Österreich, während der ich mir zusammen mit meiner Frau viele Hotels ansah, kam mir die Idee, dem Fürstenhof ein Wappen zu verpassen. Ich beauftragte eine Heraldik-Gesellschaft mit seiner Gestaltung. Heraus kam ein blaues Wappen, in welchem die Quellen, aber auch meine Kaufmanns- und juristische Eigenschaft sich niederschlagen. Vielleicht spielte bei dem Wunsch nach einem Familienwappen auch eine Rolle, daß ich damals bereits übersehen konnte, was ich in Bad Griesbach geschaffen hatte, und dieses mit einer gewissen Tradition verbinden wollte. Übrigens ließ ich meiner Frau einen Ring mit eben diesem Wappen anfertigen, und sie trägt ihn sehr gerne.

Was den besonderen medizinischen Aspekt des Fürstenhofes betrifft, so sind mit der Kombination von Fango mit Thermalwasser gut 10 Jahre inzwischen vergangen. Und spätestens nach Ablauf dieses Zeitraums braucht man wieder einen frischen Wind, eine neue, bahnbrechende Idee, welche das vorhandene Angebot erweitert. Diese Erneuerung hieß „kneippen". Ich wußte seit Jahren, daß man in Bad Wörishofen vergeblich versucht hatte, nach heißem bzw. Thermalwasser zu suchen. Und kaltes Wasser ist wesentlich leichter zu finden als heißes. So trug ich mich mit dem Gedanken, in Bad Griesbach neben Fango auch Kneippen anzubieten. Die Frage war allerdings, vertragen sich heiße und kalte Therapie nebeneinander?
Zu dieser Frage ließ ich ein Gutachten von Prof. Schnizer erstellen, welches zu dem Schluß kommt, daß eine Synthese von Thermalbad und Kneipp-Anwendungen durchaus möglich ist. Die vorrangige Komponente der Kneipp-Therapie ist ja die „Hydrotherapie", die durch das Thermalbaden sinnvoll ergänzt werden kann. Die Wirkung beider Verfahren dürfen sich nur innerhalb einer therapeutischen Zielsetzung nicht widersprechen. Stattdessen ist ein therapeutischer Erfolg angestrebt, wie er durch den Einsatz einer singulären Maßnahme nicht zustande käme. Prof. Schnizer hat hierzu Behandlungspläne entwickelt. Wir bieten therapeutische Maßnahmen für Venenerkrankungen sowie degenerative Wirbelsäulenerkrankungen an, dazu einen Behandlungsplan für Abhärtung und Fitness, für periphere Durchblutungsstörungen, ebenso für Blutdruckregulationsstörungen (Hypertonie), dazu noch den gesamten Bereich der Rekonvaleszenz. Nimmt man im Fürstenhof die Trinkkur noch dazu, dann ist er das erste Haus in Bad Griesbach, welches eine komplette Wasserkur anbietet: heiß wie kalt, trinken wie baden. Wenn sich dieses Konzept im Fürstenhof bewährt, dann werden wir in den anderen Häusern schnell nachrüsten. Denn warum sollten Sie auf dieses Angebot verzichten?
Mein einziger Fehler im Fürstenhof war, ihn zunächst als Drei-Sterne-Haus zu konzipieren. Doch dann rutschte das Haus sozusagen wie aus Versehen in die höheren Ränge hinein – daß das passieren könnte, zeichnete sich allerdings schon im anspruchsvollen Namen des Hauses ab -, so daß einiges nicht mehr zusammen paßte. Im Fürstenhof haben Sie zum Beispiel einen wunderschönen Ausblick über das Rottal wie in kaum einem anderen Haus in Bad Griesbach, aber es fehlt auf der anderen Seite eine entsprechende Sitzhalle. Mittlerweile holte ich mir vom Stadtrat die Genehmigung, den Bebauungsplan entsprechend zu ändern, so daß wir nach Norden hin noch eine Halle errichten können. Dann steht der Für-

stenhof gleichwertig zwischen den anderen Häusern da. Eine kurzfristig geplante Zwischenlösung ließen wir wieder fallen, da es nur etwas Halbes gewesen wäre. Nach meiner Erfahrung bringen nur die Komplettlösungen etwas, und ich warte lieber, bevor ich halbe Lösungen akzeptiere. Ich plane sobald wie möglich Richtung Norden bei der jetzigen Halle, das Dach von oben her bis hinaus zur kleinen Statue zu verlängern, so daß eine schöne Halle mit dem Charakter eines Wintergartens entsteht. Wenn ich das noch geschafft habe, ist der Fürstenhof so, wie ich ihn mir wünsche.

Manche Gäste bemängeln, daß das Thermalbad des Fürstenhofes von den Gästen der Nachbarhäuser besucht wird. Da dies jedoch nie anders geplant war, versöhnt die besondere Größe unseres Thermalbades, welches von Anfang an für mehr Gäste, als im Fürstenhof Platz haben, konzipiert wurde. Freilich kommt es in allen Bädern zu ganz bestimmten Hoch-Zeiten zu Engpässen, z. B. an Weihnachten oder Ostern. Hinzu kommt, daß alle Gäste zur gleichen Zeit in das Bad wollen, während sie zu anderen Zeiten viel Platz und Ruhe hätten. Genauso wie alle Golfspieler am liebsten zwischen 10 und 12 Uhr abschlagen wollen, so ist die bevorzugte Badezeit um 17 Uhr.

Der Fürstenhof ist das erste Hotel, bei dem ich mich selbst um das Marketing kümmern wollte. Deshalb schloß ich mit Steigenberger nur einen Vertrag über die Betriebsführung ab. Entsprechend groß war meine Freude und Genugtuung, als ich feststellen konnte, daß der Fürstenhof von Anfang an hervorragende Belegungsquoten erreichte. Dabei hatte ich de facto für das Marketing und die Belegung alleine gesorgt. Das hat mir für spätere Entscheidungen doch einiges an Selbstbewußtsein gegeben. Wie bei allen großen Entscheidungen, so war der Fürstenhof quasi eine Art Probe für die spätere Trennung von Steigenberger. Aber das sollte erst zehn Jahre später aktuell werden. Die Eröffnung des Fürstenhofes war ein wunderschöner Tag. Ich erinnere mich noch, wie mir der Begriff „Kaiserwetter“ in den Sinn kam. Sehr viele Gäste – ob geladen oder nicht – kamen in das vor dem Hotel aufgebaute Zelt und verfolgten mit mir die Eröffnung des Fürstenhofes durch Franz Beckenbauer, den man ja auch als Kaiser Franz tituliert. Dieser Tag sollte auch noch eine Überraschung für den Franz bereit halten, denn Paul Thurner, ein Griesbacher, hatte mit viel Mühe und Liebe den Beckenbauer'schen Stammbaum erarbeitet und ihn dem Franz überreicht. Es stellte sich heraus, daß seine Vorfahren aus Griesbach stammen. Hin und wieder, wenn er gut aufgelegt ist, fällt dem Franz diese Geschichte wieder ein, und er erzählt, daß er ja in Wahrheit ein halber Griesbacher ist.

Einweihung Hotel Fürstenhof – Alois Hartl überreicht Franz Beckenbauer seinen Stammbaum (1987)

Übrigens entstanden durch die Anwesenheit von Franz oder auch Dr. Manfred Köhnlechner recht hartnäckige Gerüchte darüber, wem wohl welches Hotel gehört. Der Erfindungsgeist des Menschen ist eben ungeheuer. Obwohl es keinen konkreten Ansatzpunkt für die Vermutungen gab, hieß es doch erst, dem Franz gehöre das Parkhotel, später dann, er habe den Fürstenhof gekauft. Ich will dazu nur sagen, wir hielten es immer so, daß wir unsere Freundschaft nicht mit finanziellen Dingen belasteten. Und mit dieser Politik sind wir gut gefahren. Allerdings versuchte ich nie, gegen diese Gerüchte anzugehen, die ja unter anderem prinzipiell die Eigenschaft haben, daß man sowieso nichts gegen sie unternehmen kann.

Alles, auch das Essen muß stimmen

Ich erzählte bereits in anderem Zusammenhang, daß ich jemand bin, den man zum Müsli-Essen zwingen oder zumindest überreden muß. Nicht weil ich prinzipiell etwas gegen gesunde Ernährung hätte, überhaupt nicht, aber schmecken muß sie halt. Und auf Fastenessen stehe ich, ehrlich gesagt, ganz und gar nicht. Von dieser Richtung habe ich genügend die langen Jahre im Internat genießen müssen, und ich denke, das reicht für ein ganzes Menschenleben. Das bedeutet wiederum nicht, daß ich jeden Tag einen Hummer auf dem Teller sehen möchte. Ich bin doch viel zu sehr gestandener Bayer, als daß ich nicht immer wieder ein besonderes Gelüste nach deftigem Essen entwickeln würde, eine Brotzeit mit Leberkäs zum Beispiel oder ein Weißwurst-Frühstück, das gerne mit einem frischen Weißbier kombiniert sein darf, dazu eine rösche Brezen: was will ich mehr!

Wenn ich mich in die Lage eines Gastes hineinversetze, dann ist die Küche natürlich auch ein ganz wesentlicher Bestandteil eines Hotels. Und so unterschiedlich die Geschmäcker auch immer sein mögen, ob einer die feine oder eher die deftige Küche liebt, ob einer gerne neue Geschmäcker kennenlernen möchte oder lieber bei der Hausmannskost bleibt, ob einer die fleischlichen Genüsse schätzt oder eher auf Gemüse und Salat steht, ob einer alles essen und vertragen kann, oder sich in diätischer Hinsicht beschränken möchte oder muß, eines ist allen gemeinsam: jeder erwartet beste Qualität hinsichtlich der verarbeiteten Lebensmittel, ein geschmackvolles Essen, möglichst viel Auswahl und einen flotten und freundlichen Service.

Für mich bedeuten diese Erwartungen zum einen, entsprechend gut geschulte Mitarbeiter für die Küche und den Service einzustellen, aber auch, für eine möglichst perfekte Organisation im Restaurantbereich zu sorgen. Eine ganz wesentliche Voraussetzung für unsere Hotelrestaurants bestand in der schon recht frühen Erkenntnis, daß der sonst übliche Speisesaal der Vergangenheit angehört. Kleinere Eßbereiche verschaffen eher eine gemütliche Wohnzimmer-Atmosphäre, welche dem Gast das Wohlbefinden vermittelt, welches er unter anderem in unseren Häusern sucht. Diese Umstrukturierung ermöglichte zum Beispiel auch die Errichtung mehrerer Restaurants in den großen Hotels, so daß der Gast während seines Aufenthaltes optimale Auswahlmöglichkeiten hat und variieren kann.

Früher boten wir die üblichen Menues im Rahmen der Halbpension an. Mir hat das aber noch nie so recht gefallen, jemandem sozusagen auf Verdacht ein fixes Menue hinzustellen. Also verlangte ich als ersten Schritt, daß man mehrere Gänge zur Auswahl bieten müsse. Aber selbst damit war ich noch nicht zufrieden, denn ich selbst bin jemand, der gerne hin und wieder fein ißt, aber schon nach dem zweiten feinen Essen habe ich sozusagen die Nase voll von Perlhuhnbrüstchen in Champagner-Creme, dann gelüstet mich nämlich nach etwas Handfestem. Deshalb hatte ich die Idee, zu allem anderen, was wir an Geschmacksrichtungen bieten,

das Heurigen-Restaurant im König-Ludwig einzurichten. Es zeigte sich sehr schnell, daß die Gäste diese Auswahlmöglichkeiten goutieren. Insofern lag es auf der Hand, diese Restaurant-Politik fortzusetzen und noch zu verfeinern.
Heute finden Sie im Fürstenhof ein Fischrestaurant, welches Hummer zu humanen Preisen auf den Tisch bringt. Im Parkhotel ließ ich das Classico, ein italienisches Restaurant, einrichten, das ich auch selbst gerne besuche. Seit meiner Zeit in Rom habe ich für die italienische Küche nämlich eine ganz besondere Liebe entwickelt. Um das Angebot zu komplettieren, konzipierte ich für das Hotel Maximilian ein kalifornisches Restaurant, das California. Für dieses Restaurant holte ich extra den kalifornischen Koch Charles Saunders nach Deutschland, damit er für uns eine entsprechende Speisekarte aufstellt. Für den Freund der asiatischen Küche bietet das Restaurant im Luitpold die entsprechenden Speisen an. Aber unser Essenskonzept wurde noch weiter entwickelt, denn wir haben es unseren Gästen freigestellt, unter unseren Restaurants frei zu wählen. Und nachdem das Bessere immer der Feind des Guten ist, haben wir in diesem Zusammenhang sozusagen auf die sonst bei Halbpension übliche Handhabung verzichtet. Damit wir bei den Gästen keine Verwirrung anrichten, haben wir den Slogan geprägt: „Buchen Sie Halbpension und essen Sie à la carte."
Ich weiß, daß für viele Gäste allein schon der Begriff der Halbpension ein Greuel ist, und jeder natürlich lieber à la carte essen möchte. Seit dem Jahr 1996 gibt es in allen HRH-Hotels (d. h. Hartl-Resort-Hotels) in Bad Griesbach die Möglichkeit zum Preis der Halbpension das Essen aber à la carte in jedem unserer Spezialitätenrestaurants zu wählen, wie ich meine, ein Superangebot. Aber ich bemühe mich immer, alles so zu gestalten, wie ich als Gast es bevorzugen würde.
Obwohl ich das Ziel habe, alles in den HRH-Hotels und den entsprechenden Restaurants so zu gestalten, daß ich als Gast mich wohlfühlen und wiederkommen würde, kann ich selbst mit meiner Familie in Bad Griesbach nicht Urlaub machen. Man könnte nun argwöhnen, daß der Kramer seine eigene Ware lobt, um dann selbst woanders einzukaufen, aber dies ist keineswegs der Fall. Stattdessen kann ich nicht einfach in einem meiner Häuser Urlaub machen und so tun, als sei ich nur ein normaler Gast. Ich könnte Bad Griesbach einfach nicht genießen. Ich müßte permanent beobachten, was gut und was schief läuft, ich würde kritisch jeden Teller beäugen, der an mir vorbei getragen wird, ob das Essen auch so aussieht, wie ich es mir vorstelle oder ob ich irgendwelche Mängel entdecke. Ich käme niemals aus der Anspannung heraus, denn

letztendlich bin ja ich immer für alles verantwortlich und möchte natürlich auch erreichen, daß jeder einzelne Gast zufrieden ist. Selbst wenn ich mit Freunden in eigene Restaurants gehe, fühle ich mich nicht frei, sondern denke dauernd: hoffentlich geht alles gut, hoffentlich funktioniert alles.

Hin und wieder besuche ich mit meiner Familie ein Restaurant, daß nicht zu uns gehört. Hier können wir das Essen ganz besonders genießen, denn was auch immer schieflaufen mag, ob dem Ober der Teller hinunterfällt, das Essen zu spät kommt, der Wein zu kalt oder zu warm ist, die Nudeln nicht al dente sind, der Kellner griesgrämig dreinschaut – wir sind schließlich nicht dafür verantwortlich.

Damit die optimale Zufriedenheit unserer Gäste erreicht werden kann, müssen sich in der letzten Januar-Woche alle Hotels präsentieren, das heißt, die Küchen, der Service, der Empfang und die Etage präsentieren mir, in welchem Standard das Haus das Jahr über arbeiten wird. Das bedeutet, daß ich auch die kleinste Kleinigkeit zu Gesicht bekomme: wie sieht das Brot aus, ist die Butter gesalzen oder nicht, schmecken die Beilagen oder das Gemüse, woher kommen die Kuchen, welche Qualität haben sie, wie ist das Salatbuffet sortiert, wie sind überhaupt die Buffets gestaltet und wie setzen sie sich zusammen, wie sind die Dekorationen, wie kümmern sich die Mitarbeiter um die Gäste usw.. Ich hoffe, daß wir uns auf diese Weise jedes Jahr ein wenig verbessern oder auch Neuerungen einführen, die den Bedürfnissen unserer Gäste entgegenkommen. Das gehört zu meiner Unternehmensphilosophie, wie das vielleicht ein wenig hochtrabend heißt.

Freilich ist man sich selbst gegenüber oft kritischer, als es die Gäste sind, was schon allein daher kommen kann, daß ich mit den Hotels und Restaurants ja täglich konfrontiert bin, während es für den Gast doch meist nur wenige Tage oder Wochen im Jahr ausmacht. Andererseits ist ein kritisches Auge gepaart mit dem Wunsch nach ständiger Verbesserung ja auch ein gewisser Garant dafür, daß es immer wieder einen Schritt vorwärts geht. Das heißt ja nicht unbedingt, daß man auf jede neue Mode, auf jeden neuen Trend hereinfällt, denn da tummelt sich vieles, was von Anfang an nicht darauf ausgerichtet ist, Bestand zu haben. Und wenn überhaupt irgendetwas Bestand hat, dann ist das die Qualität.

Wir hatten im Hotel König Ludwig einmal einen Spruch für die Speisekarte gewählt; er lautete: „Es muß nichts Besonderes sein, aber gut muß es sein!" Dem kann ich mich nur anschließen. Denn ob man sich für einen Leberkäs, ein Filetsteak oder einen Hummer und Kaviar entscheidet, ist und bleibt eine Frage des Geschmacks und des momentanen Gelüstes. In jedem Fall aber soll die gewählte Speise gut schmecken und den Gast in lukullischer Hinsicht befriedigen. Bei den Lateinern gibt es den einfachen Spruch: „Hunger ist der beste Koch." Das stimmt freilich auch, aber dafür ist alleine der Gast zuständig und verantwortlich. Dabei sind die Möglichkeiten, sich in Bad Griesbach Hunger zu verschaffen, äußerst vielfältig. Von den mannigfaltigen Wanderrouten über Berg und Tal über die Spazierfahrt per Fahrrad, von dem Tennismatch über ein ausgiebiges Thermalbad bis hin zu einer gepflegten Golfrunde bietet Bad Griesbach alles, was Appetit macht.

Vom Himmel – fast auf die Nase gefallen ...

Im Jahre 1983/84 waren in der Stadt Griesbach ein neuer Stadtrat und ein neuer Bürgermeister nach der „Ära Lindinger" zu wählen. Trotz bester Absichten der neuen Stadtregierung verschlechterten sich die Entwicklungsmöglichkeiten für Bad Griesbach, aber auch für die Altstadt, dermaßen, daß man das Schlimmste befürchten mußte. Nur mit äußerster Anstrengung und Zähigkeit konnte der komplette Absturz Bad Griesbachs verhindert werden. Ein gewisser Schaden bleibt dennoch bis heute bestehen. Noch viel schlimmer als uns traf es allerdings die Altstadt, denn dort wurde eine geradezu historische Chance verspielt. Aber alles der Reihe nach.

Der neue Bürgermeister hatte zusammen mit seiner Stadtratsmehrheit vor, die Stadt Griesbach auf Vordermann zu bringen. Diese Entscheidung konnte man nur unterstützen, denn die Altstadt nahm an dem Aufschwung, wie er in Bad Griesbach stattfand, de facto nicht teil. Allerdings waren die Mittel untauglich, die für den Aufschwung eingesetzt wurden.

Zum ersten ging man von dem fundamentalen Irrtum aus, daß alle Investitionen, die in Bad Griesbach verhindert werden, automatisch in die Altstadt fließen und dieser zugute kommen. Aber dieser Ansatz, wie falsch auch immer, trug das gesamte folgende Handeln. Und was hilft es, wenn das Ziel richtig gesteckt ist, aber mit vollkommen untauglichen Mitteln angegangen wird. Mit Schrecken erinnere ich mich noch an den Wahlkampf mit dem Slogan: „Stoppt den Westast – stoppt Hartl!" Der Westast ist der Bereich Bad Griesbachs, wo jetzt das Hotel Maximilian steht, dann der Passauer Wolf und die Luitpold-Klinik.

Das erste Mittel, um den weiteren Ausbau Bad Griesbachs zu verhindern, war die Forderung der Stadt, daß erst die Erschließungskosten abge-

rechnet werden müßten. Das war nur ein Vorwand, denn was hat die Abrechnung der Erschließungskosten mit dem Weiterbau eines Kurortes zu tun? Zusätzlich hatte die Stadt eine Konstruktion für die geforderte Abrechnung gewählt, die sicherlich anfechtbar gewesen wäre. Das gesamte Baugebiet Bad Griesbachs wurde als eine Erschließungseinheit betrachtet, war aber in zwei Abschnitten abrechenbar. Diese Hilfskonstruktion hätte vor Gericht sicherlich nicht standgehalten.
Wie schon all die vielen Jahre zuvor war ich aber nicht auf Konfrontation aus, sondern schon immer bereit, eine vernünftige Lösung für alle zu finden. Deshalb akzeptierte ich auch diesen Erschließungskosten-Kompromiß und bat auch alle anderen Investoren, diesen Abrechnungsmodus zu akzeptieren, übrigens mit Erfolg. Für wichtig hielt ich, daß Friede herrscht. So ist es dann auch geschehen.
Ein wesentlich größeres und weitreichenderes Problem war die Umgehungsstraße. Das Thema Umgehungsstraße war schon damals keineswegs neu und unbekannt. Bereits 40 Jahre zuvor hat mein Vater die Idee entwickelt, daß sich Griesbach, das ja auf einem Hügel errichtet ist, ohne eine entsprechende Umgehung nicht ordentlich entwickeln kann. Vielleicht kann sich der ein oder andere noch daran erinnern, daß die ursprüngliche Staatstraße 2116 von Schwaim mitten durch das heutige Bad Griesbach führte, also den Ort quasi durchschnitt. Genauer gesagt verlief sie exakt da, wo heute der Turm des Maximilian steht. Zu einem späteren Zeitpunkt einigte man sich darauf, diese Straße provisorisch zu verlegen, damit man den Kurplatz zur Gänze bauen und auch das Kurmittelhaus sich erweitern konnte. Das Provisorium führte genau zwischen dem Hotel Maximilian und dem Passauer Wolf durch Bad Griesbach. Ich stellte damals die Grundstücke kostenlos zur Verfügung, damit wenigstens diese Entwicklung vorankommen konnte.
Dabei wäre zur selben Zeit möglich gewesen, die Umgehungsstraße wenigstens teilweise zu bauen. In Schwaim gab es nämlich eine höhengleiche Kreuzung zwischen der Bundesstraße 318 und der Staatsstraße 2116. An dieser Kreuzung passierten dermaßen viele Unfälle, daß ein Sofortvollzug für die Umgehung Griesbachs angeordnet wurde und auch vor Gericht Stand hielt. So ein Sofortvollzug hat den großen Vorteil, daß die Straße und die notwendigen Brücken gebaut werden können, ohne daß man sich zuvor mit den betroffenen Landwirten über die Preise der benötigten Grundstücke einigen muß. Diese Teil-Umgehungsstraße war immerhin bis nach Kurholz vorgesehen, d. h. sie wäre bis hin zum Freibad in einem Stück gebaut worden.

Die Stadt Griesbach wurde von allen Seiten eindringlich auf diese große Chance aufmerksam gemacht. Allerdings hätte schnell gehandelt werden müssen, denn sobald der Unfallschwerpunkt Schwaim anderweitig beseitigt wäre, entfiele natürlich auch die Notwendigkeit für einen Sofortvollzug. Wenn man sich vorstellt, daß vielleicht mit viel Glück bis zur Jahrtausendwende der erste Teil der Umgehung von Griesbach im Bereich Lederbach gebaut wird, dann könnte man sich die Haare raufen. Das alles hätte nämlich bereits damals in die Wege geleitet werden können. Aber so, wie es momentan aussieht, wird die gesamte Ortsumgehung Griesbach nicht vor dem Jahre 2005 befahrbar sein. Dabei weiß doch jeder, der in der Stadt wohnt, was es vor allem für die Altstadt bedeutet, wenn sich täglich Tausende von Autos durch die engen Straßen von Griesbach wälzen. Wie soll da jemals ein kurortähnlicher Charakter entstehen, so daß auch die Altstadt den Titel „Bad" erhält. Dies alles hätte bereits heute Realität sein können, aber die Chance dafür wurden einfach vertan, und es war eine historische Chance, wie ich finde. Wie soll ich also den riesigen Fehler, der damals begangen wurde, anders bezeichnen, als ebenfalls von historischem Ausmaß.
Im Nachhinein wird diese Entscheidung zwar so begründet, daß man sich über die Trassenführung nicht ganz klar war, aber das halte ich letztendlich nur für eine Ausrede oder Schutzbehauptung. Denn ob die Umgehungsstraße westlich näher oder weiter entfernt liegt, spielt keine große Rolle. Im Westen steht so oder so der Schloßberg, den es in jedem Fall zu überwinden gilt. Da durch das Handicap Schloßberg eine westliche Erweiterung Griesbachs sowieso nicht möglich ist, spielt der Verlauf der Straße in diesem Bereich auch wirklich keine große Rolle. Aber ich habe einen gewissen Verdacht, was in Wirklichkeit dahinter steckte, denn Fakt ist, daß ich durch die Verhinderung der Umgehungsstraße Bad Griesbach nicht mehr ausbauen hätte können. Ich setzte mich dann in zähen Verhandlungen durch, daß man wenigstens das Teilstück baut, welches den Unfallschwerpunkt Schwaim beseitigt und unseren Kurort umgeht. Daß diese teilweise Umgehung sinnlos bei uns endet, wundert auch so manchen Gast. Die Anbindung nach Griesbach hinauf wurde dann mit Mitteln des Landkreises und der Stadt gebaut. Vor allem Landrat Kitzlinger hat sich sehr für diese Lösung eingesetzt.
Heute freilich jammern viele Griesbacher um die Umgehungsstraße und bemühen jeden Politiker, sie dabei zu unterstützen. Als vor Jahren der Bayerische Ministerpräsident Edmund Stoiber darauf hinwies, daß man die damalige Chance nicht genutzt habe, glaubten ihm viele Einwohner

nicht. Aber ich kann nur bestätigen, daß der Ministerpräsident die Wahrheit gesagt und Griesbach tatsächlich seine historische Chance nicht genutzt hat.
Nachdem ich das zuletzt genannte Hindernis für den Ausbau Bad Griesbachs mit der Hilfe von vernünftigen Leuten überwunden hatte, stellte man mir eine weitere Hürde auf, indem mir der Stadtrat eine Veränderungssperre, sprich einen Baustop für den Westast verpaßte. Das bedeutete eine Katastrophe, denn die Bauprojekte Passauer Wolf, das Hotel Maximilian und auch das Kurmittelhaus standen bereits an, wurden aber so auf Eis gelegt. Als Begründung gab man an, den Bebauungsplan des Westastes noch einmal überprüfen zu müssen, da die dort vorgesehene Tunnelerschließung technisch nicht realisierbar sei. Für ein Gutachten, das diese Behauptung stützen sollte, gab derselbe Stadtrat 30.000 DM aus. Aber damit noch nicht genug. Eine Veränderungssperre ist normalerweise auf zwei Jahre befristet, kann aber mit entsprechenden juristischen Tricks und Finessen verlängert werden. Und das geschah leider. Dieses Verhinderungsszenario hat natürlich nicht nur für die Entwicklung von Bad Griesbach sondern auch für die Altstadt enorme Schäden verursacht. Zum Beispiel ist ein sehr interessierter Investor, Dr. Leebmann, von Griesbach abgewandert und hat sich statt dessen in Bad Gögging mit dem Bau von drei Kliniken ein weiteres Standbein errichtet. Auch für mich war der Schaden groß, denn durch die Verzögerungstaktik gerieten wir in eine Baupreiserhöhung und in eine weitere Konjunkturkrise. Allen potentiellen Investoren zusammen entstand ein Schaden in Millionenhöhe. Ich wollte aber nicht klagen, denn ein Prozeß hätte womöglich langer gedauert als die Veränderungssperre aufrecht erhalten werden konnte.
Heute steht der Tunnel genauso wie anfangs geplant, sogar fast in der gleichen Trassenführung. Ich schlug dem Bürgermeister vor, das Gutachten wenigstens einrahmen zu lassen und im Rathaus aufzuhängen, wenn es schon sonst zu nichts nutze war. Wenn die Stadt Griesbach durch ihre Taktik wenigstens einen Vorteil errungen hätte, aber nicht einmal das geschah. Ich ging damals mit Dr. Leebmann zur Stadt, denn er interessierte sich für das Schloß, um dort eine Klinik zu errichten. Wir sind mehr oder weniger abgeblitzt. Dabei täte eine Klinik der Altstadt sehr gut, um den Ort zu beleben, Arbeitsplätze zu schaffen und die Kaufkraft zu erhöhen. Meine Projekte in Bad Griesbach konnten langfristig dann doch nicht verhindert werden. Heute stehen den Gästen sowohl der Passauer Wolf als auch das Hotel Maximilian sowie das Kurmittelhaus zur Verfügung.

Zum weiteren Szenario gehörte es, sozusagen ein zweites Bad Griesbach entstehen zu lassen. Die Grundstücke für eine Bohrung in Parzham wurden bereits angekauft. Wie groß die Aussichten gewesen wären, dort fündig zu werden, kann und möchte ich nicht erörtern. Jedenfalls kann ich mir vorstellen, daß die Eigentümer der Quellen in Bad Birnbach schärfstens protestiert hätten, denn die geplanten Quellen lagen ihren näher als meinen. Außerdem war und ist eine zusätzliche Bohrung im wahrsten Sinn des Wortes überflüssig, denn meine Quellen werden nur zum Teil genutzt. Ich habe soviel Wasserkapazität, daß man damit ohne weiteres 38.000 Betten versorgen könnte, was natürlich nie geplant war und ist. Auf der Hand liegt auch, daß ein zweites Bad Griesbach nur möglich gewesen wäre, wenn man andererseits die Entwicklung des bereits bestehenden Kurortes verhinderte. Mit einer eigenen städtischen Bohrung wollte man mir und dem Zweckverband ein Schnippchen schlagen, obwohl zwischen diesen drei Parteien klare Verträge den Umgang mit dem Thermalwasser bereits regelten. Insofern war der Plan sinnlos, überflüssig und vertragswidrig zugleich, aber damals glaubte man, sich an nichts halten zu müssen. Heute mag sich jeder sein eigenes Urteil über die damaligen Planungen bilden. Ich jedenfalls habe mir damals fleißig Notizen über die ganzen Vorgänge gemacht, die ich aber im Moment nicht veröffentlichen will.
Gegen Bad Griesbach zu kämpfen, brachte der Stadt letztendlich keinen Gewinn. Aber auch in ganz eigenen Angelegenheiten erwies man sich damals als nicht effektiv. Man hatte nämlich ein Rohkonzept für eine Altstadtsanierung entwickelt, das im wesentlichen vorsah, die Haagstraße und den Stadtplatz zur Fußgängerzone zu machen und über verschiedene Stiche das Schloß in die gesamte Entwicklung einzubinden. Auch Verbindungen zu Bad Griesbach über die Leithen und im Bereich des jetzigen Waldes waren vorgesehen. Natürlich bedarf jeder Plan einer Ausarbeitung im Detail, aber in sich war er schlüssig. Und was seine Finanzierung betraf, wäre er nach meiner Erinnerung bis zu 90% bezuschußt worden. Man hätte sich nur zu dem Konzept bekennen und es dann auch beschließen müssen. Aber wie so oft bei großartigen Ideen, scheiterte es an Lappalien. Man stritt sich mit der Regierung wegen der Erweiterung des Friedhofs und wegen der Rückgängigmachung des Damms, der den Schloßgraben zuschüttet, alles Dinge, an denen kein Projekt scheitern müßte. Statt dessen ließ man den Streit eskalieren, so daß die Herren von der Regierung mit dem Geld, das für Griesbach bereitlag, unverrichteter Dinge wieder abzogen. Auch das war für mich eine Chance von historischem Ausmaß. Wenn man sie denn ergriffen hätte, könnte es

heute in der Altstadt komplett anders aussehen. Aber nachdem man die Chancen durch die Umgehungsstraße und die Altstadtsanierung versäumt hatte, warf man die Entwicklung der Stadt um Jahrzehnte zurück. Übrigens scheint es mit dem Verpassen von Chancen in Griesbach eine gewisse Tradition zu geben. Man erzählt sich nämlich, es habe in früherer Zeit einmal die Möglichkeit bestanden, an die Bahnlinien angeschlossen zu werden. Dies sei aber dann doch nicht geschehen, weil der Posthalter seine Pferde nicht arbeitslos machen wollte. Ob sich das wirklich so zugetragen hat, weiß ich freilich nicht.

Jedenfalls hatte diese Frontstellung der Stadt Griesbach quasi gegen den Rest der Welt jede Entwicklung blockiert. Über Jahre herrschte sowohl in Bad Griesbach als auch in der Altstadt Stillstand. Unser Kurort hat sich zwar von dem Schaden, der in die zig-Millionen geht, wieder erholt, aber die Altstadt leidet noch heute unter den Nachfolgeschäden, die man gar nicht beziffern kann. Natürlich versuchten wir immer wieder durch Besprechungen mit der Regierung von Niederbayern und auf der anderen Seite mit dem Zweckverband, etwas zu bewegen, aber es war äußerst schwierig zu neuen Vereinbarungen zu gelangen. Das Zermürbende bei den Verhandlungen war, daß man sich nach jeder Einigung kurz darauf wieder mit einem Widerruf beschäftigen mußte. Trotz all dieser Zermürbungstaktik kam es dann endlich am 7.7.1987 zu einem Kompromißvertrag, laut dem ich in die Altstadt und in das Grieskirchner Feld Thermalwasser liefern kann und muß, wenn die rechtlichen Voraussetzungen dafür geschaffen sind. Damals lebte man mit dem Irrglauben, Thermalwasser alleine könnte ein Hotel zum Laufen bringen. Aber in Wirklichkeit ist für einen Hotelbetrieb in erster Linie die entsprechende Infrastruktur erforderlich. Wenn die fehlt, hilft alles Thermalwasser der Welt nicht. Und die Altstadt besitzt leider in keiner Weise die richtige Infrastruktur und das stimmige Umfeld für einen erfolgreichen Hotelbetrieb. Heute lasse ich mit einem Tankfahrzeug Wasser nach Griesbach fahren, denn die Abnahmemengen sind so gering, daß sich ein Leitungsbau nicht lohnt. Ich wünsche mir sehr, daß sich die Altstadt entwickelt, aber dazu bedarf es schon einiger erheblicher Weichenstellung, um wirklich etwas zu bewirken.

Im Rückblick wurden alle Angriffe auf Bad Griesbach abgewehrt, auch wenn dies viel Zeit und Geld kostete. Auch die städtische Bohrung und der Plan eines zweiten Griesbachs scheiterten letztlich. Wenn nur ein Teil der Vorhaben zum Schaden unseres Kurorts hätte durchgesetzt werden können, wären wir tatsächlich ruiniert gewesen. Aber dies hätte noch lange nicht automatisch die Entstehung eines erfolgreichen zweiten Ku-

rortes bedeutet, denn die bayerische Staatsregierung hätte dieses Projekt sicherlich nicht bezuschußt, weil Griesbach dann doch ein wenig zu klein für zwei Bäder ist. Allein wenn Sie sich vergegenwärtigen, daß in Bad Griesbach bisher über 1,4 Milliarden DM verbaut worden sind, können Sie ermessen, wie irrational die Planung eines Dublikates war. Aber all diese Szenarien konnten die Entwicklung unseres Bad Griesbachs doch wesentlich gefährden, so daß aus der Geschichte „ ... wie vom Himmel gefallen ...“ beinahe eine Bauchlandung geworden wäre.
Streitigkeiten sind immer eine rein negative Angelegenheit, wenn man nicht wenigstens ein kleines gemeinsames Ziel, irgend einen Kompromiß findet. Und genau das war vor dem 7.7.1987 der Fall, denn es gab dermaßen unterschiedliche Zielrichtungen, daß der Streit letztendlich unproduktiv war. Wenn jeder an einem anderen Strang zieht, dann kommt aber doch keiner vorwärts, und im Endeffekt hat keiner einen Vorteil, sondern jeder Beteiligte nur Nachteile. Immerhin war für mich mit dem Vertrag vom 7.7.1987 diese haarsträubende und fast schlimmste Zeit der Entwicklung von Bad Griesbach tatsächlich abgeschlossen, und ich konnte mich endlich wieder dem Produktivem zuwenden, nämlich dem Aufbau Bad Griesbachs.
Als nächstes Objekt stand das Hotel Maximilian an. Die Entstehungsgeschichte dieses Hauses kann aber nicht erzählt werden, wenn die Tunnelgeschichte und die Golfgeschichte ausgelassen werden.

Es geht weiter – der Tunnel und das Maximilian

Da wir schon immer möglichst jeden Verkehr aus Bad Griesbach heraushalten wollten, war der Bau eines Tunnels am Westast einfach ein Muß. Wir hatten zwar bereits Erfahrungen mit dem Parkhaus und der Tiefgarage Süd gemacht, aber dieser Tunnel hatte eine Größenordnung, die jede bisherige Erfahrung bei weitem überstieg, denn er unterschied sich ganz erheblich von den bisherigen verkehrstechnischen Lösungen. Am Ostast haben wir eine oberirdische Erschließung, von der man in die Tiefgaragen fährt. Diese Lösung konnte man beim Westast aus geographischen Gründen nicht realisieren. Denn dort steigt das Gelände gegen Westen hin an, so daß man dort keine normale Straße erbauen konnte. Aus diesen und anderen Gründen entschloß man sich, die Fahrspur gleich in den Untergrund zu verlegen. Dies hat natürlich den Vorteil gegenüber dem Ostast, daß weder die Privat-, noch die Versorgungsfahrzeuge, noch die Omnibusse zu sehen sind, alle können

unterirdisch fahren. Der Tunnel am Westast ist sicherlich die umweltfreundlichste Verkehrsgestaltung, denn jeder Gast hat sein Auto direkt bei seinem Hotel jederzeit zur Verfügung, trotzdem ist der gesamte Kurort praktisch autofreie Zone.
Aus diesen Gründen entschloß ich mich, diesen Tunnel zu favorisieren und auch durchzusetzen. Die Stadt Griesbach wollte diese Aufgabe nicht übernehmen. Zwar versprach man mir einen Zuschuß von 10%, den ich allerdings nie erhielt.
Wie zwar sonst auch immer, aber gerade in Bezug auf die Erbauung des Tunnels ganz besonders zutreffend ist der Satz „Aller Anfang ist schwer“. Wir, nämlich die Eigentümer und -gesellschaften des Passauer Wolfes und des Hotels Maximilian, jeweils an der Spitze Dr. Leebmann und ich, entschlossen uns damals dazu, den ersten Bauabschnitt einfach zu errichten. Im Frühjahr 1996 wurde der gesamte Tunnel fertig. Der Kostenaufwand betrug allein für die Fahrspur zwischen 17 und 18 Millionen DM.
Dennoch bin ich der festen Überzeugung trotz aller Kosten die richtige Lösung gewählt zu haben, die ich übrigens für geradezu zukunftsweisend halte. Denn immer wird der Gast es schätzen, sein Auto in allernächster Nähe zu haben, ohne mit störendem Verkehr inklusive Lärm und Abgasen konfrontiert zu sein. Denn das Schöne an dem Tunnel ist, daß man ihn nicht gleich sehen kann.
Sehr wohl sehen kann und soll man das Hotel Maximilian, das erste Haus Bad Griesbachs.
Zunächst waren die Vertreter der Steigenberger Consulting der Auffassung, daß das Maximilian in erster Linie ein Tagungshotel werden soll. Man ging davon aus, daß etwa 60% der Übernachtungen durch Tagungsgäste erzielbar seien, dazu käme dann noch ein gewisser, aber kleiner Teil von Golfern. Deshalb war zunächst kein Thermalbad, weder ein Hallen-, noch ein Freibad, vorgesehen. Das jetzt vorhandene Freibecken war als große Ausstellungshalle für Firmen gedacht, in der z. B. Autos präsentiert hätten werden können. Ich habe dann aus einem Gefühl heraus anders entschieden. Ich wollte mir für das Maximilian auf jeden Fall einen Badetrakt sichern, denn in Bad Griesbach ist ein Hotel ohne Bad einfach undenkbar.
Entgegen den Prognosen der Steigenberger Consulting kam die Entwicklung aber genau umgekehrt. Die Tagungen sind eher Randerscheinung denn ein Hauptbereich. Statt dessen hat sich das Maximilian als ein Ferienhotel vor allem für Golfer entwickelt, wobei die Spezialisierung auf die Kur eher den anderen Häusern überlassen bleibt. Insofern be-

treibt das Maximilian auch keineswegs irgend welchen Kannibalismus, da es den anderen Häusern nicht die Gäste wegnimmt, sondern dafür Zusätzliches anbietet. Andernfalls würden ja auch keine neuen Gäste in den Ort kommen, der Kuchen würde immer kleiner, und am Schluß hätte jeder den Mißerfolg.
Natürlich dauert die Golfsaison nur sieben oder acht Monate. Da das Hotel auch in der anderen Zeit leben muß, haben wir unsere Angebote vor allem im Bereich der Wellness und im Beauty-Bereich erweitert. Im Idealfall sind unsere Tagungsgäste auch zugleich Ferien-, Golf- und Kurgäste. Inzwischen existieren einige Firmen, die ihrer Kundschaft die Golfmöglichkeiten vorführen wollen. Denn in so einem Umfeld läßt sich das eigene Produkt natürlich sehr gut vorstellen.
In dem Zusammenhang, möglichst viel für die Zufriedenheit der Gäste zu unternehmen, entstand und entwickelte sich übrigens auch die Idee, daß der Gast zwar Halbpension bucht, aber à la carte sein Essen selbst zusammenstellt, wobei er zwischen sämtlichen Restaurants der HRH-Hotels frei wählen kann. Diese Auswahlmöglichkeit wird durch die Restaurants der Gutshöfe bei unseren Golfplätzen in Uttlau und Sagmühle noch erweitert. Im Prinzip kann also der Gast, der eine Woche in einem unserer Häuser verbringt, jeden Tag ein anderes Restaurant besuchen – und das zum Preis der Halbpension.
Um der doch herausragenden Stellung des Maximilian gerecht zu werden, änderten wir bei diesem Haus die Form und den Stil der Architektur. Zwar sind wir im innviertler Baustil geblieben, haben aber auch Elemente der städtischen Bauweise integriert. Da in allen Städten und Märkten die Gebäude am Hauptplatz höher sind als die anderen, ließen wir auch das Maximilian die anderen Häuser überragen. Auch konnte ich beim Stadtrat durchsetzen, daß in der Farbgebung, die ja im Bebauungsplan verbindlich als weiß vorgeschrieben war, erstmals abgewichen wurde und hier Farbe ins Spiel kam. Die Mode wechselt eben – und etwas Farbe braucht der Mensch einfach.
Was die Innenarchitektur des Maximilian betrifft, beauftragte ich bewußt Hans Minarik, der neben anderen führenden Ferienhotels auch zahlreiche Theaterkulissen kreiert hatte. Denn ich bin der Auffassung, daß ein Hotel etwas von einer Theaterbühne haben muß. Deshalb kann und sollte man in einem Hotel ruhig auch die Farben etwas kräftiger wählen, als man sie zum Beispiel im eigenen Wohnzimmer haben wollte. Zu dem Bühnencharakter gehört auch ein ganz besonders gelungener Bereich des Hotels, nämlich die Halle, die sich großartig darbietet, zumal sie fast über drei Geschoße reicht. Sie ist sehr repräsentativ und erinnert mit

ihren beiden Treppen nördlich und südlich selbst an eine Bühne. Wer erinnert sich nicht, daß in vielen Aufführungen der Star bei seinem ersten Auftritt erst einmal eine Treppe hinunterschreitet?
Trotz dieses Innenarchitekten der Spitzenklasse mußte ich nach der Fertigstellung lernen, daß jedes Haus eine bestimmte Entwicklung erst einmal durchleben muß, bis es Charakter bekommt. Es dauert einen gewissen Zeitraum, in dem ich immer wieder alles umgestalte, um dem Hotel eine persönliche Note zu geben. Dabei versuche ich meine Grundsätze zu verwirklichen, z. B. daß jedes Haus mehrere kleine Speiseräume haben soll, wobei diese durchaus völlig verschiedene innenarchitektonische Aussagen treffen können. Im Maximilian begann ich mit dem Adlerstüberl, das eine bayerisch-rustikale Atmosphäre vermittelt, während das California, unser kalifornisches Restaurant eher internationalen Flair hat. An den anderen Räumen wird noch gearbeitet, um unterschiedliche Atmosphären zu vermitteln. Diese verschiedenen Richtungen bieten den Gästen natürlich auch die Möglichkeit, ihre jeweilige Garderobe gut zur Geltung zu bringen.
So ist also das Hotel Maximilian in einer Rekordzeit von 18 Monaten erbaut worden, und das bei einer Größe von 120.000 Kubikmeter umbauten Raumes. Es ist mit seinen 232 Zimmern und dieser Kubatur das größte Hotel in Griesbach.
Die Einweihung des Maximilian hatte ich mit der Einweihung des Golfodroms und der von zwei weiteren Golfplätzen in Lederbach und Uttlau kombiniert. Dadurch erhoffte ich mir, daß die Aufmerksamkeit der Presse und anderen Medien entsprechend erregt wird, was sich natürlich auch auf die Belegung hoffentlich auswirken würde. Dieses Kalkül ging auf, und das Hotel war von Anfang an sensationell gebucht. Wie man an der Belegung feststellen konnte, hatte ich also meine Aufgaben seitens des Marketing hervorragend gelöst. Leider war Steigenberger nicht in der Lage, die entsprechende Essensqualität auf den Tisch zu bringen, so daß sich bedauerlicherweise viele Gäste enttäuscht abwandten. Das war auch neben dem falsch gewichteten Konzept und der für meine Begriffe nicht zufriedenstellenden Hotelführung ein Motiv für mich, welches später zur Trennung von Steigenberger führen sollte. Freilich sollten bis zur endgültigen Trennung noch fünf Jahre vergehen, aber ich glaubte immer wieder, daß dieses Hotel die Qualität, die ich erwartete, doch einmal bringen würde. Inzwischen führe ich meine Betriebe selber und habe die Chance, die Qualitätsstandards auf ein Niveau zu bringen, wie ich es als Gast vorzufinden wünsche.

Mein Freund Franz Beckenbauer ließ mich auch nicht im Stich und reiste extra aus Tokyo an, um pünktlich, aber etwas unausgeschlafen der Eröffnung beizuwohnen. Ein Festabend mit Roberto Blanco als Stargast stellte den Höhepunkt der Einweihungsfeierlichkeiten dar.

Auch der Golfvirus hat einmal klein angefangen

Ich bin zwar jetzt bei der Eröffnung des Maximilian und der Golfplätze angelangt, aber um die Geschichte der Golferei in Griesbach zu erzählen, muß ich zurück in das Jahr 1982, denn aus dieser Zeit stammen die ersten Gedanken, die sich mit einer Golfanlage beschäftigten. Diese erste Idee stammte auch nicht von mir, und der erste Golfplatz unserer Gegend war nicht für Griesbach gedacht, sondern für Bad Füssing.
In Bad Füssing fanden sich einige Herren zusammen, um einen Golfclub zu gründen. Zu der ersten Sitzung wurde ich dazu gebeten, da man von meinen Erfahrungen in Raumordnungsverfahren profitieren wollte. Denn neben aller Begeisterung für den Sport braucht man natürlich Leute, die etwas von Finanzierungen verstehen, von Genehmigungen, von Raumordnungsverfahren, von Bebauungsplänen usw.. Ich selbst hatte zwar schon eine gewisse Beziehung zum Golfsport, aber diese war noch sehr oberflächlich und durchaus ausbaufähig.
1975 kam ich zum ersten Mal in Kontakt mit Golf. Damals hat mich der Architekt Otto Hofmeister mit nach Waldkirchen genommen, wo es einen 9-Loch-Platz gab. Bis dahin war ich begeisterter und aktiver Tennisturnierspieler und wollte nur in der Zwischensaison ein bißchen Golf spielen. Da ich während meiner Schulzeit oft Eishockey gespielt hatte, traf ich den Golfball sehr schnell, zumal ich ja im Eishockey auch den Schläger mit der linken Hand zu führen lernte, so daß die für Golf typische Schlägerhaltung mir keine Probleme bereitete. Ich erhielt schon nach wenigen Trainerstunden in Waldkirchen die Platzreife, die es einem erst erlaubt, eine Golfrunde zu spielen. Franz Beckenbauer steckte mich später immer mehr mit seiner Begeisterung für den Golfsport an, und mit nachlassendem Erfolg bei den Tennisturnieren wurde Golf allmählich für mich der Sport Nummer 1.
Bei der Vereinsgründung in Bad Füssing wurde ich zum Sportwart gewählt, dem einzigen Posten, der noch übrig war. In der Tat konnten damals nach meiner Erinnerung nur drei Leute Golf spielen. Ich rechne mich in aller Bescheidenheit dazu, denn beim Golfspiel lernt man vermutlich nie aus, was eines der faszinierenden Momente dieses Sports aus-

macht. Der nächste Schritt war, nach einem Grundstück für den Golfplatz Ausschau zu halten, aber das uns angebotene Gelände war Überschwemmungs- und Vogelschutzgebiet, folglich denkbar ungeeignet. Auf der Suche nach einem anderen Gelände haben wir unsere Fühler in sämtliche Himmelsrichtungen ausgestreckt, unter anderem auch nach Uttlau. Im ersten Anlauf scheiterte das Projekt in Uttlau am Widerstand eines Landwirts.

Mein nächster Weg führte zur Familie Erbertseder nach Sagmühle, die gute Freunde meiner Eltern waren. Damals war der Golfplatzbau noch völlig neu und für die Bauern und die einheimische Bevölkerung ein Buch mit sieben Siegeln. Für mich bedeutete dies, daß es keinerlei Vertrauensvorschuß gab. Nach einigen Gesprächen konnte ich immerhin zwei Familien auf meine Seite ziehen, den Grund zu verpachten. Das erwies sich für die Entstehung des Golfplatzes als lebenswichtig, denn mit über 30 Hektar Grund hatte ich schon 50% der künftigen Anlage beisammen. Heute verlangt man übrigens statt wie bisher 60-70 ganze 100 Hektar, was mir ein wenig hoch gegriffen erscheint. Jedenfalls war mit dem Einverständnis der Erbertseders der erste Brocken aus dem Weg geräumt, und es war klar, daß der von Bad Füssing aus geplante Golfplatz nach Griesbach, nach Sagmühle, kommen würde.

Nun lief es im weiteren Vorgehen etwas leichter, denn wo schon etwas ist, kommt gerne noch etwas dazu. Das nächste Problem aber sollte die Finanzierung darstellen. Wir waren der Meinung, daß etwa 2 Millionen DM ausreichen, wovon die eine Hälfte von mir, die andere vom damaligen Clubpräsidenten zur Verfügung gestellt wurde. Aber sehr schnell beliefen sich die Kosten auf eine Summe von 3 Millionen DM, so daß der Club schon von Anfang an pleite gewesen wäre. Die daraufhin folgenden Streitigkeiten beendete ich, indem ich den Banken die entsprechenden Sicherheiten hinterlegte, so daß der Golfclub Sagmühle eine komplette Finanzierung erhielt. Im Zuge dieser Umstrukturierung wurde ich auch Präsident des Clubs und sagte zu, ein Clubhaus auf eigene Kosten errichten zu lassen, damit der Verein nicht belastet würde. Aus diesen Gründen konnten auch die Mitgliedsbeiträge im Verhältnis zu denen der Großstädte äußerst moderat gehalten werden. Aber anders wäre ein Golfclub in unserer Region nicht überlebensfähig.

Von Anfang an setzte ich durch, daß man die Nutzung des Platzes etwa zu 50% für Mitglieder festlegen sollte und mit 50% durch Gäste und Greenfee-Spieler (Greenfee heißt die Gebühr für eine Golfrunde, die Gäste auf einem fremden Platz bezahlen müssen), denn ich dachte natürlich auch daran, meinen Gästen in Bad Griesbach eine Attraktion zu bieten. Gut erinnere ich mich noch an das erste Treffen im Rahmen des Raumordnungsverfahrens, als wir unter freiem Himmel bei leichtem Regen vor dem Mühlengebäude die Betroffenen anhörten. Diesen schönen Zeiten, wo alles noch so einfach war, kann man heute nur nachtrauern, denn schon nach wenigen Monaten konnten wir mit dem Bau des Platzes beginnen. Die Idee einer umfassenden touristischen Entwicklung des Gebietes wurde erst später geboren. Zunächst hielt ich den Golfplatz für eine Einrichtung, die mit einem Hallenbad, einem Tennisplatz oder einer anderen Infrastruktureinrichtung vergleichbar ist – man muß sie einfach haben, um den Gästen etwas bieten zu können. Die Planung für den Platz führte Dipl. Ing. Rossknecht durch, der später auch die Plätze in Lederbach und Uttlau planen sollte, dann in Zusammenarbeit mit Bernhard Langer die Plätze in Brunnwies, aber auch an der Planung in Pennig mitwirkte.

Der erste fest angestellte Golflehrer in Sagmühle hieß Manfred Knauss. So lange das Clubhaus noch nicht stand, wurde von der Baufirma Maier in Ruhstorf eine Bauhütte zur Verfügung gestellt. Insofern ging es in Sagmühle relativ primitiv los. Ich weiß noch, wie lange darüber diskutiert wurde, ob man im ersten Bauabschnitt nicht erst einmal nur 9 Löcher bauen und dann abwarten sollte. Franz Beckenbauer riet mir davon ab. „Wenn du nicht gleich 18 Löcher baust, dann komme ich nie mehr nach Griesbach, denn 9 Löcher sind eine Micky-Maus-Lösung.“ Ich hielt und halte das für einen guten Rat.

Der Platz in Sagmühle ist mittlerweile wunderbar angewachsen, und die Bäume haben eine entsprechende Höhe erreicht. Da er wegen seiner relativen Ebenheit einfach zu gehen ist, wird er sehr gerne gespielt. Bei den Damen ist er allerdings wegen seines Wassers gefürchtet. Denn Wasser scheint für viele Damen bzw. deren Bälle eine magische Anziehungskraft zu haben. Anscheinend weitet sich der kleine Teich bald zu Meeresgröße, wenn man vor ihm steht und den Ball darüber schlagen soll. Die lustigste Episode hat ein Bekannter aus Hamburg erlebt, der noch dazu bei einem Turnier vor dem Weiher des 8. Loches 17 mal den Ball ins Wasser schlug, bevor er das Grün mit dem 18. Ball erreichte. Sie können sich vielleicht vorstellen, daß die Zuschauer schon befürchteten, der Weiher könne wegen der vielen Bälle darin überlaufen. Allerdings gewann derselbe Bekannte am 9. Loch Nearest to the Pin, d. h. er hat den Ball von allen Turnierspielern am nächsten an das Loch plaziert. So ist Golf – einmal ganz oben, einmal ganz unten

Trotz mancher Unstimmigkeiten im Club, war der Aufstieg der Anlage in Sagmühle nicht aufzuhalten. Das trifft, wenn man es genau nimmt, auf die gesamte Entwicklung der Golferei zu, denn die Zeit arbeitet für diesen Sport. Für alle Tennisspieler, und seien sie noch so gut, kommt irgendwann einmal der Zeitpunkt, wo sich der Zuschauer fragt: „Wie lange will der Alte denn noch rumlaufen – bis er umfällt?" Genauso ist es mir bei einem Turnier in Dingolfing ergangen, und ich zog die Konsequenzen und hörte von dem Moment an mit den Turnieren und dem Tennisspielen auf. Denn wenn man 25 Jahre über Turniere gespielt hat, dann macht es wenig Spaß, den Ball bloß so über das Netz zu schlagen.

Insofern bleibt es nicht aus, daß man beim Golfspiel immer mehr alte Freunde aus den Tenniszeiten trifft. Meine Frau weint den Tenniszeiten allerdings ein wenig nach, denn sie fand die Gespräche nach den jeweiligen Turnieren geradezu harmlos angesichts der typischen Golferzählungen. Viele Golfer haben nämlich die Angewohnheit, nach einem Turnier oder auch einer privaten Golfrunde jeden Schlag, jeden glücklichen Umstand, aber vor allem jedes Detail einer Pechsträhne wieder und wieder zu erzählen. Das Fatale daran ist nach meiner Beobachtung, daß sich im Grunde jeder Golfer nur für sein eigenes Spiel interessiert, und eine Anteilnahme am Spiel der anderen gar nicht erwartet werden kann. Ich gewöhnte mir schon vor langer Zeit ab, über mein eigenes schlechtes Spiel zu sprechen. Aber dennoch ist Golf ein unerschöpfliches Thema, mit dem man nie fertig wird. Meine Frau hat insofern Recht, denn da viele Golfer hinterher jeden Schlag noch einmal verbal nachspielen, gibt es für Nichtgolfer keine schlimmere Gesellschaft als Golfer.

Ich bin es gewöhnt, daß während der Entstehungsphase eines Objektes immer wieder Situationen auftreten, die dieses Objekt potentiell einem Zusammenbruch nahe bringen. Daß solche Probleme auch noch viel später auftauchen können, mußte ich auch im Zusammenhang mit Sagmühle erfahren. Der Golfplatz war längst fertig und eröffnet, der Gutshof in Betrieb, der Golfclub im Aufwind, als mich eines Tages ein Anruf aus dem Landratsamt Passau ereilte: die Zufahrt zur Anlage in Sagmühle werde gesperrt. Eine wirklich unvorstellbare Situation: ein Golfplatz, den man nicht erreichen kann. Der Hintergrund dieser drohenden Sperrung war folgender:

Früher war die Zufahrt zu Sagmühle direkt die Kreuzung der Straße von Bad Griesbach mit der B388. An dieser Stelle hatten sich einige Unfälle ereignet, an denen aber keine Golfer beteiligt waren, sondern Personen, die links nach Pocking abbogen. Trotz dieses doch wesentlichen Arguments waren die Straßenverkehrsbehörde und das Straßenbauamt der Auffassung trotz vorheriger Genehmigung der Zufahrt dieselbe nun zur

Gänze zu sperren – wegen überwiegender öffentlicher Interessen, wie es hieß. Ich war natürlich wie vom Donner gerührt, denn damit drohte man praktisch, Sagmühle stillzulegen. „Sie könnten natürlich auch“, so hieß es dann, „eine Abbiegespur auf der B388 errichten.“ Und das kostet natürlich. Also ließ ich mittels komplizierter Verträge mit der Stadt und diese wiederum mit dem Landkreis eine Abbiegespur errichten. Ein schwerer finanzieller Schlag, aber zuletzt doch die vernünftigste Lösung.
Mit Sagmühle war ein Golfplatz geschaffen, aber noch nicht die Idee geboren, im Umkreis von Bad Griesbach ein Leistungszentrum für Golf mit mehreren Plätzen aus dem Boden zu stampfen. Diese Idee kam mir erst, nachdem ich mir die Entwicklung der Hotels in Deutschland angesehen hatte. Ich mußte nämlich feststellen, daß alle neuen Ideen, die ich bezüglich der Thermalbäder in der Halle und im Freien, der Saunalandschaften usw. entwickelt und eingeführt hatte, von immer mehr Hotels nachgemacht wurden. Die Folge war, daß die Hotels einander immer ähnlicher wurden. Und daraus mußte ich den Schluß ziehen, daß jede neue Idee mir nur einen Vorsprung von wenigen Jahren verschafft, um Marktführer zu sein; spätestens dann wird sie kopiert. Auf der anderen Seite gibt es Aspekte in Bad Griesbach, die nicht so leicht kopierbar sind, denn so ein Hoteldorf gibt es in Europa kaum ein zweites Mal, insbesondere was die Konzepte der Autofreiheit und des Baustils betrifft. Vergleichbare Anlagen sind auch mehr auf Ferienwohnungen orientiert als auf Hotelbetriebe. Solche existieren in Port Grimaud für Segler und Yachtenbesitzer und in Puerto Banus in der Nähe von Malaga. Feriensiedlungen in der Größe und Konzeption wie Bad Griesbach sind trotz vieler Anläufe nie mehr realisiert worden. Das ist sicherlich eine einmalige Situation bei uns.
Aber darauf kann und will ich mich nicht ausruhen. Immer mehr Thermalbäder entstanden, und ganze Besucherdelegationen kamen, um sich hier alles anzusehen. Als ich bemerkte, daß mein Betreiber, nämlich Steigenberger, mich auch noch in Österreich kopieren wollte und von dort ganze Delegationen anschleppte, schob ich einen Riegel vor und unterband das durch Hausverbot. Tröstlich ist zwar, daß die Kopie das Original nie erreicht, aber deswegen wird sich dennoch alles immer ähnlicher. Um immer ganz oben zu sein und dies auch zu bleiben, muß spätestens alle zehn Jahre eine neue bahnbrechende Idee realisiert werden, damit dieses Hoch auch anhält. Ich wollte mit Bad Griesbach Marktführer in Deutschland werden und suchte nach etwas, das niemand so leicht kopieren kann. In erster Linie allerdings suchte ich nach einer Idee, die uns ein Niveau von Weltklasse verschaffen sollte.

Ein Golfresort entsteht

Bei dieser Suche bin ich – natürlich auch forciert durch meine Freundschaft mit Franz Beckenbauer – immer wieder mit Golf konfrontiert worden. Zum einen spielte ich viele Runden, aber ich gelangte eben auch in den Besitz von Marktforschungsunterlagen, welche die altbekannten Zahlen aufführten, daß in Deutschland nur 0,25% der Bevölkerung Golf spielen, dafür in Amerika, Japan und den angelsächsischen Ländern 12%. Tatsache ist aber auch, daß viele Deutsche Golf spielen möchten, mehr als tatsächlich auf die Runde gehen. Der Grund liegt in den hohen Kosten. Daß Golf in anderen Ländern günstiger gespielt werden kann, liegt unter anderem an unserem Klima, denn es ist ein wesentlicher Unterschied, ob ein Platz 12 Monate oder nur sieben bis acht Monate bespielbar ist und entsprechende Einnahmen bringt. In den angelsächsischen Ländern gibt es beispielsweise Clubs mit nur 800 DM Mitgliedsbeitrag im Jahr, aber die nehmen auch das ganze Jahr über Greenfees ein und können so die Preise für die Mitglieder gering halten.
Natürlich existieren in diesen Länder auch exklusive Clubs, wo sehr viel Geld bezahlt wird, aber auch wenn all die Reportagen über die Top-Plätze der Welt einen anderen Eindruck erwecken mögen, ist es der großen Mehrheit möglich, zu sehr günstigen Konditionen zu spielen. In Deutschland haben wir nun einmal vier oder fünf Monate Winter. In dieser Zeit werden weder durch Greenfees, durch Golfshops noch durch die Golfschulen Einnahmen gemacht. Deshalb wird das Golfen in Deutschland immer relativ teuer bleiben müssen, wobei ich unter „teuer" etwa das Kostenniveau des Skifahrens verstehe.
Ein Golfplatz kostet, selbst in der bescheidensten Ausführung, 4 bis 5 Millionen DM, da sind die notwendigen Maschinen für die Instandhaltung inklusive. Selbst ein bescheidenes Clubhaus verlangt einen Aufwand von 2 bis 3 Mio. DM. Rechnet man die Anlauffinanzierung und sonstige Unkosten dazu, beläuft sich eine komplette Anlage auf 10 bis 12 Mio. DM. Diese Summen lassen sich nur durch Mitgliedsbeiträge von 15.000 bis 20.000 DM aufbringen. Und wenn jemand so viel zu zahlen bereit und in der Lage ist, dann will er den Platz natürlich möglichst für sich alleine haben, d. h. Greenfee-Spieler sind da nicht gerne gesehen.
Da es in unserer Gegend nicht die Bevölkerungsschicht gibt, die solche Beträge zahlen kann und will, suchte ich nach einer anderen Lösung. Nach dem Vorbild englischer, schottischer und irischer, aber auch amerikanischer Clubs wollten wir eine Anlage, auf der sich Mitglieder und

Gäste den Platz quasi teilen, so daß durch die Greenfee-Einnahmen die Mitgliedsbeiträge erheblich gesenkt werden können.
Weil nun in Deutschland nur 0,25% der Bevölkerung Golf spielen, lag auch auf der Hand, sich besonders um Schulung und Ausbildung zu kümmern. Die Deutschen müssen erst einmal das Golfspiel erlernen. Insofern hatte ich drei Aufgaben zu erfüllen, wenn ich Bad Griesbach durch ein breites Golf-Angebot für Gäste attraktiver machen wollte: 1. Die Schulungsmöglichkeiten bieten, damit die Interessierten das Golfspiel kennenlernen, 2. Einen Club schaffen, damit die Einheimischen in das Golfgeschehen mit eingebunden werden und 3. Golf zu Preisen anbieten, die einen Urlaub nicht unerschwinglich werden lassen.
Aus diesem Grund entschloß ich mich zur Errichtung des Golfodroms, wo Golfunterricht und -training zu jeder Jahreszeit und bei jedem Wetter möglich ist. Die Idee des Golfodroms war ein Novum in Deutschland, aber schon bald kamen dreiste Leute mit Zeichenblock und Fotoapparat, so daß mittlerweile von der Anlage, sogar vom Namen her, schon einige Kopien oder Kopierversuche existieren. Unser Chefgreenkeeper (ein Greenkeeper ist für die Pflege des Platzes zuständig) erzählte mir einmal voller Freude, daß man in der Gegend von Berlin sogar jede Schwachstelle einer unserer Anlagen millimetergetreu nachgebaut hat.
Wenn man zum Skifahren fährt und hat das Pech, daß es eine Woche stürmt und schneit, dann ist der Urlaub ruiniert. Deshalb wollte ich Golf so anbieten, daß man zumindest in der Schule wetterunabhängig und ganzjährig betreiben kann. Als erstes ließ ich eine Putting-Green-Halle und überdachte Abschlagplätze errichten. Mittlerweile sind die wettergeschützten Abschlagplätze auf über 90 angewachsen, davon sind 20 beheizt. Zunächst stellte ich sechs Golflehrer ein, aber binnen fünf Jahren wuchs die Schule auf 40 Trainer an. Bereits nach ein bis zwei Jahren mußte ich die Anlage wegen der großen Nachfrage bereits erweitern. Wir haben also quasi eine winterfeste Driving-Range und ein Putting-Green im Freien mit einem Ausmaß von 72 Loch sowie in der Halle mit 27 Loch. Anlagen mit diesem Ausmaß finden Sie nicht einmal in Florida. Selbst Colin Wright, der Chef der PGA in Florida, war bei seinem Besuch in Bad Griesbach zutiefst beeindruckt. Aber es blieb ja nicht beim Golfodrom selbst, ich ließ noch Kurzplätze zum Üben anlegen, sei es die 9 Loch Anlage Pfeiffer für den Anfänger oder auch der Jagl, Engled sowie die Hacker-Wiese. Dieses Schulungszentrum sucht weltweit seinesgleichen. Die inzwischen erreichte Größe kann kaum mehr überschritten werden, aber sie hat sich ja auch der Nachfrage entsprechend entwickelt.

1990 – Bau des Golfodroms

Selbstverständlich möchte einer, der das Golfspiel erlernt hat, seine neu erworbenen Fähigkeiten auch anwenden. Das ist wohl auch der Grund, weshalb so viele Golfinitiativen, die sich rein auf eine Driving-Range beschränken, längerfristig scheitern. Der Golfer braucht ein komplettes Angebot von der Schule bis zur 18-Loch Anlage. In der Kombination von Hotel und Golfplatz hatte ich zusätzlich die Überlegung, daß ein Gast, der mehrere Male dasselbe Hotel besucht und dazu gehörigen Golfplatz entsprechend oft spielt, schon bald nach einer Abwechslung Ausschau halten wird. Das war der Grund dafür, daß ich noch mindestens zwei Plätze dazu bauen wollte. Aus dieser Idee sind dann die Golfanlagen Lederbach und Uttlau entstanden. Ich gründete einen entsprechenden Golfclub und wurde dann auch in das Amt des Präsidenten gewählt. Die Standortfrage klärte sich sozusagen von alleine, denn drei Landwirte aus der Gegend um Lederbach kamen zu mir und boten mir ihre Grundstücke zur Pacht an, damit der Platz darauf gebaut werden konnte. Als das bekannt wurde, kamen auch aus Uttlau Bestrebungen und Anfragen bezüglich eines neuen Golfplatzes. Während man mir noch zu Zeiten vor der Entstehung Sagmühles erheblichen Widerstand geboten hatte, bestand jetzt auf einmal Interesse, mir entsprechende Grundstücke anzubieten. Übrigens sind die Kurzplätze nach den Hauptverpächtern benannt: Pfeiffer, Jagl, Engleder und Holzhäuser, wo ich dann das Lokal „Zum Holzmichl" errichten ließ, denn der Verpächter ist im Volksmund unter diesem Namen bekannt. Und wenn sich solche Entwicklungen wie selbstverständlich fügen, dann muß man einfach handeln.

Aber so etwas ist auch mit Risiko verbunden und mit erheblichem finanziellem Aufwand. In Sagmühle waren bereits 12 Mio. DM finanziert, und nun brauchte ich weiter 35 bis 40 Mio. DM. Deshalb bat ich Steigenberger, ob sie nicht mit einem Anteil von 25% in die Gesellschaft eintreten wollten. Zunächst taten sie das ohne Probleme, aber kurz vor Baubeginn bekam man kalte Füße. Ich wandelte die Kommanditbeteiligung von Steigenberger in ein Darlehen um, welches mittlerweile schon zurück gezahlt wurde. Trotz der Namensgebung, Steigenberger Golf-Resort, war der Hotel-Unternehmer schon während der Bauphase nicht einmal mehr ein Gesellschafter, sondern lediglich für einen untergeordneten Teil Darlehensgeber.
Dabei plante ich ja keinesfalls ins Blaue hinein. Schon vor der heißen Phase der Entwicklung ließ ich einige Marktstudien vom Institut für Freizeitwirtschaft anfertigen, und zwar zu der Frage, welchen Markt es für Golfer gibt. Ich ging damals von der Überlegung aus, daß sehr viele Leute z. B. in München Skifahrer sind, die eine Strecke von 100 und mehr Kilometer zurücklegen müssen, bis sie in den Bergen ankommen. Deshalb war meine Überlegung, daß man eine Golfstation analog einer großen Skistation bauen müsse, um Erfolg zu haben. Die Marktstudien bestätigten meine Einschätzung. Unabhängig davon war ich schon immer der Ansicht, daß eine Idee nur kraftvoll und stimmig sein muß, dann setzt sie sich auch durch.
Aber so weit waren wir noch nicht. Zunächst mußte ich mit den Landwirten verhandeln und Verträge schließen. Anfangs haben wir den Bauern die Musterverträge eines Notars vorgelegt, damit sie wissen, wie so ein Vertrag überhaupt aussieht. Dann kamen aber Probleme, die fast den Erfolg gekostet hätten. Denn für eine ganze Reihe von Bauern kam die Vertragsunterzeichnung einer Betriebsaufgabe gleich. Dadurch waren bei einigen, soweit sie das steuerlich nicht schon vorher geregelt hatten, Buchgewinne angefallen, die mit erheblichen Steuernachzahlungen verbunden gewesen wären. Ich stellte den Landwirten dann einen Steuerberater zur Verfügung, der sie in all diesen Fragen beraten konnte. Aber auch das Finanzamt Passau war bemüht, eine vernünftige Lösung herbeizuführen. Das waren sozusagen die Vorarbeiten.
Der nächste Schritt bestand in einer allgemeinen Aufklärungsversammlung. Vom Notar über den Architekten, den Bürgermeister, den Vertreter des Landratsamtes, des Finanzamtes, überhaupt alle für die Entscheidung wichtigen Personen, insbesondere die betroffenen Bauern waren anwesend. Wir stellten das Projekt vor und gaben dann zu allen Fragen und Details Auskunft. Es wurde viel Zeit für Fragen verwendet,

z. B. Was ist, wenn man im Winter ein Fahrtrecht braucht, um das Holz herauszufahren? Wer bekommt das Obst? Was geschieht mit dem Heu? – Wenn ich allerdings heute über den Golfplatz marschiere und sehe, daß sich niemand für das Obst an den Bäumen interessiert, daß niemand nach dem Heu fragt, dann wundere ich mich nachträglich über all die heißen Diskussionen, die über diese Fragen geführt wurden.
Nach dieser Aufklärungsversammlung ging es dann endgültig zur Sache. Am 11.11.1987 war der Verbriefungstermin in Uttlau angesetzt. In diesem Fall war es natürlich wesentlich einfacher, daß der Notar zu den Leuten kam als umgekehrt, denn es handelte sich um insgesamt 72 Personen, die als Verpächter auftraten. Wo heute die Küche des Uttlauer Gutshofes ist, war damals ein Nebenzimmer. Dort saß ich mit dem Notar und seinen Angestellten. Und im Gastzimmer nebenan versammelte sich am Morgen die Gemeinde Uttlau, anschließend die Gemeinde Lederbach.
Die Mammut-Verbriefung begann um 9 Uhr morgens. Ich wollte als erstes mit Sepp Wührer beginnen, der sich von Anfang an für die Entstehung der Golfplätze stark eingesetzt hatte, damit die anderen Verpächter sehen konnten, wie er unterschreibt. Aber um 9 Uhr erschien kein Sepp Wührer, er war auch nirgends zu finden. Ich schickte einen Mitarbeiter aus, um ihn zu suchen. Der Sepp war mit Holzarbeiten im Wald beschäftigt und ließ mir ausrichten, er habe eine Schubraupe für 200 DM die Stunde gemietet und könne folglich nicht zum Verbriefen kommen. Da dies einen äußerst schlechten Eindruck auf die anderen Verpächter gemacht hätte, wollte ich die Angelegenheit nicht auf sich beruhen lassen und richtete ihm wiederum aus, er solle sofort kommen, die Sache mit der Schubraupe würde ich dann schon regeln – nach dem Verbriefen. Ich habe nämlich schon oft die Erfahrung gemacht, daß Landwirte aber auch andere Verpächter bei der Verbriefung das große Zaudern und Zucken überkommt. So ein Pachtvertrag läuft ja über 30 bis 40 Jahre und kommt fast einem Verkauf gleich.
Der Sepp kam, und es konnte losgehen. Wir verbrieften den ganzen Tag, bis um ca. 18 Uhr die ersten Ermüdungserscheinungen auftraten. Der Notar hätte sich gerne zurückgezogen, aber ich bestand darauf fortzufahren. Ich erklärte dem Notar, daß wir sitzen bleiben mußten, bis der letzte Bauer verbrieft hat, denn noch am selben Tag mußte alles über die Bühne gegangen sein, sonst würden wir Probleme mit Rückziehern bekommen. Der Notar sah dies ein, und wir verbrieften bis Mitternacht alle 72 Landwirte. Ich erinnere mich noch genau, denn es lief ein Fußballspiel zwischen Mönchen-Gladbach und Bayern München, welches in der Verlängerung entschieden wurde. Um exakt 24 Uhr habe

ich das Anwesen gekauft, auf dem wir damals gerade saßen. Eine riesengroße Strapaze stellte diese Veranstaltung natürlich schon dar, denn 15 Stunden ohne Unterbrechung zu verbriefen ist kein Kinderspiel. Aber so war der Hergang, über den es sicherlich viele Märchen und Ausschmückungen gibt.

Die anschließenden Verfahren wie Raumordnung, Flächennutzung und Bebauungsplan gestalteten sich beinahe so einfach wie in Sagmühle, wo wir praktisch ohne Bebauungsplan begonnen, ihn erst später nachgereicht hatten. Selbstverständlich kommt dem Bebauungsplan neben den zivilrechtlichen Vereinbarungen eine immense Bedeutung für die Zukunft zu, denn er schreibt die Nutzungsänderung fest. Diese Flächen können nicht mehr anders genutzt werden als in Form eines Golfplatzes, es sei denn der zuständige Gemeinderat würde später einmal eine andere Nutzung beschließen. Selbst wenn die Pachtverträge auslaufen, soll natürlich die Nutzung als Golfplatz feststehen, denn man will die Investitionen ja nicht umsonst getätigt haben. Natürlich gehen derlei Verhandlungen dann auch ins Detail, man diskutiert stundenlang, in welchen Abständen ein Bach eine Kurve machen muß usw., aber in diesem Bereich war ich sehr aufgeschlossen. Ich bin nämlich überzeugt, irgendwann ist die Frage nicht mehr, ob es überhaupt einen Golfplatz gibt, sondern ob er attraktiv ist oder nicht.

Das Gebiet Lederbach und Uttlau heißt bei uns das Holzland, obwohl es sich traditionell um Wiesenflächen handelt. Insofern sich Boden dort besonders gut für Wiesen eignet, ist er für einen Golfplatz geradezu prädestiniert. In Sagmühle ist der Untergrund eher kiesig, weshalb der Platz in heißen Sommern auch schneller austrocknet. Aber glücklicherweise liegt in Sagmühle das Grundwasser so weit oben, daß ein Wasserproblem nicht auftritt. Selbstverständlich gibt es für alle Plätze ein aus Oberflächenwasser bestehendes Wasserreservoir, womit wir 100 Tage ohne Regen überstehen könnten. Dies werden wir aufgrund der Erfahrungen der letzten Jahre allerdings so ausbauen müssen, daß wir 120 Sonnentage überstehen können. Die Genehmigungen dafür liegen bereits vor.

Daß die Geländeformen von Sagmühle und dem Holzland sich diametral unterscheiden, betrachte ich als einen seltenen Glücksfall, denn so stellen die Plätze Anforderungen an die unterschiedlichsten Spielertypen. Die ebene Fläche ist natürlich leichter zu gehen und zu spielen, denn man steht immer gerade und strengt sich nicht zu sehr an. Die bergige Landschaft erweckt in den sportlichen Spielern so manchen Ehrgeiz, denn der Ball ist nicht gerade leicht zu schlagen, wenn man bergauf oder bergab steht. In der Langzeitplanung wird das Verhältnis dieser unterschiedli-

chen Geländeformen ausgewogen sein. Denn mit der 36-Loch Anlage in Penning und Sagmühle werden wir drei Plätze in der Ebene anbieten und mit Lederbach, Uttlau und Brunnwies drei Plätze, die eher bergig sind. Auch hier gilt: variatio delectat.
Sehr schnell stellte sich heraus, daß in Lederbach kein Clubhaus gebaut werden konnte, denn dort gab es weit und breit keine Möglichkeit, an einen Kanal heranzukommen. Deshalb ist das Häuschen sehr bescheiden und wird es in Zukunft auch bleiben. Nichts desto trotz bietet sich von der kleinen Terrasse in Lederbach ein wunderbarer Ausblick Richtung Süden, wo man bei gutem Wetter bis zu den Salzburger Alpen und den Tauern phantastische Sicht hat. Auch der Abschlag des siebten Lochs bietet einen großartigen Blick in den Bayerischen Wald Richtung Deggendorf und Rusel. Lederbach ist sicherlich unser Panorama-Platz, denn auch beim 17. und 15. Abschlag bietet sich ein Ausblick auf Griesbach und die Kulisse des Schlosses an. Nach Süden hin sieht man über das Rottal und sogar das Inntal. An schönen Tagen gibt es keinen Platz, der einen besseren Ausblick bietet als unser Panoramaplatz Lederbach. Wenn man allerdings nicht gut zu Fuß ist, sollte man den Platz mit dem Cart spielen. Immer mehr Golfer gönnen sich den Luxus, und wir fördern dies durch den Ausbau der Cartwege. Lederbach ist übrigens auch der Platz der Einheimischen, denn er hat eben die meisten Fans bei uns. Wer kennt nicht in Lederbach das 9. Loch, unseren Herzschlaghügel?
Alle jammern, aber alle fühlen sich auch irgendwie ausgezeichnet, wenn sie dieses Loch hinter sich gebracht haben, denn es ist nicht leicht zu spielen. Jemand wie Bernhard Langer freilich schlägt mit dem 3er-Holz ab, damit sich der Ball nicht zu weit vorne in den Hügel bohrt, führt dann den zweiten Schlag mit dem 7er-Eisen aus, wobei dieser Schlag etwas zu lang war, aber er kam auf dem Grün an. Man könnte das Loch dadurch entschärfen, indem man das Grün etwas weiter herunterbaut, aber dann wäre Lederbach nicht mehr Lederbach, und der Herzschlaghügel nicht mehr unser Herzschlaghügel, und was gäbe es dann am Abend noch zu erzählen? Schließlich braucht jeder Platz ein Loch, welches eines außergewöhnliche Schwierigkeit darstellt, eine Art Herausforderung an den Spieler. Diese „Platzpolitik" bewährt sich übrigens bei Mitgliedern wie Gästen gleichermaßen.
Lederbach eignet sich, nebenbei bemerkt, sehr gut zum Abnehmen. Ein Nichtgolfer kann kaum verstehen, was am Golf Sport sein soll, denn er sieht im Fernsehen die Profis locker den Schläger schwingen und seinen Caddy das Bag, die Tasche mit den Schlägern, tragen. Wenn man die

Runde mit einem Cart fährt, verbraucht man allerdings auch nicht sehr viele Kalorien. Aber Golf ist Sport, denn allein der Schwung verlangt jede Menge Konzentration, Körperbeherrschung und auch Kraft. Wenn Sie dann als Amateur auch noch ihr Bag selbst tragen mit etlichen Kilos Gewicht und das mit allen Nebenstrecken schon fast 10 Kilometer lang, dann wissen Sie, was Sie getan haben. Freilich gibt es dann nach der Golfrunde nichts Schöneres als einzukehren und womöglich wieder mehr Kalorien zu sich zu nehmen, als man vorher verbrauchte. Aber es gibt Leute, die spielen im Frühjahr jeden Tag Lederbach, alle 18 Löcher, die verzichten auf zusätzliches Essen und schwören Stein und Bein, daß sie nach einer Woche acht bis zehn Pfund abgenommen haben.
Der Bau von Uttlau gestaltete sich wegen des Gutshofes ziemlich schwierig. Der Hof ist in der jetzigen Form bereits 350 bis 400 Jahre alt, seine Gründung ist noch viel länger her. Er war immer schon ein Wirtshaus und auch in früheren Zeiten beliebter Ausflugsort für die Griesbacher. Für mich hat dieser Flecken Erde eine friedliche Ausstrahlung wie kaum ein anderer Platz auf der Welt. Vielleicht liegt es auch daran, daß in diesem Bereich kein Handy funktioniert, kein Fernseher. Hier finden sie nichts, was man in der hoch technisierten Welt erwarten würde.
Der Uttlauer Hof, ein niederbayerischer Vierkanthof, ist in den Kunstdenkmälern Bayerns verzeichnet und steht auch unter Denkmalschutz. Da er bereits viele Jahre nicht mehr bewirtschaftet wurde, sondern nur im Gasthof manchmal Veranstaltungen stattfanden, erwiesen sich die Seitengebäude als mehr oder weniger einsturzgefährdet. Zunächst hatte ich gar nicht vor, dieses Anwesen gänzlich auszubauen, denn ich wollte Geld sparen und die Entwicklung abwarten. Lediglich das Haupthaus sollte renoviert werden, damit ein Restaurant betrieben werden konnte. Aber da mußte ich mich erst einmal mit dem Amt für Denkmalschutz auseinandersetzen. Aus dieser Auseinandersetzung konnte ich wieder einmal den Schluß ziehen, daß anscheinend die Bürger für die Behörden da sind, obwohl es doch anders herum sein sollte.
Der Denkmalschutz bewirkt häufig genau das Gegenteil von dem, was er eigentlich bewirken sollte, nämlich die Erhaltung der Denkmäler. Die Auflagen des Denkmalschutzes sind derartig hoch und aufwendig, daß der Eigentümer eine Sanierung nicht leisten kann. Oft will er dies auch gar nicht, denn wer will schon in einem Haus leben und wohnen, das modernen Ansprüchen nicht genügt. Das ist auch der Grund, weshalb viele Eigentümer ihr Haus quasi verfallen lassen müssen. Was nämlich von außen sehr romantisch und attraktiv wirkt, ist für den Bewohner oft schlichtweg eine Katastrophe. Denn an Tür- und Zimmerhöhen darf

nicht gerüttelt werden, auch nicht an Fenstergrößen. Nur waren früher die Leute um 20 bis 30 Zentimeter kleiner als heute, sonst hätten sie ja nicht so niedrig gebaut. Für einen modernen Menschen sind solche Umstände kaum zumutbar.
Nun hatte ich bereits Erfahrung mit Holzhäusern und denkmalgeschützten Objekten. Zum Beispiel steht in Bad Griesbach sozusagen am Eingang ein Holzhaus, in dem die Kurverwaltung untergebracht ist. Dieses Haus ließ ich in Thiersbach abbrechen, Balken für Balken numerieren und bei uns wieder aufbauen. Genauso verfuhr ich mit dem aus Bunding nahe Tettenweis stammenden Moststüberl, und ich weiß schon aus diesen Erfahrungen, wie sehr folgender Spruch zutrifft: „Hat jemand viel Geld und ist recht dumm, dann kauft er ein altes Haus und baut's um." Diesem Spruch ist wenig hinzuzufügen, denn diese alten Häuser kosten wesentlich mehr Geld als ein Neubau. Auf der anderen Seite kann man mit neuem Holz niemals die Atmosphäre erzeugen, die ein altes vermittelt, noch dazu, wenn es sich um ein komplettes altes Gebäude handelt. Der Aufwand lohnt sich meines Erachtens. Aber man sollte es auch nach modernen Ansprüchen gestalten können.
Wie weltfremd es manchmal bei uns zugeht, läßt sich an einem Beispiel erläutern. Als die Anlage in Uttlau längst fertiggestellt war, kam einer von den Denkmalschützern und erklärte, daß er gegen die Farbe sei, denn früher seien die Häuser nicht so farbig gestaltet gewesen. Desweiteren kritisierte er, daß dort jetzt so viele Leute ein- und ausgingen. Ich konnte daruf nur antworten, daß zum einen früher die Rindviecher rein- und rausgelaufen sind und denen sei die farbliche Gestaltung sicherlich „wurscht" gewesen. Zum anderen versuchte ich ihm zu vermitteln, daß dieses Objekt schon lange nicht mehr stehen würde, wenn es eben nicht von so vielen Menschen frequentiert würde. Jedenfalls plagte man mich sehr. Ich mußte Gutachten erstellen lassen, welche Tiere zwischen den Balken leben, mußte die Anlage vermessen lassen usw.. Ich bin der Meinung, daß dies reine Schikane war, denn wenn der Staat wissen will, welche Tiere zwischen den Balken leben, dann ist es auch seine Aufgabe, dies festzustellen.
Bezüglich des Haupthauses setzte ich mich auch durch, aber dann geschah etwas, das man mir vermutlich nicht glaubt. Aber ich schwöre, so ist die Wahrheit. Die Seitengebäude waren von Anfang an einsturzgefährdet. Bei der Sanierung des Haupthauses mußten wir mit einer Anhebung beginnen, denn es war bereits schief und hing nach einer Seite. Folglich stützten wir den ganzen oberen Stock ab, hoben ihn in die Höhe, rissen das Untergeschoß heraus und bauten es neu auf. Bei dieser Ak-

tion wurden die Nebengebäude derart erschüttert, daß uns dort die ganzen Gewölbe einstürzten, obwohl sie schon vorher wegen ihrer Baufälligkeit abgestützt waren. Damit war natürlich der Denkmalschutz beendet, denn was zu schützen war, stand nicht mehr.

Gutshof Uttlau im Umbau mit Vicky und Gregor Hartl (1990)

Für mich war das zunächst eine Katastrophe, denn das hatte ich finanziell nicht eingeplant. Dann habe ich beschlossen, aus der Not eine Tugend zu machen und auf dem freien Platz große Suiten zu bauen. Später sollte sich herausstellen, daß diese Lösung der einzige Weg ist, um das Defizit der Golfclubgastronomie auf ein erträgliches Maß zurückzuführen. Keiner, der im Sommer im Clubhaus sitzt, kann sich vorstellen, daß die Gastronomie ein Verlustgeschäft sein soll, aber diese Restaurants sind 4 bis 5 Monate im Jahr geschlossen und holen diese Lücke nicht auf. Mittlerweile baue ich an jedes Clubhaus, sobald es finanziell vertretbar ist, ein kleines Hotel an, welches die finanzielle Lücke wenigstens ein wenig schließen soll. Immerhin verspüren viele Golfer den Wunsch, direkt am Golfplatz zu wohnen, und nehmen dafür auch einige Einbußen an Komfort, wie fehlende Hallen- und Freibäder usw. in Kauf. Die Geschmäcker sind Gott sei Dank verschieden.
Jedenfalls wurde durch diese Entwicklung der Gutshof Uttlau vollkommen ausgebaut. Ich bereue es keinen Tag, denn es gibt keinen anderen Ort für mich, der so viel Ruhe und Gemütlichkeit ausstrahlt wie der Innenhof in Uttlau. Es muß auch ein besonders bevorzugter Platz sein, denn nirgendwo wächst etwas so wie dort. Der Nußbaum im Hof zum Beispiel ist in relativ kurzer Zeit immens gewachsen und hat gegen alle biologischen Regeln schon nach wenigen Jahren Früchte getragen. Übri-

gens war der hinter dem Hof liegende Hang früher ein Weinberg des Bischofs von Passau. Nach meinem Kenntnisstand geht die Gründung von Uttlau auf das Jahr 1080 zurück. Damals und noch früher, zu heidnischen Zeiten, hatten die Menschen noch ein sehr genaues Gefühl dafür, an welchen Plätzen man am besten bauen soll. Für Kirchen wählte man gerne Orte, die für Störungen und Spannungen bekannt waren, während Wohnhäuser an friedlichen Plätzen gebaut wurden. Und einer der friedlichsten Plätze überhaupt ist für mich der Innenhof und das Wirtshaus in Uttlau.

Übrigens konnte ich auf dem Golfplatz Uttlau einmal einen sehr netten Sieg erringen. Franz Beckenbauer und ich spielten damals gegen Bernhard Langer und seinen Bruder Erwin. Es ging dabei um Geld, wie übrigens überhaupt beim Golfen gerne gezockt wird. Und tatsächlich gewannen Franz Beckenbauer und ich gegen die Langer-Brüder, was vor allem meine Söhne maßlos erstaunte. Aber dieses Ergebnis lag nicht am schlechten Spiel Bernhard Langers, der eine 65 gespielt hat, was ja ein fulminantes Ergebnis ist, sondern zum Teil an unseren geschonten Handicaps, zum anderen, weil wir mit unseren Sprüchen und Witzen den Erwin nervös machten und Bernhard dermaßen aus seiner Konzentration brachten, daß er nach anfänglichen fünf unter Par dann lockerer spielte. Zum Andenken an diese Runde ließen wir unseren Flight fotografieren und hängten die Tafel in Uttlau auf. Uttlau spielte ich auch mit Bernhard Gallagher, dem Ryder-Cup-Captain, der allerdings den Platz nicht so erfolgreich bewältigte, und mit John O'Flynn, der 11 Birdies, ein Bogey und sonst Par spielte, allerdings nicht im Turnier.

Am 6. Juli 1991 feierten wir in großem Stil die Eröffnung dieser Anlagen. Franz Beckenbauer kam, Jan Brügelmann, der Präsident des Deutschen Golfverbandes, Dr. Bauer, der Präsident des Bayerischen Golfverbandes und eine ganze Reihe von Golfclubpräsidenten. Mir oblag es natürlich, den goldenen Ball zu schlagen, der symbolisch den Platz für das Spiel freigibt. Normalerweise schlägt man sich warm vor einer Golfrunde, und höchsten ein paar Leute sehen einem beim ersten Abschlag zu. Aber in diesem speziellen Fall konnte ich mich nicht warmspielen und hatte Hunderte von Zuschauern. Daß ich äußerst nervös war, können Sie sich sicher vorstellen, denn einen goldenen Ball schlecht zu schlagen und womöglich ganz zu verfehlen, hätte eine immense Blamage bedeutet. Natürlich erhielt ich von allen anwesenden Golfern gute Ratschläge und Tips, aber den Schlag ausführen mußte ich schon selbst. Also redete ich mir gut zu, bis ich den goldenen Ball von einem Fallschirmspringer überreicht bekam, teete ihn so auf, daß ich ihn mit ziemlicher

Sicherheit nicht verfehlten konnte, konzentrierte mich sehr und schlug. Tatsächlich gelang es mir, den Ball 280 Meter weit zu schlagen, allerdings ging es auch leicht bergab. Vielleicht können Sie meine Erleichterung nachvollziehen, als ich den Ball fliegen sah und den Beifall hörte. Goldene Bälle schlagen, ist nach meiner Erfahrung nicht etwas, das man sich wünschen sollte. Ich weiß, man altert dabei um Jahre.

Die gesamte Entwicklung verlief allerdings nicht so friedlich, wie man vielleicht glauben könnte, denn ich hatte bei meinen Überlegungen einen entscheidenden Fakt übersehen. Mit der Variante der halb-öffentlichen Plätze, die gemischt sind aus Privatclub und öffentlicher Nutzung, hatte ich ganz erheblich die Interessen anderer Clubs beeinträchtigt. Vor allem diejenigen, die dringend Mitglieder brauchten und folglich nicht besonders solvent sind, feindeten mich jetzt natürlich an. Für die reichen Clubs, bei denen man bis zu 100.000 DM allein Aufnahmegebühr hinlegt, dazu noch drei Bürgen benötigt und dennoch gut 5 Jahre auf der Warteliste verbringt, war ich natürlich keine Konkurrenz. Aber es gibt auch viele andere, die trotz erschwinglicher Preise händeringend nach Mitgliedern suchen. Nun hatte ich noch günstigere Mitgliedschaften angeboten und dabei ein immenses Platzangebot, wie es kein normaler Club präsentieren kann. Unser Preis-Leistungs-Verhältnis ist dem anderer Golfclubs weit überlegen. Insofern war es verständlich, daß es einen gewaltigen

Gutshof Uttlau – heute

Aufstand gegen mich gab. Ich hatte die Situation insofern falsch eingeschätzt, als ich geglaubt hatte, daß die Leute vor den Clubs Schlange stehen. Tatsächlich aber waren viele neue entstanden, so daß die Euphorie verflog und einige Clubs gar um ihr Überleben kämpften.
Gott sei Dank gab es bei den Golfverbänden sehr vernünftige Leute, mit denen wir die Situation durchsprachen. Viele unserer Mitglieder sind nämlich von weit her und wollen sich die eminent hohen Aufnahmegebühren ihrer heimischen Clubs sparen, statt dessen zu Hause zu Greenfee-Preisen spielen. Dies wiederum entsprach natürlich nicht der Interessenlage des betroffenen Clubs. Als Lösung empfahl der Bayerische Golfverband, diese Mitglieder so zu behandeln, als wären sie in Griesbach wohnhaft. Wenn ich nämlich als Griesbacher anderswo spiele, dann tue ich dies einmal, zweimal, dreimal, dann fahre ich wieder in meinen Heimatclub zurück. Mit diesem Schlüssel hofften wir, die Interessensgegensätze aufzuheben. Wir verabschiedeten dann ein Programm, mit dem ich mich dazu verpflichtete, Aufnahmegebühren zu erheben, um den Beitritt etwas zu erschweren, außerdem keine Werbung von Mitgliedern in überregionalen Zeitschriften zu veröffentlichen. Zwar haben die Golfverbände kein Weisungsrecht gegenüber den Clubs, die ihr Hausrecht so ausüben, wie sie meinen. Aber es gibt die Empfehlung, Griesbacher Golfer wie sonstige Gäste auch zu behandeln.
Die teilweise grotesken Auseinandersetzungen der ersten Jahre haben sich mittlerweile beruhigt, auch wenn es immer wieder Probleme gibt. Aber wir sind Leistungszentrum des Bayerischen Golfverbandes, Ausbildungszentrum des Deutschen Golflehrerverbandes und Ausbildungszentrum der deutschen PGA.

Mit Bernhard Langer zu einer neuen Golfdimension

Wie richtig mein Weg trotz aller Widerstände war, zeigt allein die Tatsache, daß in Griesbach bereits 2,6 bis 2,8% der Bevölkerung Golf spielen, das sind elf- oder zwölfmal soviel als in Deutschland sonst üblich. Bei der Nachfrage, die ich bezüglich der Einheimischen sehe, gehe ich davon aus, daß mittelfristig 5% unserer Bevölkerung Golf spielen werden. Das war auch meine Absicht und wurde von mir durch viele Maßnahmen gefördert, denn Golfplätze machen um so mehr Sinn, als die Bevölkerung hinter solchen Projekten steht. Dann kann auch der Gemeinde- oder Stadtrat oder der Bürgermeister zustimmen, und muß nicht – wie sonst in der allgemeinen Neidgesellschaft – befürchten, das nächste Mal

nicht mehr gewählt zu werden. Bei uns kann spielen, wer will, nicht einmal eine Mitgliedschaft ist dafür erforderlich. Ich wollte immer, daß Golf für die Bevölkerung so selbstverständlich ist wie im Gebirge das Skifahren oder allgemein das Tennisspielen. Tatsächlich wird bei uns quer durch alle Bevölkerungsschichten Golf gespielt.
Übrigens versprach ich in diesem Zusammenhang den Verpächtern auch, bei mir einen Arbeitsplatz zu bekommen, was natürlich die Pachtvertragsabschlüsse sehr erleichterte. Inzwischen haben wir die Arbeitsplatz-Zusage auch auf die weiblichen Familienangehörigen ausgedehnt. Im Golfbereich arbeiten zur Zeit 174 Mitarbeiter, und davon sind sehr viele einheimische Verpächter. Wenn Sie hin und wieder mittags oder abends jemanden im Blaumann seine Bälle schlagen sehen, dann ist dies ein Mitarbeiter von mir. Ich veranstalte auch mit meinem Golfplatzarbeitern zweimal im Jahr ein Golfturnier, denn ich möchte, daß möglichst viele Mitarbeiter möglichst viel von diesem Sport verstehen. Ein Greenkeeper, der selbst Golf spielt, wird die Rasenflächen entsprechend pflegen.
In den ersten Jahren verlief die Entwicklung auf dem Golfsektor sehr rasant. Da ein Golfplatz eine Vorlaufzeit von zwischen fünf bis zu sieben Jahre hat, wollte ich sofort weitere Projekte in Angriff nehmen. Leider erleben wir im Moment die tiefste Rezession seit Kriegsende, so daß ich gegen mein Wollen auf die Bremse treten mußte. Das Objekt Penning, wo ich eine 36-Loch Anlage plane, ist nunmehr verschoben, bis die Konjunktur sich so weit erholt hat, daß man beruhigt weiterbauen kann. Denn mit der Errichtung von Penning hätte ich eine Kapazitätserweiterung um 50%, die erst einmal verkraftet werden muß. Gleichzeitig realisiert habe ich allerdings Brunnwies. Seit der Planung von Brunnwies ist die künftige Golfentwicklung in Bad Griesbach sehr eng mit Bernhard Langer und seinem Bruder Erwin verbunden.
Zunächst erwies es sich als gar nicht einfach, mit den beiden in Kontakt zu kommen. Ich hatte den Langers geschrieben, aber zunächst keine Antwort erhalten, da beide mein Projekt für unrealistisch und mich für einen Spinner hielten. Nachdem ich einige meiner Spinnereien realisiert hatte, kamen wir dann doch noch zusammen. Inzwischen hat so etwas wie eine Freundschaft entwickelt, so weit das überhaupt möglich ist. Jemand wie Bernhard Langer ist fast ständig rund um die Welt unterwegs. Aber ich freue mich immer, ihn zu treffen, und ich denke, das beruht auf Gegenseitigkeit. Einer Einladung von Bernhard und Erwin Langer verdanke ich übrigens eines meiner schönsten Golferlebnisse.
Vermittelt durch Bernhard bekam ich eine Einladung zu der King Hassan-Golftrophy nach Rabat in Marokko. Ich flog mit Erwin also nach

Rabat und nahm auch einen unserer Ober, einen Marokkaner, mit, der uns dort betreuen sollte. Der Aufenthalt ließ sich mit dem Märchen aus 1001 Nächten vergleichen, denn wir durften die Gastfreundschaft von König Hassan genießen. Die Armut der Menschen in der Rabater Altstadt dagegen war erschreckend. Einmal hatten wir eine Einladung zu einem marokkanischen Abendessen von einem mit einer Deutschen verheirateten Marokkaner. Ein andermal wurden wir von einem Fürsten oder so ähnlich eingeladen, der 600 Personen auf einmal in seinem Wohnzimmer bewirten konnte. Äußerst lustig ging es auf einer Party zu, zu der alle Größen des Golfsports kamen. Wie bei all diesen Dinners üblich, war pro Tisch nur eine bestimmte Weinmenge vorgesehen, und die war in jenem Fall etwas knapp bemessen. Als ich das bemerkte, war mir klar, daß die Weinvorräte begrenzt sind, aber ich wußte auch, daß die Mentalität vieler Kellner weltweit dieselbe ist, und so regelte ich dies. Da nun an meinem Tisch immer genügend Wein vorhanden war, wanderten allmählich von Nick Faldo über Vijay Singh alle Golfgrößen an meinen Tisch.
Vor allem als interessant erwies sich aber das System des Golfturniers. Am ersten Tag hatte ich das Vergnügen, mit Bernhard, Erwin und Thorsten Gideon Proberunden zu spielen. Ich sah, wie gewissenhaft Bernhard den Platz Meter für Meter aufnimmt und in seinem Yardbook jede Besonderheit exakt festhält. Er schenkte mir übrigens zum Andenken sein Yardbook von dem Platz in Dares Salam, der der schönste Golfplatz Afrikas sein soll. Im Turnier selbst wurde man innerhalb einer Mannschaft jeden Tag einem anderen Pro zugelost. Unter anderem durfte ich mit Vijay Singh eine Runde spielen, der trotz meiner Mitwirkung dieses Turnier gewann. Er kümmerte sich wirklich rührend um mich, brachte mich immer wieder auf den richtigen Kurs und spielte beneidenswert locker und entspannt. Eine andere Runde durfte ich mit Pinero spielen. Überhaupt lernte ich dank Bernhard alle Golfgrößen der Welt kennen. Einmal allerdings packte mich das absolute Grauen, denn als ich mich auf der Driving-Range einschlug, kamen auf einmal Nick Faldo und Vijay Singh daher und trainierten neben mir. Der Unterschied zwischen meinen Schlägen und denen der Profis war derart gewaltig, daß ich frustriert meine Schläger einpackte und das Üben aufgab. Ich wünsche niemandem, daß er zwischen Nick Faldo und Vijay Singh trainieren muß.
Später traf ich Vijay Singh auf einem Turnier von Bernhard Langer in Stuttgart wieder, und er kam von seiner Bahn herüber und begrüßte mich. Das ist selten, denn die Golfprofis spielen jede Woche mit anderen

Leuten und vergessen vermutlich alle Amateure. Aber fast alle sind andererseits auch Profi genug zu wissen, daß sie doch von der Akzeptanz der Amateure abhängig sind. Absoluter Profi ist auch Bernhard Langer, der mir sogar nachts auf dem Hotelzimmer in Rabat noch Golfunterricht erteilte. Und er ist nicht nur Profi, sondern auch Golfarchitekt.
Ich war nämlich der Ansicht, daß wir in Griesbach für Golf eine ganz neue Dimension brauchen. Die konnten weder Herr Rossknecht, der die vorherigen Plätze gestaltete, noch Berühmtheiten wie Seve Ballesteros bringen, für diese neue Dimension brauchte man in Deutschland einfach Bernhard Langer. In Amerika ist es üblich, daß die besten Golfstars zugleich Architekten sind. In Deutschland gibt es nur einen, der Weltstar und Golfarchitekt gleichzeitig ist, und das ist Bernhard Langer. Und ich wollte ihn nicht nur für einen, sondern gleich für drei Plätze, denn ich glaube, daß er noch lange der beste deutsche Golfspieler aller Zeiten bleiben wird. Mit seinem Namen wird Golf auf ewige Zeiten in Deutschland verbunden sein. Und er wird sicherlich auch noch viele Plätze bauen, aber drei Plätze an einem einzigen Ort?
Am 10.12.1991 schloß ich mit Bernhard Langer einen Vertrag über die Planung von Brunnwies und zweier Plätze in Penning. Ich wollte die neue Dimension aber nicht nur mittels des Namens Bernhard Langer, ich wollte sie auch bei der Platzgröße. Die übrigen Plätze sind auf 70 bis 80 Hektar Grund angelegt, Brunnwies hat 100 Hektar. Neue Dimension, das heißt auch ein anderer Grünaufbau, andere Modellage der Grüns, anderer Aufbau der Tees, es betrifft die Modellierung des Geländes usw.. Natürlich ist das auch eine neue Dimension der Kosten, aber ich wollte und will ja auch in die absolute Spitzenklasse des Golfresorts hinein. Brunnwies in Griesbach – und später auch Penning -, designed by Bernhard Langer: das ist die neue Dimension. Geld muß sich in der Qualität, dem Platz- und Spielerlebnis, zeigen.
Bernhard hat meine Familie und mich nach Augusta eingeladen. Er war sehr überrascht, als ich das ablehnte. Ich erklärte statt dessen: „Bernhard, so lange wir Penning nicht gebaut haben, kann ich Deine Einladung nicht annehmen." Aber natürlich hoffe ich, möglichst bald mit meiner Familie nach Augusta reisen zu können, um das dortige Turnier zu erleben. Franz Beckenbauer, der dort als Kommentator gearbeitet hat, erzählte nämlich von der phantastischen Stimmung in Augusta, die einfach jeden befällt, auch wenn man nur zusieht und nicht selbst zum Spielen kommt. Aber wie dem auch immer sei: Golf ist nicht das ganze Leben. Und manchmal wird man recht unsanft auf diese Tatsache gestoßen.

Bernhard Langer als Golfplatzarchitekt

Wenn man vorhat, mit jemandem zusammen drei Golfplätze zu entwickeln, für die man noch dazu eine Spitzenqualität erreichen will, müssen die Beteiligten sich untereinander auch menschlich gut verstehen. Bernhard Langer ist ein sehr ruhiger, zurückhaltender, aber auch sehr freundlicher und hilfsbereiter Mensch. Ich glaube, auch wenn wir uns von der Mentalität her unterscheiden, so wissen wir doch beide voneinander, daß wir mit unserer Lebenseinstellung dem christlichen Glauben sehr verbunden sind. Ich halte das für eine äußerst gute Basis, denn dann weiß man vom anderen etwas Wesentliches, nämlich, daß das Zentrum der christliche Glaube ist. Bernhard überträgt den Glauben in das alltägliche Leben. Einmal saßen wir mit seinen Kindern in Brunnwies auf der Terrasse, und als das Mittagessen serviert wurde, bat Bernhard, kurz zu schweigen, denn er wollte mit seinen Kindern das Tischgebet sprechen. Für ihn ist das ganz selbstverständlich. Ich konnte einmal in Düsseldorf erleben, daß Bernhard auch bei seinen Turnieren mit anderen Spielern seinen Bibelkreis hält.

Eine sehr nette Erinnerung ist für mich ein gemeinsames Pro Am (das ist ein Turnier, wo Profis mit Amateuren zusammen spielen) anläßlich der German Masters in Stuttgart. Diese Runde kam zustande, als Bernhard mit seiner Familie in Bad Griesbach auf Urlaub war und seinen Geburtstag feierte. Bei diesem Anlaß forderten Franz Beckenbauer und ich ihn auf, einmal mit uns ein Pro Am zu spielen, damit er endlich mal so eine Art von Turnier gewinnt. Noch unterstützt von Dr. Hauser von der Hypo-Bank spielten wir dann das Turnier und waren äußerst überrascht und erfreut, daß wir unsere doch recht selbstbewußte Vorhersage tatsächlich verwirklichen konnten.

Zunächst hielt man mir von verschiedenen Seiten entgegen, daß die Verpflichtung Bernhard Langers lediglich bedeute, einen Namen einzukaufen, was mit keiner Gegenleistung verbunden sei. Aber wer so denkt, kennt Bernhard einfach nicht. Nur mit seinem Namen Geschäfte zu machen, entspricht weder seiner Auffassung noch seinem Wesen.

Ich erinnere mich noch gut daran, wie wir ganz zu Anfang das Gelände in Brunnwies und in Penning abgingen. Schon damals entwickelte er eine Vorstellung, wie die künftigen Plätze aussehen könnten. Wir mußten noch weitere Grundstücke hinzupachten und damit eine Zeitverzögerung von über einem halben Jahr in Kauf nehmen, was ich als tragisch empfand, denn wir glaubten, daß der Golfsport weiterhin so boomen werde. Dennoch entschied ich mich schon damals dafür, uns die notwendige Zeit

einfach zu lassen, denn man baut nur einmal mit einem Bernhard Langer Golfplätze. Für mich war entscheidend, daß ich mit Bernhard gleich drei Anlagen entwickle, denn er wird zwar weiterhin noch viele Plätze bauen, aber einen Ort mit gleich dreien von seiner Hand wird vermutlich für lange Zeit unerreicht bleiben.
Nur was lange währt, wird endlich gut. Bezüglich Brunnwies bedeutet dies, daß ich erst lange mit mir kämpfte, doch einem Standort in Fuchshub den Vorzug zu geben. Fuchshub ist ein Gut nahe St. Salvator, und dort bot sich sowohl ein ebenes wie ein hügeliges Gelände an. Den Ausschlag für Brunnwies gab dann die Tatsache, daß man vom Uttlauer Golfplatz nach Brunnwies sehen kann und umgekehrt. Ich meine, genau das sind die Dimensionen, die ein Golferherz höher schlagen lassen. Nach dieser Entscheidung mußte ich in ein langwieriges Verwaltungsverfahren einsteigen, wie sich ja bei uns immer mehr die Tendenz zu steigender Bürokratisierung bemerkbar macht. Erst dann konnten wir mit dem Bau von Brunnwies beginnen.
Pläne wurden gezeichnet und wieder verworfen. Bernhard stand stundenlang im Gelände und spielte in Gedanken Golf, machte quasi einen gedanklichen Schwung, um sagen zu können, wo der Ball in etwa landen müßte. Um nämlich einen guten Golfplatz zu bauen, muß man von den Abschlägen her die Landefläche der Bälle möglichst einsehen. Dort wiederum sollte die Landefläche einen guten Stand für das Weiterspiel bieten. Außerdem sollten die Grüns möglichst einsehbar sein. Ein großes Anliegen bestand auch darin, die Grüns in einer ganz neuen Weise zu modellieren. Bereits im ersten Jahr, die Grüns waren noch wegen der Notwendigkeit, die Grasnarbe zu verdichten, sehr kurz geschnitten, erwies sich, welch tückische Eigenschaft die Grüns haben konnten.
Beim praktischen Bau des Platzes erwies es sich immer wieder von unschätzbarem Vorteil, in Bernhard Langer sowohl den Profispieler als auch den Architekten zur Verfügung zu haben, wenn auch der Profispieler ganz andere Erwägungen vorbringt, als sie der Amateur nachvollziehen kann. Bernhard hat immer wieder die Bahnen vor allem in ihrem Ausbauzustand begutachtet. Ich erinnere noch eine Situation an der 16. Bahn. Da das Loch blind ist, d. h. das Grün vom Abschlag aus nicht einsehbar, verlangte Bernhard eine große und faire Landefläche für den Abschlag. Das kostete natürlich zusätzlich Geld, aber in solch einer Situation darf man nicht zögern, wenn man hervorragende Qualität erzielen will. Zum Beispiel befindet sich am 16. Grün rechts eine kleine Welle. Bernhard demonstrierte mir verschiedene Fahnenpositionen und erklärte, wenn die Fahne am Fuß dieser Welle stehe und man als guter

Golfplatz Brunnwies: Erwin Langer (rechts), Bernhard Langer (Mitte), Alois Hartl (2. v. li.)

Spieler etwas über die Fahne hinaus spiele, daß dann der Ball per Backspin zum Loch herunter laufen könne und damit das Birdie möglich sei. Als blutiger Amateur konnte ich über diese Argumentation allerdings nur säuerlich lachen und mich nicht zurückhalten, zu ihm zu sagen: „Bernhard, Du hast vom wahren Golf keine Ahnung."
Ob es sich nun um einen Bunker am ersten Abschlag handelte oder um das Grün am 16. Loch, in der ihm eigenen Gründlichkeit ist Bernhard alle Bahnen in Gummistiefeln abgelaufen und hat sich über die Realisierung seiner Pläne vergewissert. Und dann war er immer noch bereit anhand der vor Ort vorgefundenen Situation sich eines Besseren belehren und Änderungen anbringen zu lassen. Damit ein Architekt aber auch gut arbeiten kann, benötigt er ein Gelände, welches sich gut für einen Golfplatz eignet, und selbstverständlich auch einen Bauherren, der ihm freie Hand für die Verwirklichung seiner Vorstellungen gewährt. Und natürlich muß man sich schon ganz zu Anfang über eine Frage klar und einig sein: für wen soll der Platz eigentlich gebaut werden?
Manche bauen sich Golfplätze sozusagen als Denkmal und produzieren auf diesem Weg Millionengräber. Für uns kam das nicht in Frage, denn bei der von uns vorgesehenen Größenordnung sahen wir sehr darauf, daß unsere Plätze bei optimaler Qualität auch für den Normalbürger noch

bezahlbar und bespielbar bleiben. Deshalb achtet ein guter Golfplatzarchitekt darauf, die Geländemodellierungen so zu gestalten, daß sie gut und relativ leicht zu pflegen sind, denn sonst benötigt man einfach zu viel Personal, welches sofort die Kosten steigen läßt. Dennoch werden in Brunnwies alle Grüns per Hand gemäht. Wir verwenden auch eine besondere Grassorte, die zwar längere Zeit für den Anwuchs benötigt, dafür aber haltbarer und einfach qualitativ besser ist.
Für den Platz in Brunnwies, aber auch für die in Penning, dürfen wir den Namen Bernhard Langers verwenden,und zwar „Brunnwies designed by Bernhard Langer". Ich habe Verständnis für diese Einschränkung, obwohl ich es lieber gesehen hätte, wenn er Bernhard-Langer-Platz geheißen hätte. Aber bei der Vielzahl potentieller Bernhard-Langer-Plätze entstünde auch das Problem, daß keiner dann mehr weiß, wo der Platz sich eigentlich befindet. Insofern ist unsere Lösung wahrscheinlich nicht die schlechteste.
Die offizielle Eröffnung von Brunnwies habe ich auf das Jahr 1997 hinausgeschoben, da ich den Platz in einem Top-Zustand zeigen möchte, und dafür benötigt ein vollkommen neuer Platz einfach seine Zeit, allein schon wegen der ganzen Neuanpflanzungen. Ich wollte nicht in die Lage kommen, der Öffentlichkeit erst erklären zu müssen, wie es in ein paar Jahren aussehen wird, wie man es sich erst einmal nur vorstellen kann. Ich stehe auch zu meiner Entscheidung, denn wenn man einen Platz offiziell vorstellt, dann soll man sich auch der Kritik stellen können. In Betrieb genommen wurde Brunnwies freilich bereits im Sommer 1995, wo wir ihn erstmals anläßlich des Beckenbauer-Cups zu seinem 50. Geburtstag einem größeren Personenkreis präsentiert haben.
Obwohl viele Spieler und Spielerinnen dies nicht gerne hören werden, so hat doch der Platz seinen größten Reiz, wenn die riesigen Roughs stehen. Wenn da nämlich jemand einen rechten Slice oder Hook schlägt, läuft er in Gefahr, seinen Ball zum letzten Mal gesehen zu haben. Viele Golfer, die Probleme mit dem geraden Schlag haben, halten die Roughs für reine Boshaftigkeit unsererseits und unterstellen, sie sollten die Bälle verlieren. Aber dem ist keinesfalls so. Die Roughs müssen nämlich zum Schutz der Tiere stehenbleiben und zwar bis weit in den Juni hinein. Dies ist einerseits eine behördliche Auflage, zum anderen halte ich das auch für mehr als richtig, den Jungtieren die Chance für ein ungestörtes Aufwachsen zu lassen. Andernfalls würden sie nämlich womöglich durch die Mähmaschinen verletzt oder getötet, in jedem Fall aber brutal gestört. Außerdem betrachte ich persönlich die Roughs als einmal rein optische Vergnügen, wenn sich gleich bei der ersten Bahn ein Rain von einem

Meter und mehr erhebt, den wir aus Naturschutzgründen stehen lassen. Die Roughs werden von vielen als echtes Hindernis empfunden, wo es sich tatsächlich aber mehr um ein optisches handelt. Insgesamt sind sie aber eine echte Herausforderung, denn der Spieler wird angesichts der Raine nicht einfach voller Kraft drauf los schlagen, sondern er muß einfach seinen Ball möglichst mitten auf dem Fairway plazieren, wenn er ohne Ballverlust weiter spielen will. Dies bedeutet unter Umständen einen Vorteil für den taktischen Spieler, der mit einem sicheren, geraden Schlag von meinetwegen nur 150 Metern einen guten Landeplatz trifft, von dem aus er wunderbar weiter spielen kann. Denn was hilft der weiteste Drive von 220 Metern und mehr, wenn er im tiefsten Rough landet? Aber so ist das eben beim Golf. Zum Beispiel steht man bei der 7. Bahn vor der Wahl, ob man sich über das Maisfeld zu schlagen traut, ein schöner Reiz! Aber wenn man sich traut und der Ball gut landet, dann kann man den zweiten Schlag gut aufs Grün plazieren, und damit ist ein Birdie in Reichweite. Die 9. Bahn ist zu Recht als die schwierigste klassifiziert, denn dort den Berg hinauf zu spielen und links unter die Obstbäume hinein zu hooken bedarf schon ein erhebliches Können. Und dann täuscht noch die Entfernung zum Grün, welches weiter entfernt liegt, als man meint. Aber die Entschädigung läßt nicht lange auf sich warten, denn besonders vom 9. Grün aus hat man einen phantastischen Panoramablick von fast 270 Grad weit in den Bayerischen Wald hinein. Wenn Lederbach nicht bereits den Titel Panoramaplatz hätte, Brunnwies würde ihn ebenfalls verdienen, sieht man doch von dort genauestens die Kleingliedrigkeit des Rottaler tertiären Hügellandes. Sie können von dort viele Einzelgehöfte und ganze Bauerndörfer sehen, die architektonisch noch völlig intakt sind. Alle Häuser haben ein Gesicht, sogar die Heustadel und Stallungen weisen Proportionen auf. Die Gebäude sind meistens von Obst- oder anderen Bäumen umgeben und vermitteln ein wunderbares Bild, eine Kulturlandschaft, die einfach noch in Ordnung ist.
Die Bahnen 10, 11 und 12 sind für mich die schönsten in Brunnwies. Dort hat der Platz nämlich den Charakter einer bayerisch-schottischen Landschaft. Die Bahnen dort sind vermuldet, was mir aber kein schlechtes Gewissen verursacht. Unsere gesamte Landschaft ist doch schon längst nicht mehr reine Natur, wie man sie höchstens noch im Urwald finden kann, sie ist eben Kulturlandschaft. Wichtig ist dafür natürlich, daß man bei der wahren Bedeutung von Kultur (aus dem lateinischen colere – pflegen) bleibt und keinen Raubbau betreibt. Die Kulturlandschaft richtet sich in diesem Sinne nicht gegen die Natur, überwältigt sie nicht einfach, sondern pflegt sie, verbessert sie mancherorts sogar und

macht sie für den Menschen bewohnbar. Auch ein Golfplatz ist keinesfalls eine gegen die Natur gerichtete Örtlichkeit. Die Natur wird hier keinesfalls so belastet wie zum Beispiel beim Straßenbau oder in städtischem Zusammenhang, nicht einmal so stark, als wenn auf dem Gelände intensive Landwirtschaft betrieben würde. Ich bin der Überzeugung, man darf die Natur verändern, wenn man nur ihren Charakter und ihr Wesen beachtet und achtet.

Sehr interessant ist übrigens die Beurteilung der Schwierigkeitsgrade der einzelnen Bahnen. Freilich hält man sich längerfristig an die unbestechlichen Aussagen, die durch Computeranalyse ermöglicht werden, aber selbst leichte Löcher können ihre ganz eigenen Tücken entwickeln. Zum Beispiel haben John O'Flynn und ich sehr schnell die Bahn 14, ein Par 3, für das leichteste Loch erkoren, denn man kann den Abschlag toppen, also schlecht spielen, und der Ball wird dennoch aufs Grün rollen, so daß man ein Par spielen kann. Aber mittlerweile habe ich selbst schon so viele Bälle in den kleinen unscheinbaren Weiher dort geschossen, daß sich dieses anscheinend so leicht zu spielende Loch als doch ziemlich schwierig herausstellte. Für den, der Brunnwies oft spielt, haben wir neben den weißen noch goldene Abschläge installiert, die eine ganz neue Herausforderung darstellen. Wenn 1997 der Platz offiziell eingeweiht wird, werden wir mit Bernhard Langer von den goldenen Abschlägen aus spielen, und ich bin schon sehr gespannt, wie Bernhard seinen Griesbacher Platz bewältigen wird. Aber trotz aller erforderlicher Konzentration auf den Ball und seine Flugbahn, werden wir es nicht versäumen, unseren Blick auch für die wunderbare Landschaft und die Naturschönheiten zu öffnen. Das ist nämlich das Faszinierende am Brunnwieser Platz, daß die Ausblicke ständig wechseln.

Weil wir nun in der Bad Griesbacher Gegend so viele Plätze angelegt haben, kam mir gerade beim Begehen von Brunnwies der Gedanke, allen Plätzen ein eigenes Emblem zu geben. An der 10. Bahn in Brunnwies halten sich gerne sehr große Falken auf, die dort ihr Revier haben. Ich sehe alle Großvögel gerne, ob es nun Turmfalken, Bussarde oder Hühnerbussarde sind, denn dann fühle ich die Gewißheit, daß die Nahrungskette in Ordnung ist. Und wenn die Nahrungskette in Ordnung ist, so stellt dies ein Indiz dafür dar, daß auch die Natur in Ordnung ist. Und ich setze mich gerne für die Erhaltung der Natur ein. Damit man den Status vor und nach dem Bau des Platzes vergleichen kann, habe ich die Veränderungen der Natur genauestens aufzeichnen lassen. In Brunnwies haben wir mit etwa 100 Hektar Grund natürlich auch jede Menge Platz für Ausgleichsflächen. Dort lassen wir die Natur sich nahezu frei ent-

wickeln, und es ist erstaunlich, wie schnell sie sich erholt, wenn man sie nur läßt. Ich stehe dafür, bezüglich des Natur- und Umweltschutzes einen goldenen Mittelweg zu suchen, denn auch der moderne Mensch muß sein Recht auf Entfaltung einfach leben können. Andererseits sehe ich die Verpflichtung, mit der Natur als unserer Basis sorgsam umzugehen. Empfindlich allerdings reagiere ich darauf, wenn mit dem Vehikel des Naturschutzes gesellschaftliche Veränderungen durchgesetzt oder einfach nur Neidkomplexe abreagiert werden sollen.
Schon bei der ersten Inbetriebnahme des Brunnwieser Platzes erhielten Bernhard und ich sehr viel positive Resonanz. Sie können sich meine Erleichterung vorstellen, als die geballt anwesende Prominenz, darunter sehr viele gute Golfer, den Platz in den höchsten Tönen lobte. Und ich kann sehr wohl unterscheiden, was pure Höflichkeit ist und was echte Überzeugung. Ein so einheitliches Lob über einen Golfplatz durfte ich vorher noch nie erfahren. Howard Carpendale, der in den Wochen vorher bereits einen Film bei uns gedreht hatte, erklärte ihn zum schönsten Platz Deutschlands. Auch Bernd Tewaag, ehemaliger Nationalspieler, hob ihn in eine Klasse mit Riedhof, was für ein Riedhof-Mitglied natürlich eine der höchsten Auszeichnungen ist. Auch Georg Maier vom Straßlacher Golfclub, Hansi Hinterseer, die Brüder Toni und Rudi Sailer wußten nur Bestes von Brunnwies zu berichten, und bei ihnen handelt es sich immerhin um Single-Handicap-Spieler, die eine weitreichende Erfahrung mit allen möglichen Plätzen auf der ganzen Welt vorweisen können. Aber nicht nur die sehr guten, auch die normalen Spieler mit höheren und hohen Handicaps äußerten sich sehr begeistert. Dabei schätzen die Damen vor allem den Platz, da sie ja nicht in dem Wahn leben, wie manche Männer den Ball möglichst mit Kraft sehr weit schlagen zu müssen. Besonders wer gerade und diszipliniert spielt, wird den Platz immer als fair empfinden. Übrigens haben mir auch die Langers berichtet, daß sie jede Menge Zuschriften erhielten, ausnahmslos positiver Art.
Auch Franz Beckenbauer schien von dem Platz immerhin so begeistert, so daß er sich zu folgender Äußerung hinreißen ließ: „Da hast Du etwas Besonderes gemacht.“ Und speziell für einen Bayern ist dies sicherlich die höchste Form eines Kompliments. Täglich gratulieren mir zufriedene Spieler spontan und erzählen von dem Spaß und dem Vergnügen, das sie bei ihrem Spiel in Brunnwies hatten. Ich finde, etwas Besseres kann einem gar nicht widerfahren.
Und weil es in Brunnwies so viele Falken gibt, es sich aber auch sozusagen um den Königsplatz handelt, habe ich mir erlaubt, den Falken zum Adler aufzuwerten. Die anderen Plätze bekamen selbstverständlich auch

Einweihung des Golfplatzes Brunnwies 1997: v. li. Franz Beckenbauer, Howard Carpendale, v. re.: Bernhard Langer, Alexander Hartl, Alois Hartl

jeweils ihr Emblem, wobei ich nach etwas für den Platz Passendem suchte. Für Uttlau wählte ich den Hahn, denn dort gibt es sie tatsächlich noch, wunderschöne freilaufende Hennen und Hähne, und wir bekommen von dort unsere frischen Eier. Bei Lederbach entschied ich mich für den Steinbock, denn der ist ein Gebirgstier und hat Eigenschaften, die man bei dem hügeligen Gelände von Lederbach durchaus benötigt, da muß man wirklich fast klettern können. Für das Golfodrom suchte ich mir den Bayerischen Löwen aus, denn wenn man mit dem Golfen beginnt und vor allem in der ersten Lernphase nicht gleich den Schläger wegwirft, erfordert das tatsächlich einen Löwenmut. Das Zeichen für meinen ersten Platz in Sagmühle war von Anfang an festgelegt; es handelt sich um zwei gekreuzte Golfschläger, die von zwei Löwen eskortiert werden. Für die geplanten Plätze in Penning wählte ich ein Emblem mit einem Rottaler Roß, denn das Rottal ist auch ein Roß- oder Pferdeland. Vielen ist das womöglich nicht bekannt, aber hier wurden sehr gute Arbeitspferde gezüchtet, die sich sowohl für das Reiten wie für das Fahren eignen. Das Gespannfahren hat in dieser Gegend auch eine schöne Tradition. Übrigens habe ich auch eine familiäre Bindung an Pferde, denn mein Onkel, Bruder meines Vater, Max Hartl, war einer der bekannte

sten Zehnerzugfahrer. Ich bin der Überzeugung, daß sich kein Wappentier besser für Penning eignet als das Pferd.
Gerade weil in Bad Griesbach die Möglichkeiten für einen Golfer so gigantisch sind, werde ich immer wieder nach einem Superturnier gefragt. Im Augenblick mache ich mir darüber keine großen Gedanken, denn wir liegen von München halt doch 140 Kilometer entfernt. Wenn man ein großes Turnier veranstaltet, benötigt man natürlich eine Galerie, mit anderen Worten sehr viele Zuschauer. Von der Größe der Plätze, auch von den Abständen der Bahnen her bestünde sicherlich kein Problem, viele Menschen sicher unterzubringen. Wir verfügen auch über die nötige Hotelkapazität. Wenn ich mit einkalkuliere, daß allein im Golfbereich 174 Mitarbeiter beschäftigt sind, kann ich uns in jeder Hinsicht als turnierreif erklären. Organisatorisch könnten wir jedes Riesenturnier vermutlich besser durchführen als irgend ein anderer Ort in Deutschland.
Für eine scheinbar kleine Veranstaltung haben wir uns ja schon entschieden, nämlich für die Austragung des Seniorenpokals Deutschland. Der Grund dafür liegt allerdings darin, daß wir damit genau den Gästekreis treffen, den wir uns für Bad Griesbach wünschen.
Ein Riesenturnier auszutragen, bringt natürlich auch Probleme mit sich. Was werden wohl die Mitglieder und Gäste sagen, wenn man einen Platz zwei bis drei Wochen für das gewöhnliche Spiel sperrte. Aber je mehr Plätze wir haben, desto geringer dieses Problem. Wenn Penning mit 36 Löchern fertig gestellt ist, gibt es darüber überhaupt keine Diskussion mehr. Und Bernhard Langer bestätigte mir, daß die Plätze in Penning dieselbe Qualität aufweisen werden wie Brunnwies. Für mich ist entscheidend, daß Brunnwies nicht der einzige Platz mit Weltklassestandard bleiben wird. Wenn wir Penning mit in unser Programm aufnehmen, werden wir eine internationale Adresse im Golfkalender sein. Und in diese Größenordnung zu kommen, war schon immer mein Ziel. Dazu gehört übrigens auch, daß die Clubhäuser der bayerischen Lebensart entsprechen. Wir können nicht mit amerikanischen Plätzen konkurrieren, wo die Clubhäuser tatsächlich Clubs sind und um die Plätze herum gebaut wird. So etwas wird bei uns nicht möglich sein, aber es wird auch gar nicht gewünscht.
Eine wichtige Frage ist allerdings, was ein sehr großes Turnier kostet und welchen Gegenwert so eine Veranstaltung brächte, und diese Frage hat sich mir allerdings noch nicht gestellt. Wir machten einmal den Versuch und führten die European-Ladies-Open in Sagmühle durch. Dieses Turnier war zwar durch Regen sehr gehandicapt, aber die Damen äußerten sich dennoch sehr zufrieden. Meine Partnerin im Pro Am, Laura Davies,

Laura Davis – Weltranglistenbeste Juli 1993 in Bad Griesbach

auch alle anderen Weltklassespielerinnen waren von der Gastfreundschaft sowie vom Platz in Sagmühle äußerst begeistert. Dennoch möchte ich alles erst einmal auf mich zukommen lassen. Ich dränge mich nicht gerne nach irgendwelchen Dingen. Wenn eine Sache reif ist, dann kommt sie von ganz alleine. Und dann werde ich in der Lage und willens sein zuzupacken. Mein Freund Franz Beckenbauer pflegt bei solchen Angelegenheiten sein berühmtes „schaun mer mal" zu sagen, und was das Thema „Superturnier" angeht, kann ich mich da nur anschließen.
Für das gesellschaftliche Leben der Clubs, aber auch für das Après-Golf eines jeden Spielers ist selbstverständlich das Clubhaus von Bedeutung. Von dem großen Problem mangelnder Rentabilität sprach ich bereits, auch davon, daß dies in der Winterpause begründet liegt. Bei einer Anlage wie der in Uttlau ergab sich die Wahl des Clubhauses von selbst, aber in Brunnwies plante ich anders. Ich hatte bereits ein altes Holzhaus gekauft, welches ich versetzen lassen wollte, aber der Denkmalschutz genehmigte dies nicht, da Brunnwies eine Hanglage hat. Also mußte ich neu bauen, tat dies aber mit soviel altem Holz als möglich. Ich errichtete so ein schönes Clubhaus mit der herrlichsten Sommer- und Rotweinterrasse von ganz Griesbach, denn dort im Sommer im Schatten zu sitzen und die Spieler zu beobachten, die vom 18. Loch hereinkommen, durfte

wohl ein besonders einprägsames Golferlebnis sein. In Uttlau empfehle ich besonders gerne den Innenhof, aber auch die Sommerfeste dort sind unvergeßlich. Sagmühle hat ein eleganteres Clubhaus und ist wegen seiner Küche weithin bekannt. In Lederbach finden Sie dagegen wegen des Kanalisationsproblems nur ein kleines, aber durchaus gemütliches Häuschen, das kleine Brotzeiten anbieten kann. Im Golfodrom erfüllt der „Holzmichl“ seinen Zweck. Auch diese Anlage ist eher wie eine Skihütte konzipiert und fällt wegen ihrer gemütlichen Atmosphäre auf, bietet auch eine beliebte Terrasse.

Wieviel Golf braucht der Mensch?

Da wir in Penning eine 36-Loch-Anlage planen, soll auch das Clubhaus entsprechend großen Ansprüchen genügen. Ich freute mich sehr, daß es mir nach fünf Jahren Kampf mit dem Denkmalschutz endlich gelang, die Versetzung eines der schönsten Holzhäuser dorthin durchzusetzen. Das Haus steht jetzt noch in Karpfham direkt an der Fahrbahngrenze, wo es sicherlich bald zerstört worden wäre. In Penning wird es zwischen die noch vorhandenen alten Eichen gesetzt und durch ein kleines Hotel komplettiert werden. Penning, soviel kann ich jetzt schon verraten, wird übrigens ein Platz mit sehr, sehr viel Wasser. Die Wasserplätze haben den großen Vorteil, man braucht die Bälle nicht zu suchen. Blubb – und weg ist er. Gut für den Spielfluß!
Wenn Penning fertig errichtet ist, stehen wir an der Stufe zu einem absoluten Weltklasseresort. Wir sind jetzt schon auf europäischer Ebene sicherlich ganz vorne mit dabei, aber noch weit entfernt von Pine-Hurst mit neun Plätzen, dem PGA-West in Palm Beach mit neun Plätzen oder dem Doral. Mit PGA-West Palm Beach haben wir ein Twinning vereinbart, also quasi eine geschwisterähnliche Club-Partnerschaft wie sie sonst in Form von Städtepartnerschaften eingegangen werden. Colin Wright besuchte uns, und wie alle Amerikaner war er sowohl von der bayerischen Architektur, der Lebensart und besonders dem Bayerischen Essen und dem Bier mehr als begeistert. Wir machen nun wechselseitig Reklame, besuchen uns gegenseitig und veranstalten Turniere. Was sich daraus entwickelt, wird man sehen. Für uns ist es natürlich eine große Ehre und Anerkennung, von PGA-West Palm Beach als ebenbürtiger Partner ausgewählt worden zu sein.
Sie kennen sicher die merkwürdige Frage, wieviele Cartier-Uhren ein Mensch brauche. Ich habe mir zusammen mit Franz Beckenbauer ana-

log die Frage gestellt, wieviele Golfplätze der Mensch benötige. Einmal davon abgesehen, daß weder Cartier-Uhren noch Golfplätze lebensnotwendige Aspekte beinhalten, gibt es eine persönliche, aber auch eine geschäftliche Antwort auf diese Frage. Die persönliche entspricht einem Traum von mir, nämlich irgendwann einmal in meinem eigenen Resort jeden Tag einen anderen Platz spielen zu können. Früher sagten wir nämlich, sechs Plätze sind genug. Am Sonntag spielen wir nicht, der Tag gehört den Kindern. Mittlerweile sind die Kinder groß geworden und spielen selbst Golf, so daß eine sonntägliche Familien-Golfrunde durchaus im Bereich des Möglichen und Erstrebenswerten liegt.
So mancher Nicht-Golfer mag jetzt den Kopf schütteln, aber Golf ist sicher eine der faszinierendsten Sportarten. Ich kann Ihnen auch erklären, weshalb. Zum einen ist jedes Spiel ein Abbild des Lebens. Der Vorteil eines Spiels liegt darin, daß es wiederholbar ist, wohingegen im Leben jede Stunde unwiederbringlich verloren und vorbei ist. Das ist mit Sicherheit einer der Punkte, die Menschen am Spiel so faszinieren. Hier gibt es nämlich immer wieder eine neue Chance: ein neues Spiel, ein neues Glück.
Unterschiedliche Spiele haben unterschiedlich große oder kleine Spielfelder, es gibt Tischtennisplatten, aber auch das Mensch-ärgere-dich-nicht. Der Golfplatz stellt aber wohl das größte Spielfeld dar und ist somit dem Leben am ähnlichsten. Auf dem Platz gibt es Zufälle und Besonderheiten, die man nicht kalkulieren kann. Insofern ist das Golfspiel ähnlich ungerecht wie das Leben, es schenkt und nimmt, wie es gerade kommt. Und der Spieler muß sich mit diesen Unwägbarkeiten auseinandersetzen, sich immer wieder auf neue Situationen einstellen, und er hat die Aufgabe, dennoch sein Spiel zu machen, genauso wie im Leben. Eine andere Faszination des Golfspiels liegt sicherlich darin, es perfekt beherrschen zu wollen. Es gibt Runden, da läuft alles wunderbar, und du denkst, jetzt hast du's gepackt: du kannst Golf spielen. Ein andermal belehrt einen das Spiel eines Besseren, da läßt man wieder Schläge heraus, als wäre man blutiger Anfänger. Ich habe schon so viele Leute gesehen, die vollkommen frustriert von der Runde kamen, die einfach nicht fassen konnten, daß man trotz aller Anstrengungen, Erfahrungen und Trainerstunden immer noch nicht Golfen kann. Jeder Spieler kennt die Situationen, wo es zu nahezu verzweifelten Ausbrüchen kommt, der Schläger fliegt weiter als der Ball, und manches Bag landete gleich nach dem verunglückten Ball im Weiher. Auch die Golfer, die sich besser unter Kontrolle haben, werden zugeben müssen, bereits in Situationen gewesen zu sein, wo man sich sagt: „Schluß damit, ich nehme nie wieder einen

Mercedes Masters in Stuttgart – v. re. Seve Ballesteros (einer der weltbesten Golfer), Alois Hartl, Franz Beckenbauer, Lutz Schilling

Schläger in die Hand." Allerdings halten derlei Entschlüsse in der Regel nicht lange her, höchstens eine Nacht. Die meisten sagen bereits nach einer Stunde: „Komm, spielen wir noch eine Runde!" Ich bin überzeugt, daß die Erfahrung der eigenen Unzulänglichkeit eine permanente Herausforderung darstellt. Wenn der Ball teilweise aus nur 30 Zentimetern Abstand einfach nicht ins Loch will, leidet man selbstverständlich an dieser Unberechenbarkeit, aber gleichzeitig will man es erneut versuchen und diesmal die Situation besser beherrschen.
Ein ganz wesentlicher Punkt beim Golfen ist vergleichbar mit dem Skisport: man bewegt sich draußen an der frischen Luft in der Natur, meistens noch dazu in einer, die sehr schön anzusehen ist. Man kann natürlich auch ganz für sich alleine spielen, vollkommen abschalten, den Alltagskummer vergessen, sich vollkommen dem Spiel und dem wunderbaren Drumherum widmen. Oder man sucht mehr die Gesellschaft, unterhält sich ein wenig über dies und jenes, genießt die Gemeinsamkeit. Häufig spielt man auch um ein Weißbier oder um eine Brotzeit, die man später gemeinsam im Clubhaus oder auf der sonnigen Terrasse delektiert. Beim Golfen ist das nämlich anders als beispielsweise im Tennis, wo der Verlierer des Matches nachher der Dumme ist, Golf ist etwas fai-

Bernhard Gallagher (Ryder Cup Captain) in Bad Griesbach

rer und distanzierter. Auch kann man beobachten, daß Tenniscracks, die früher nie mit ihren Frauen gespielt hätten, durchaus mit ihnen zusammen auf die Golfrunde gehen, denn jeder macht sein Spiel unabhängig von dem der anderen. Auch die Kinder sind beim Golfen gerne mit dabei. Es handelt sich nämlich um einen Sport, den die ganze Familie gemeinsam betreiben kann und der sie auch sehr lange zusammenhält. Daß das Golfspiel zur Ehrlichkeit der eigenen Person gegenüber erzieht, wird oft behauptet und stimmt absolut. Ein nicht zu unterschätzender Lerneffekt liegt auch in der Etikette begründet, welche zu Rücksicht, Höflichkeit und gutem Benehmen aufruft. Diesen Aspekt halte ich für Kinder wie Erwachsene sehr gut und überaus positiv, gerade in der heutigen Zeit des allgemeinen Werteverfalls.
Freilich ist nicht nur Positives zu berichten, denn nicht gerade wenige Leute sind vom Golfspiel geradezu besessen. So mancher Ehefrau bleibt gar nichts anderes übrig, als ebenfalls mit dem Golfen anzufangen, wenn sie ihren Mann jemals wieder sehen will. Manche verfallen auch einem ungesunden Ehrgeiz und entwickeln sich zu sogenannten Handicap-Schindern, gerade so, als hinge ihr Leben davon ab, ob sie jetzt unter Handicap 12 oder 10 ein Turnier antreten. Hier kann man nur sagen:

Alois Hartl

„Alles ist Gift, allein die Dosis macht's!" Mir kommt es dagegen darauf an, mit dem Golfball zu spielen, daß dies umgekehrt läuft, lasse ich persönlich nicht zu. Wenn man den Sport mit einem vernünftigen Maß betreibt, hält sich auch die Freude daran. Bei jeder Runde bleibt genügend Zeit, die Natur zu betrachten und in sich aufzunehmen, die Landschaft zu erkunden und den Tieren zuzusehen. Wenn man bereit ist, sich für diese Schönheit zu öffnen, wird man auch für manche weniger erfolgreiche Runde reichlich entschädigt.

Soviel also zu meinen ganz privaten Aspekten bezüglich der Frage, wieviele Golfplätze der Mensch brauche. Die geschäftliche Seite sieht wieder anders aus, denn hier ist eine nüchterne, die Dinge objektivierende Beurteilung des Golfbereichs gefragt. Wenn ich touristisch etwas bewegen will, benötige ich einfach neun 18-Loch-Plätze. Wie ich ausgerechnet auf diese Zahl komme, kann ich gerne erläutern. Zum einen soll das Golfresort Bad Griesbach quasi eine Golfdestination sein, wo man hinfahren und jeden Tag einen anderen Platz spielen will. Zum zweiten benötigen wir wegen der Vielzahl von offiziellen Turnieren schon etwa zwei Plätze allein für diesen Zweck, denn wir veranstalten im Jahr immerhin 185 Turniere plus der vielen Privat-, Firmen-, Geburtstagsturniere oder was es sonst noch für Anlässe auch immer geben mag. Außer-

dem soll es immer wieder möglich sein, einen Platz nach dem anderen tageweise zu schließen, damit unsere Greenkeeper ihn ordentlich pflegen und herrichten können. Aus diesen Gründen benötigt man tatsächlich neun Golfplätze. Hier schließt sich natürlich eine logische Weiterfrage an: wo könnten die drei noch fehlenden Plätze entstehen?
Sagmühle würde sich gut für einen Ausbau zu einer 36-Loch-Anlage eignen, denn mit dem dortigen Clubhaus ist eine viel zu große Infrastruktur für einen 18-Loch-Platz vorhanden. Außerdem ist es von den Kosten her immer vorteilhafter, einen 36-Loch-Platz zu haben, aber das läßt sich leider nicht immer realisieren. Der Standort für die restlichen Plätze ist noch vollkommen offen.
Der Nichtgolfer möge mir verzeihen, daß ich mich so breit über das Golfthema ausgelassen habe, aber hier treffen sich für mich ein wesentlicher Teil meiner Geschäftstätigkeit und eine profunde Passion. Aber Bad Griesbach besteht weiß Gott nicht nur aus Golf. Von den 145.000 Gästen, die jährlich nach Bad Griesbach reisen, sind 32.000 Golfer. Ich prognostiziere zwar diesbezüglich eine Steigerung auf 50.000, denn jährlich beginnen bei uns etwa 3.000 Gäste mit dem Golfspiel. Dennoch besteht die überwiegende Mehrzahl unserer Gäste aus Nichtgolfern oder Noch-Nichtgolfern. Ich ließ um die Clubhäuser herum Wanderwege anlegen, damit auch der Nichtgolfer ohne Gefahr die Schönheit der Golfplätze auf sich wirken lassen kann. In unseren Clubhäusern ist jeder Gast herzlich willkommen und kann das besondere Flair, die einzigartige Atmosphäre auf sich wirken lassen.
Durch meine eigenen Erfahrungen mit Hotels weiß ich, daß man als Gast außerhalb des Hotels gerne Anlaufpunkte und Ausflugsstationen hat, wo man sich willkommen fühlt und auch auf die vom Hotel gewohnte Qualität nicht zu verzichten braucht. Deshalb bemühte ich mich, in wunderbarer Landschaft äußerst attraktive Clubhäuser zu bauen, die solche Anlaufpunkte darstellen. Nach meiner Auffassung sucht man gerne einen Kontrast zu den doch feineren Hotels in Form von kultivierter bayerischer Atmosphäre. Zu rauh oder derb darf es dabei aber nicht zugehen, wir bemühen uns, sozusagen eine gezähmte Variante zu servieren. Deshalb sollte der Nichtgolfer nicht zögern, sich über die Wanderwege aber auch die Shuttle-Busse zu informieren, die zu den Clubhäusern führen.
Aber auch wenn man öfter einen anderen Eindruck haben könnte, es führt kein Weg daran vorbei, daß die überwiegende Mehrheit unserer Gäste aus gesundheitlichen Gründen zu uns kommt. Natürlich ist es für die Medien interessanter zu schreiben, daß Franz Beckenbauer oder

Uschi Glas bei uns eine Runde Golf gespielt haben als über die urologischen Leiden eines Herrn X. und die Kreuzbandprobleme einer Frau Y. zu berichten. Dennoch möchte ich mit der mir als echtem Bayern angeborenen Schlitzohrigkeit nicht unterlassen, darauf hinzuweisen, daß wir mit der Kombination von Gesundheit und Golf sozusagen ein Perpetuum mobile geschaffen haben. Denn einerseits ist Golf nicht perfekt erlernbar, andererseits läßt sich das Ewige Leben nicht erreichen, trotz unermüdlicher Bemühungen seitens der Ärzte. Der Mensch jedoch will grundsätzlich diese beiden Fakten einfach nicht einsehen und muß deshalb immer wieder nach Bad Griesbach kommen. Durch das breite Golfangebot verführen wir ihn, daß er mit dem Golfspiel beginnt und durch verschiedene Verletzungen beim Fango und dem Thermalwasser endet. Der Golfer ist sozusagen der permanent nachwachsende Markt für Bad Griesbach. So einfach kann Marketing sein.
Ein ganz wesentliches Argument für uns kommt noch hinzu, nämlich der Markt der Zukunft. Wie die Alterspyramide Auskunft gibt, die ja von der Form her schon längst auf dem Kopf steht, werden die Älteren die dominierende Rolle spielen, sowohl von der Zahl als auch von ihrem Vermögen her. Und Golf ist die letzte Sportart, die man nach dem Skifahren, Tennis oder Reiten ergreift, danach kommt keine neue Sportart mehr. Fitneß und die Gesundheit werden mit allen Mitteln verteidigt, denn wenn man schon akzeptieren muß, daß das Leben endlich ist, will man es doch so lange wie irgend möglich auskosten.

Wieviel Golf braucht der Mensch?

Die Kirche im Dorf

Wenn man sich schon mit der Endlichkeit des Lebens befaßt, liegt die Frage nahe, wie wir mit dieser Tatsache umgehen und was eventuell danach kommt. Sie erwarten hoffentlich nicht, daß ich diese Frage ernstlich beantworte, aber ich kann an diesem Punkt meinen tiefen Glauben anführen. Nach meiner Auffassung wird sich jeder Mensch in seinem Leben einmal die entscheidende Frage stellen: „Gibt es einen Gott?“ Da diese Frage nicht objektiv beantwortbar ist, läuft es auf die Glaubensfrage hinaus: „Glaube ich an eine göttliche Existenz?“ Je nachdem, wie der Mensch diese Frage beantwortet, so wird er auch sein Leben gestalten. Glaubt man an einen Gott, der Einfluß nimmt auf diese Welt, dann wird man jegliche Existenz, ob Mensch, Tier oder Natur, mit einem göttlichen Kern versehen müssen. Daraus folgt wiederum, daß man allem Geschaffenen, allen Geschöpfen gegenüber Achtung erbringen muß. In dieser Achtung liegt nach meiner Ansicht der Kern des heute so intensiv geforderten ethischen Verhaltens.
Vertritt man dagegen die Meinung, die Materie sei das einzig Existente, dann ist man beim Atheismus angelangt. Die Verbindung von Atheismus und Kommunismus zum Beispiel hat ja in der Vergangenheit deutlich die Gefahr von Menschen- und Naturverachtung bereits gezeigt. Da ich jedoch die Frage nach Gott positiv beantworte, war es für mich selbstverständlich, daß nach Bad Griesbach eine Kirche gehört, und diese Kirche wollte ich schaffen. Das ist für mich keine Frage der Konfession, denn ich weiß nicht, wieviele Religionen sich auf das Neue Testament oder auf Christus berufen, und jeder meint, er sei im alleinigen Besitz der Wahrheit. Ich bin kein Theologe, aber mein Verstand und mein Gefühl sagen mir, daß man mit einer Kirche ein Zeichen setzt, ganz gleich welcher Konfession, daß der Geist über der Materie steht. Ein Mensch, der eine Kirche schafft, drückt damit seine Überzeugung aus, daß die Geschichte der Menschheit ein sinnvolles Ende nimmt. Mehr will ich zu diesem Thema nicht sagen, denn jeder soll sich dazu seinen eigenen Gedanken machen.
Jedenfalls wollte ich eine Kirche bauen, aber wie bringt man einen noch so guten Gedanken ins Stadium seiner Verwirklichung? Hier bot es sich an, auf die geistige Geburt Bad Griesbachs in Rom zurückzugreifen. Wie gesagt, gibt es keine Stadt der Welt, wo die Architektur sich in derart perfektionierter Form darbietet, wo man mehr sehen und lernen kann. Als wir damals mit Reinhard Raffalt durch die Ewige Stadt wanderten, fiel mir auf, daß an beinahe jedem Platz eine Kirche steht. Das ist

nicht verwunderlich, denn in Rom gibt es für jeden Tag des Jahres eine Kirche. Sie gehören in dieser Stadt ganz selbstverständlich zum Alltag und sind mitten im Leben angesiedelt. Entsprechend finden Sie in Italien die Kirchen mitten unter den Wohn- und Geschäftshäusern. Bei uns ist das etwas anders, da stehen Kirchen häufig separiert, sind an besonderen Orten angesiedelt. Anscheinend können die Italiener im Göttlichen eher das Alltägliche erkennen als wir, die wir es gerne auf ein besonders hohes Podest erheben. Ich weiß noch, wie wir auf der Piazza Navonna saßen und diese Gedanken durchspielten. Wir wollten, an das zukünftige Bad Griesbach denkend, eine Kirche, die mitten unter den anderen Häusern steht, wie in Italien üblich. So wurde der erste Standort festgelegt: der Kurplatz, der größte Platz des neu zu schaffenden Ortes.
Die Realisierung dieser „römischen" Vorstellung schien anfangs undenkbar. Die ersten Signale, die ich vom Bischöflichen Ordinariat in Passau bekam, waren eindeutig negativ. So ist im Lauf der Jahre auch der Standort der gedachten Kirche immer weiter in Richtung Ortseingang gerutscht, denn für den Kurplatz gab es nicht einmal die Idee der dafür erforderlichen finanziellen Mittel. Insofern sollte sich die römische Variante einer Kirche mitten unter den anderen Häusern, nicht realisieren. Überhaupt dauert es von 1975 bis 1992, bis sich die reine Vorstellung in Form eines ganz realen Kirchengebäudes konkretisierte.
In Rom hatte man vor jedem Kirchenbau zunächst ein Modell in Kleinformat geschaffen. Bei uns entwickelte sich dies auch so, allerdings rein zufällig, denn während einer Sitzung begann Alexander von Branca auf einmal zu zeichnen, und es entstand der Entwurf einer kleinen Kapelle. Als Standort wählten wir die höchste Erhebung in Bad Griesbach, und dorthin bauten wir auch die Stephanus-Kapelle nach den Plänen von Alexander von Branca, der mir die Planung übrigens schenkte. Die Kapelle wurde so konstruiert, wie sie nach meiner Ansicht immer gebaut werden müßten, nämlich als deutliches Zeichen zwischen den ganzen Profanbauten, wie ein Pflock zwischen den Hotels. Ein kleiner Weg führt entlang dem König Ludwig zur Kapelle hin, die einen schönen Abschluß für diesen Pfad bildet. Der dadurch entstehende neue Raum ist ja immerhin das Ziel einer jeden guten Architektur. Manche wollten die Kapelle lieber niedriger bauen, damit mehr Menschen darin Platz fänden, aber ich denke, darum geht es nicht eigentlich. Wesentlich ist doch das deutliche Zeichen. Wenn eine Kapelle ein Bild für das Göttliche darstellen soll, so muß sie die übrigen Gebäude überragen, aber auch die Natur, genauso wie das Göttliche alles überragt.

Bau der Stephanuskapelle (Januar 1983)

Zur Erstellung dieser Kirche gründete ich einen Verein, dem aber mit mir nur sieben Leute beitraten. Wenn ich es genau nehme, hat sich außer mir niemand so richtig um die Kapelle gekümmert. Ich mußte verschiedene Bauhandwerker bitten, ein Scherflein beizutragen, und so konnte der Bau entstehen. Ich wollte gerne von der katholischen Kirche bzw. dem Ordinariat einen Altar bekommen, aber dies war leider nicht möglich. Überhaupt erwies sich die Kooperation der Kirchen als miserabel. Nicht einmal meiner Bitte, einen Namensvorschlag zu unterbreiten, kam man von dieser Seite nach. Alexander von Branca kam auf den Heiligen Stephanus, welcher der Donauheilige ist. Sein Feiertag ist der 2. Weihnachtsfeiertag. Die Legende berichtet, daß der heilige Stephanus wegen seines Glaubens gesteinigt wurde, im Sterben aber den Himmel offen sah. Ein wunderschönes Bild, denn wer würde nicht selbst gerne den Himmel offen sehen.

Nachdem die Kirchen sich zurückhielten, aber jede Kapelle nun einmal einen Altar braucht, kümmerte ich mich selbst um seine Schaffung. Eigentlich kam dafür nur Joseph Michael Neustifter, genannt Bepperl, in Frage, mit dem ich damals schon persönlichen Kontakt hatte. Inzwischen hat er sich übrigens zu einem sehr renommierten Bildhauer entwickelt. Zunächst schreckten mich die Kosten, denn im Jahr 1984 kostete ein

Altar 100.000 DM, was damals wesentlich mehr Geld bedeutete als jetzt. Heute bin ich froh, daß ich mich dennoch zu diesem Schritt entschloß, denn die unzähligen Besucher der Kapelle rechtfertigen die enorme Ausgabe. Bepperl hatte die Idee, den Altar in Form einer „Monstranz" zu bauen, das bedeutet „das, was gezeigt werden muß". Entsprechend zeigt der Sockel Episoden aus dem Alten Testament, während die Monstranz selber über die Heilsgeschichte erzählt. Wenn man sich die Zeit nimmt, kann man viele wunderschöne Details entdecken. Unter anderem wurde auch ich verewigt, auf der linken Seite finden Sie mich als einerseits Engel, andererseits Teufel dargestellt. Dieser Aspekt ist sehr interessant, denn jeder Mensch hat sowohl das Gute wie das Böse in sich.

Hochaltar der Stephanuskapelle

Sowohl das Altar- als auch das Marienbild wurden von Hermann Eller geschaffen. Die Stühle, eine Kombination aus Sitzstuhl und Gebetsschemel, hat übrigens Alexander von Branca nach italienischen Vorbildern entworfen. Das einzige, was ich an dieser Kapelle bedaure, ist meinen mangelnden Mut, an der Decke einen bayerischen Himmel entstehen zu lassen. Denn statt der Holzdecke war ursprünglich eine Kuppel vorgesehen, die ausgemalt werden sollte. Jedoch vergesse ich diese Idee keinesfalls, denn erst wenn man dort einen Himmel bestaunen kann, ist es die perfekte Stephanus-Kapelle, denn erst dann wäre der Himmel offen.
Da ich allerdings von den Kirchen beider Konfessionen sehr stiefmütterlich behandelt wurde, kam es zu keiner Einweihung seitens der örtlichen Geistlichkeit. Das übernahm statt dessen Domkapitular Kufner, ein Nennonkel meiner Frau und ein sehr tatkräftiger und mutiger Mann. Aber ob ich die Anerkennung der Kirchen erhalte oder nicht, spielte für meine Überlegungen keine Rolle. Erst bei der Nutzung der Kapelle ergab

sich dann eine bessere Zusammenarbeit. Das kann aber auch daran gelegen haben, daß der damalige Ortsgeistliche der katholischen Kirche in Griesbach versetzt wurde. Ich hatte mehrmals den Verdacht, daß er eine gewisse Eifersucht bezüglich unserer neuen Kirche hegte.
Damals hatte man auch von kirchlicher Seite versucht, mir den Gedanken, eine Kirche zu errichten, mit dem Argument der fehlenden Geistlichkeit auszutreiben. Ich hätte notfalls so reagiert, selbst einen geistlichen Betreuer einzustellen. Und ich wollte mich weder von der Kirche noch von dem damaligen Bürgermeister von meiner Idee abhalten lassen, in Bad Griesbach eine Kirche zu errichten. Die vielen Eintragungen in dem in der Kapelle aufgelegten Buch zeigen ja auch, wie groß die Frömmigkeit und Gläubigkeit der Bevölkerung doch noch ist, auch wenn man manchmal einen anderen Eindruck gewinnen könnte. Nein, ich war überzeugt, daß viele Gäste das Bedürfnis nach einer Kirche haben und ließ mich von der Idee nicht abbringen, auch wenn die Existenz der Kapelle sozusagen einen kleinen Schritt in die richtige Richtung bedeutete, aber eben nur einen Schritt.
Und die Bad Griesbacher Kirche sollte sich realisieren lassen, wenn auch total anders als gedacht. Überraschend kam der neue Griesbacher Ka plan zu mir und meinte: „Du, der Bischof hat Geld übrig, und es besteht die Bereitschaft, eine Kirche in Bad Griesbach zu bauen." Ich fuhr natürlich sofort zu Bischof Antonius nach Passau und konnte feststellen, daß sich der Sinneswandel darin gründete, daß man bei uns ein geistiges Zentrum errichten wollte. Sehr schnell kam zusätzlich die Idee auf, die evangelische Kirche auch mit einzubeziehen. Dann begann leider eine unerquickliche Zeit, denn die Kirche wurde zwar realisiert, aber nicht so, wie ich mir das gewünscht hatte.
Zunächst hatten beide Kirchen den Wunsch, jeweils einen eigenen Kirchenbau zu errichten, allerdings unter einem Dach. Ich erinnere mich an Diskussionen über zwei Kirchtürme oder zwei Eingänge. Da konnte ich nur mehr den Kopf schütteln. Schließlich besprach man die Idee, den Eingang und den Vorraum gemeinsam zu nutzen, dann zwischen beiden Kirchen eine Mauer zu ziehen. Ironisch schlug ich vor, zumindest ein Fenster mit einzubauen, damit man einander sehen könne. Es existierte von mir auch noch der Entwurf eines Bauherrenmodells für zwei Kirchen, in der Tat eine amüsante juristische Konstruktion. Als Mann der Tat und der Praxis kürzte ich schließlich die Diskussionen ab mit der Frage, wieviel Geld eigentlich zur Verfügung stünde. Nachdem ich den Betrag erfuhr, erklärte ich, daß das Geld nie ausreichen werde, sämtliche hochfliegenden Pläne zu realisieren. Tatsächlich schrumpfte der groß ausge-

dachte Bau mit zwei Kirchen mangels ausreichender finanzieller Mittel auf eine Kirche mit zwei kleinen Kapellen zusammen.
Mein Beitrag zum Kirchenbau sollte die kostenlose Spende des benötigten Grundstücks, dazu noch eine größere Geldspende sein. Dabei beging ich den Fehler, das Grundstück auf die Kirche zu übertragen, ohne irgendwelche Bedingungen und Auflagen daran zu knüpfen. Das hätte ich nicht tun sollen. Alexander von Branca war zwar als Architekt gewonnen, und damit glaubte ich die architektonische Qualität als gesichert. Aber ich täuschte mich, denn letztlich hat ein Schüler von Branca die Kirche errichtet, und ich bezweifle, daß Alexander von Branca intensiv an dem Entwurf mitgearbeitet hat, denn die von ihm gestalteten Kirchen sind wesentlich mutiger als die Bad Griesbacher Variante. Ich hatte mir immer ein Gebäude vorgestellt, welches die Stephanus-Kapelle bei weitem übertrifft, die weit ins Land hinaus sieht und die umliegenden Gebäude wie das Hotel Maximilian und den Passauer Wolf deutlich überragt. Ich wollte, daß bereits am Ortseingang ein deutliches Zeichen für die Gesinnung des Erbauers von Bad Griesbach gesetzt wird. Aber so kam es bedauerlicherweise nicht. Das Gebäude duckt sich und ordnet sich den Profanbauten unter. Das hat nach meiner Auffassung nichts mit mutiger Architektur zu tun.
Aber nun steht die Kirche, und ich bin letztlich froh, daß wir sie endlich haben. Die Gäste besuchen sie gerne, und dies allein ist am Ende maßgebend und entscheidend. Ärgerlich war allerdings, daß die Kirche den Bebauungsplan in keinster Weise einhielt, denn sie verfügt über keine Stellplätze. Damit konterkariert sie das Konzept unseres Kurortes, wo Wert auf Autofreiheit gelegt wird. Dies empfinde ich als eine Rücksichtslosigkeit, wie man sie gerade seitens der Kirchen nicht erwartet hätte. Entsprechend zog ich mich von diesem Projekt zurück und ließ dafür der Pfarrkirche in Griesbach eine größere Spende zukommen, denn dort wurde gerade renoviert. Die Bad Griesbacher Kirche wird jetzt gemeinsam von dem evangelischen Geistlichen in Griesbach und von katholischen Pfarrer aus Karpfham betreut, denn Bad Griesbach gehört zur Pfarrgemeinde Karpfham.
Bei der Grundsteinlegung allerdings konnte ich mich nicht mehr zurückhalten und machte meiner Verärgerung Luft. Mit dem Dekan hatte ich bereits eine merkwürdige Erfahrung hinter mir, denn er hatte mir bei der Stephanus-Kapelle vorschreiben wollen, wer diese betreten dürfe und wer nicht. Ich lehnte dies ab, denn eine Kirche steht jedermann offen. Spaßeshalber meinte ich zu ihm, wir könnten per Vertrag doch nicht den Heiligen Geist aus einer Kirche ausschließen. Das Verhältnis zu den Kirchen,

vor allem zur evangelischen, war denkbar miserabel. Ich mußte einigen Spott ertragen, denn das von mir reservierte Grundstück war nur für eine Kirche gedacht gewesen, und nun mußten zwei darauf Platz finden, eine von mir nicht vorhersehbare Situation. Ich erklärte, daß nach bayerischer Tradition nur eine katholische Kirche geplant war, und schlug der evangelischen Kirche vor, sich ganz aus dem Projekt zurückzuziehen, was sie dann aber doch nicht machte. Wenn ich diese Angelegenheit zu Papier bringe, steigt wieder Groll in mir auf, denn ich hatte wirklich vor, viel für diese Kirche zu tun. Ich wollte mich um die Erstellung der Parkplätze kümmern, aber das wurde von den Kirchen ausgeschlagen, mit dem Erfolg, daß die Autos bei größeren Veranstaltungen auf den Wiesen stehen. Anscheinend war man der Überzeugung, als Kirche brauche man sich an keine Regeln zu halten.
Als bei der Grundsteinlegung der Dekan davon sprach, daß er bei der Entstehung dieser Kirche das Wirken des Heiligen Geistes erkannt zu haben glaubte, antwortete ich in meiner Rede, daß es sich zwar um eine ökumenische, aber letztlich doch eher ökonomische Kirche handle, weil nur der Geldmangel dazu geführt habe, ein gemeinsames Bauwerk zu errichten. Wenn mir etwas über die Hutschnur geht, so ist das Unehrlichkeit. Die Gäste, die bei der Veranstaltung anwesend waren, applaudierten mir.
Bei der Einweihung gab es dann noch einen Eklat. Eigentlich ist es eine selbstverständliche Geste, dort die Feier auszurichten, wo man Hilfen erhalten hat. Ich hatte immerhin einiges für die Kirche getan, sogar meinen Grund dafür hergeschenkt. Aber anstatt in eines meiner Hotels ging man nach der Kirchweihe nach Schwaim, was ich als indiskutabel ansehe. Ein Affront, über dem ich allerdings stehe. Was nicht heißt, daß man ihn unerwähnt lassen soll.
Trotz alledem freue ich mich natürlich, wenn viele Leute in die Kirche gehen und dort ihren Seelenfrieden finden.

Viele Künstler – viele Bilder

Wie bei dem Kapitel über die Kirche und Kapelle in Bad Griesbach bereits anklang, spielten meine Kontakte zu Künstlern eine gewisse Rolle. Nun lag ein Hang zum Künstlertum weiß Gott nicht in meiner Wiege. Daß ich mich dennoch zu einem begeisterten Bildersammler entwickelte, verdanke ich eigentlich einem Zufall. Natürlich war ich in der Schule darauf getrimmt worden, Bildbeschreibungen abzuliefern,

aber daraus hatte sich kein echtes Verhältnis zur Malerei ergeben. Bis etwa 1976/77 nahm ich Bilder eigentlich kaum wahr, sah sie zwar an, aber sah wiederum – ehrlich gesagt – nichts. Das sollte sich komplett ändern.
Eines Tages rief mich der Rektor der Griesbacher Volksschule, Heini Karl, an, seines Zeichens begeisterter Maler, und lud mich zu einer Ausstellung von Herbert Schneider ein. Ich wollte nicht kommen, denn ich verstand wie gesagt nichts von Bildern. Aber der Rektor sorgte sich eher darum, daß Schneider bis zu jenem Zeitpunkt noch kein einziges Bild verkauft hatte. Er erwartete also, daß ich in die Bresche spränge. Die Bilder des gebürtigen Griesbachers waren zweidimensional angelegt, sahen den Menschen eingespannt zwischen Himmel und Erde, was eine sehr schöne Vorstellung beinhaltet. Ich folgte also der Einladung und kaufte einige Bilder. Dies war der Beginn einer großen Sammlung.
Nachdem ich mich gleich beim ersten Mal als so willig herausstellte, sah Heini Karl sozusagen ein „Opfer" in mir, welches er für seine Interessen durchaus bewegen könne. Er selbst hatte sehr gute Kontakte zu der Münchner Sezession, die wie jede andere auch Probleme hat, ihre Werke zu verkaufen und von ihrer künstlerischen Arbeit zu leben. Insofern animierte Heini mich, etwas für die Künstler zu tun. Ich stellte den Turm am Blumenhof den Malern der Münchner Sezession zur Verfügung, sozusagen als Kleinausgabe der Villa Massimo. Dadurch kam eine Reihe von Künstlern nach Griesbach, mit denen ich eine gute Verbindung aufbauen konnte. Selbstverständlich erwarb ich von ihnen auch einige Kunstwerke, die Sie in meinen Hotels besichtigen können.
An zwei dieser Künstler erinnere ich mich besonders gern: Werner Glich und Albin Sättler. Einmal brachte ich Werner Glich zum Karpfhamer Bahnhof, der damals – und ich befürchte: noch heute – einen gewissen Eindruck von ostanatolischen Zuständen vermittelte. Es regnete in Strömen. Da stand Glich seelenruhig mit seinem Rucksack auf der Schulter, blickte ins heranziehende Gewitter und erklärte mir voll Begeisterung die unterschiedlichen Violett-Töne am Himmel. Ich sah natürlich nichts, ich war nur daran interessiert, daß der Zug baldmöglichst kommt, damit ich vor dem Regen in den Wagen flüchten konnte. Trotz meines mangelnden Verständnisses erwies sich unsere Begegnung als von einiger Bedeutung für Glich, denn ich tat viel für seinen Erfolg. Anläßlich einer Ausstellung in Griesbach konnte er viele seiner Werke verkaufen und sogar die Aufmerksamkeit der Bayerischen Staatsregierung erregen, die ja für jeden Künstler eine höchst interessante, da solvente potentielle Auftraggeberin darstellt.

Glich gilt als Colorist, das bedeutet, daß für ihn die Farbe absolut im Vordergrund steht. Ich schätze die Fröhlichkeit seiner Farben, die allerdings eine deutliche, distanzierte Kühle aufweisen. Der andere Künstler, Albin Sättler, konzentriert sich auf die haargenaue Kopie der Realität und hat sich auf Portraits spezialisiert. Ich gab bei ihm einige Bilder in Auftrag, die Sie in den Hotels bewundern können. Ein sehr interessantes Bild ist nach meiner Ansicht das eines Bauern, der ein Golfbag an seiner Seite hat; der Gegensatz von Landwirtschaft und Golf kommt dabei sehr gut zum Ausdruck. Jedenfalls kaufte ich zunächst Bilder oder gab sie in Auftrag, wie es sich gerade so ergab, ohne irgendeinen Erwerbs- oder Kunstsinn. Ich entsprach mit meinem Verhalten auch immerhin deutlichen Erwartungen seitens der Maler, die mich gerne auf Vernissagen einluden, um ihre Werke an den Mann zu bringen.
Freilich stellt sich die Qualität eines Bildes für mich erst nach vielen Jahren heraus. An manchen Gemälden sieht man sich sozusagen ab, bei anderen wieder entdeckt man noch nach langer Zeit immer wieder ein neues Detail. Ich gebe offen zu, daß ich von Malerei eigentlich nichts verstehe, aber nach immerhin 20 Jahren Beschäftigung mit diesem Metier hat sich auch bei mir ein ganz eigener Geschmack herausgebildet. Natürlich ist immer entscheidend, gefällt einem ein Bild oder gefällt es eben nicht. Die ganzen abstrakten Bildbeschreibungen sind, so glaube ich, auf gut bayerisch „für die Katz'“. Bilder sind immer Fenster zur Welt, nämlich in dem Sinne, daß man die Welt mit den Augen des jeweiligen Künstlers sieht. In diesem Sinn konnte und kann selbst ein Laie wie ich eine wichtige Lehre aus der Malerei ziehen, denn man lernt, ganz genau hinzusehen. Das Schauen, Betrachten, das genaue Hinsehen sind nämlich der erste Schritt zur Erkenntnis. Gerade für meinen beruflichen Werdegang war diese Eigenschaft von erheblicher Bedeutung, denn wenn Sie im Geschäftsleben Erfolg haben wollen, darf Ihnen eines niemals passieren: niemand darf Ihnen „die Augen auswischen“!
Eine ganz persönliche Beziehung entwickelte sich mit Hermann Eller, der unter anderem das Altar- und das Marienbild in der Stephanus-Kapelle gemalt hat. Auch privat erwarb ich jede Menge Bilder von ihm, darunter auch ein besonders gut gelungenes Portrait von meiner Frau. Ein Besuch in seinem Atelier im Blumenhof ist immer ein ganz besonderer Genuß. Vor allem, wenn am Nachmittag seine Frau, die „Mam“, wie er sie nennt, Kaffee kocht und Kuchen mit Schlagrahm bringt.
Ich habe bereits von einem Nachbarn meiner Kindertage erzählt, vom Gerleigner Schosl, seines Zeichens Gastwirt und Metzger, der eine ganz eigene Kombination von extremer Sensibilität und beruflich notwendi-

ger Brutalität aufwies. Als Hermann Eller ihn portraitieren wollte, erschien der Schosl – wie er dachte, es gehöre sich so – im schwarzen Anzug mit Krawatte. Allerdings mußte er sich mehrere Stockwerke zum Atelier hinauf bemühen, was ihn aufgrund seiner Leibesfülle nicht leicht ankam, so daß er beim Maler vollkommen außer Atem und verschwitzt erschien. Folglich entledigte er sich seines Sakkos und seiner Krawatte und wurde genauso von Eller gemalt.
Bilder sind wie Lebewesen. Man kann sie sehen, aber auch einfach übersehen, man kann sie unter den unterschiedlichsten Aspekten betrachten und immer wieder Neues in ihnen entdecken. Manchmal sieht man sich an ihnen ab, dann halten sie nicht, was sie zu Anfang versprachen, sie sind ein „Hingucker", nicht mehr. Bei anderen entwickelt es sich genau umgekehrt, da braucht man Zeit und Muße, ihre ganz eigene Qualität zu entdecken. In jedem Fall lebt man mit den Bildern, nimmt ihre Ausstrahlung, ihre Atmosphäre bewußt oder unbewußt in sich auf. Genau in diesem Punkt sehe ich einen Zusammenhang mit dem Göttlichen. Wie ist es sonst erklärbar, daß manche Gemälde über Jahrhunderte oder gar Jahrtausende ihre Wirkung behalten? Ihre Schönheit, ihr besonderer Ausdruck überdauert die Zeiten und die Moden, also muß ihnen etwas innewohnen, das göttliche Qualität hat. Das ist für mich auch die Erklärung dafür, worin der Unterschied zwischen großer und kleiner Kunst besteht. Die Münchner Schule schätzte ich immer hoch ein, aber leider kaufte ich nie ein Bild, vielleicht weil ich zu geizig dafür bin. Auch hat man mir niemals ein Bild der Münchner Schule, z. B. von Cobell oder Kaufmann geschenkt. Vielleicht ein dezenter Hinweis für jene, die immer wieder jammern, sie wissen nicht, was sie mir schenken sollen. Man soll mich halt fragen, ich weiß schon sehr genau, was ich gerne hätte.
Zum Beispiel habe ich einen Faible für Bilder von Schiffen. Es mag seltsam klingen, aber so ein Segelschiff auf hoher See hat für mich etwas Faszinierendes. Vielleicht hat dies etwas mit der gegenseitigen Affinität der Hamburger und Bayern zu tun. Es kann aber auch sein, daß ein Schiff in stürmischer See quasi ein Bild vom eigenen Leben darstellt. Eine Vorstellung, die mir gefällt, denn sie beinhaltet sowohl die Möglichkeit, sich ans Ruder zu stellen und dem Ganzen eine Richtung zu verleihen als auch die Einsicht in die Unabänderlichkeit der Stürme und Gezeiten, wo man gut beraten ist, sich besser zu fügen. Ein Bild in dieser Art, mit dieser Aussage zu erwerben, gönnte ich mir bisher noch nicht.
Eigentlich habe ich noch nie Bilder aus Kalkül gekauft, im Sinne einer Investition, die möglichst bald Rendite abwerfen soll. Ich gehe statt dessen eher nach meinem Empfinden, kaufe das Gemälde, das ich als

schön ansehe, das mir einfach gut gefällt. Ich persönlich habe kein Interesse am Handel mit Bildern, der Wertzuwachs eines Gemäldes beeinflußt mein Verhältnis zu einem Bild nicht. Aber ich möchte doch die Künstler fördern helfen, die schöne Werke schaffen. Deshalb gründete ich einen Fond, in den ich jedes Jahr einen bestimmten Betrag fließen lasse. Ich weiß nämlich, daß sehr viele Künstler am Existenzminimum leben müssen. Der Verwalter des Fonds kauft dann jedes Jahr Bilder für mich. In diesem speziellen Fall ist mein Geschmack da weniger entscheidend, sondern es kommt mehr auf die Unterstützung der Maler an. Mit der abstrakten modernen Gestaltung habe ich naturgemäß wenig am Hut, aber deswegen kann man dennoch so einem Bild durchaus eine Chance geben. Wenn ich beispielsweise sage, daß ich mit einem Teil der Malerei überhaupt nichts anfangen kann, dann spreche ich natürlich auch von der ganz normalen Beschränktheit eines in einer bestimmten Epoche lebenden, mit einem sehr persönlichen Geschmack ausgestatteten Individuums. Entscheidend ist für mich die Förderung des dahinter steckenden Geistes, denn Kunst ist ja jenseits des Materiellen vor allem Ausdruck des Immateriellen, des Geistes. Für welche Art der Gestaltung man auch immer einen Faible entwickeln mag, es besteht doch immer die Chance, die Welt aus den Augen des Künstlers zu sehen, welches der eigenen Sicht, dem eigenen Blick mehr Schärfe, mehr Differenzierungsvermögen verleiht. Selbstverständlich unternahm ich auch einiges, um meinen Geschmack zu bilden. Seit Jahrzehnten lese ich regelmäßig Kunstzeitschriften und setze mich mit den verschiedenen Stilrichtungen auseinander, denn guter Geschmack wird selten angeboren, muß meist erst erworben werden.

In jedem Fall schärft die Auseinandersetzung mit der Malerei den Blick. Versuchen Sie doch einmal, unter diesem Gesichtspunkt eine Landschaft zu sehen. Wenn Sie sich auf eine sehr genaue Betrachtung einlassen, werden Sie erkennen, daß grün nicht gleich grün ist, das Blau des Himmels nicht gleich blau. Die unterschiedlichsten Schattierungen aller Farben, ihre mannigfaltigen Kombinationen, die verschiedensten Konturen, Formen, Formationen, alles steht zur Verfügung, man muß es nur richtig sehen lernen. Man wird, wenn man seinen Blick schärft, reich beschenkt. Und da alles ungeteilt ist, profitiert man daraus auch für sein berufliches Leben.

In den letzten Jahren ist wegen meiner starken persönlichen, aber auch beruflichen Affinität zum Golfspiel auch bezüglich meiner Bildersammlung eine ganz neue Richtung zusätzlich dazugekommen, nämlich Ge-

mälde, die sich mit dem Golfspieler, seinen Utensilien und vor allem der Landschaft eines Golfplatzes beschäftigen. Vor allem anläßlich verschiedener Reisen nach England, Irland und Schottland, den Ursprungsländern des Golfspiels, fielen mir die mannigfaltigen Darstellungen auf, welche sich mit dem Thema auseinandersetzen. Folglich habe ich verschiedene mir bekannte Maler beauftragt, entsprechende Bilder zu schaffen. Es ist erstaunlich, wie jemand, der nicht selbst Golf spielt, derart schnell in der Lage ist, das Wesentliche dieses Sportes zu erfassen, sei es in der Darstellung einer Golflandschaft oder in der präzisen Wiedergabe der dem Golfer typischen Körperhaltung. Natürlich kommen auch unfreiwillig komische Dinge heraus, wie zum Beispiel ein Stilleben, auf dem ein Igel zwischen den Schlägern herumkrabbelt. Aber wenn ein Golfer vom Igel spricht, meint er den Eagle (aus dem Englischen eagle, d. h. Adler), über den man sich freut, wenn man für ein Loch zwei Schläge weniger benötigt, als das Par verlangt.
Jedenfalls ist die Anzahl der von mir erworbenen Bilder im Laufe der Jahre kontinuierlich gestiegen, so daß ich bis heute zwischen 500 und 600 Exemplare in meinen verschiedenen Hotels sowie in meinem Privathaus hängen habe. Durch die Auswahl der Maler und der Bilderthematik versuchte ich, den Hotels auch jeweils ein typisches Gepräge zu verleihen. Und ich habe vor, in dieser Richtung auch künftig offen und nicht untätig zu sein, für ein gutes Bild finde ich immer einen Platz. Zum Beispiel schloß ich einen Vertrag mit Glich, der seinen künstlerischen Nachlaß gerne möglichst komplett in einer kompetenten Hand sehen will. Ich habe dabei wiederum den Vorteil, viele Bilder von einem sehr guten Maler zu erhalten, die einem Haus sein Gepräge verschaffen können. Vor allem die Richtung der Golfdarstellungen möchte ich noch ausbauen, damit auch der Kunstbetrachter einen Eindruck von dem faszinierenden Ambiente dieses besonderen Sports erhält.
Mit diesem Verfahren hoffe ich, sozusagen mehrere Fliegen mit einer Klappe zu schlagen. Zum einen geschieht dann eine Förderung der Kunst und somit des Geistes, zum zweiten wird den Künstlern geholfen, die oftmals wirklich Not leiden, zum dritten finden Motive eine Verbreitung, die womöglich animieren, Bad Griesbach zu besuchen und schließlich zum vierten verleiht die Betrachtung eines Bildes dem jeweiligen Betrachter Ruhe und Muße, was ja bekanntlich die Gesundheit fördert. Und das wollen wir bei allem anderen keinesfalls vergessen: die Förderung der Gesundheit, die Sorge um das Wohlbefinden des Gastes ist die hauptsächliche Aufgabe unseres Kurortes Bad Griesbach.

Auf Ihre Gesundheit

In diesem Zusammenhang gehe ich gerne auf die häufig gestellte Frage nach der Qualität und Heilkraft des Thermalwassers ein. Da eigentlich alle Gäste die Thermalbäder frequentieren, ist zunächst einmal die Qualität des Wassers in den Becken wichtig. Ganz grundsätzlich geht Hygiene vor Quellgut. Wenn allerdings das Wasser im Bewegungsbecken in erster Linie hygienisch sein soll, gehen dabei seine Schwefel- und Eisenanteile verloren, aber es hat ständig Trinkwasserqualität.
Die Schwimmbecken funktionieren recht einfach, nämlich durch das Verdrängen des Wassers. Wenn ein Schwimmer ins Becken geht, fließt das verdrängte Wasser oben weg. Pro Badegast werden etwa 180 Liter Frischwasser zugesetzt. Im Normalfall wird das Wasser eines Beckens alle sechs Stunden umgewälzt, wobei ein Teil wieder aufbereitet wird. Bei sehr starker Frequenz kann die Umwälzung aber auch alle vier Stunden geschehen. Das verdrängte Wasser fließt in den Kanal und wird von dort in die Rott eingeleitet. Da der Fluß zwischen 3.000 und 5.000 Liter pro Sekunde führt, wir aber nur 12 l/sec einleiten, entsteht durch das Thermalwasser kein Schaden. Diese Frage mußte übrigens per Gutachten untersucht werden, ob sich die Zuleitung des Thermalwassers nicht negativ auf die Umwelt, insbesondere den Fischbestand in der Rott auswirkt. Aber Sie können sich vorstellen, daß solch geringe Mengen wohl kaum Schaden verursachen können.
Die Wasserqualität wird ständig kontrolliert, was schließlich in unserem ureigensten Interesse liegt, denn wir wollen natürlich allen Badegästen allererste Qualität bieten. Die Wasseraufbereitung geschieht mit Ozon. Ganz ohne Chlor kommen wir auch nicht aus, aber der Gast soll es nicht riechen müssen. Unsere Badewasseraufbereitung wird durch die Anwendung modernster Technik gewährleistet. Ein absoluter Pionier auf diesem Gebiet ist Dr. Eichelsdörfer, der uns die erforderlichen Unterlagen lieferte, unsere Anlagen betreute und für ihre Optimierung und bestmögliche Effizienz sorgte.
Dr. Eichelsdörfer war eine internationale Kapazität und entsprechend in der ganzen Welt zu Hause. Hin und wieder besuchte er uns und brachte ganze Delegationen mit. Zu der Zeit, als der Kommunismus noch in Amt und Würden war, brachte er Minister aus Rußland und Rumänien als Gäste hierher, denen wir unsere Anlagen präsentieren sollten. Die anschließenden Abendessen erwiesen sich als teilweise sehr anstrengend, denn es mußte hin und her übersetzt werden, und ständig waren Aufpasser präsent. Wieviel Angst damals noch herrsch-

te, zeigte uns eine Episode. Ein Mitglied einer 30köpfigen Delegation aus Rußland erlitt einen Kreislaufkollaps. Die übrigen Russen vergaßen ihn und unternahmen eine Rundreise. Als der Kranke wieder fit war, verfiel er fast der Hysterie, denn er befürchtete, man könne seine Nicht-Anwesenheit bei der Busreise als Fluchtversuch auslegen, und er befürchtete schlimmste Repressalien. Ich hatte noch niemals Sympathie mit einem Unrechtssystem, das die Menschen derart in Furcht und Schrecken versetzt. Aber nach diesem Exkurs wieder zurück zu den Quellen.

Ich bin in der überaus glücklichen Lage, Thermalwasser gefunden zu haben, welches gleichzeitig Mineralwasser ist, und meine Quellen befinden sich in einem sehr wasserreichen Gebiet. Ich könnte potentiell etwa 37.000 Gäste mit dem Wasser versorgen, was ich keinesfalls anstrebe, noch nie angestrebt habe. Die Kapazität von Bad Griesbach bleibt wie sie momentan ist, wir wollen uns nicht zu Tode wachsen und den Charme unseres Kurortes zerstören. Die Größe unserer Quellen ist natürlich eine ganz wesentliche Frage, da sie die Basis für Bad Griesbach darstellen. Hier kann ich Gott sei Dank sagen, daß wir nur einen kleinen Teil der potentiellen Wassermenge nutzen, und die Quellen wachsen sozusagen nach, werden durch Sickerwasser gespeist.

Die andere Frage von zentraler Bedeutung handelt von der Heilkraft und Heilwirkung der Quellen. Für jede Art von Heilwasser gibt es Aussagen darüber, gegen welche Erkrankungen die Quelle hilft und bei welchen Krankheiten man sie tunlichst nicht verwenden sollte, also Heilanzeigen und Gegenanzeigen, wie wir das aus den Beipackzetteln unserer Medikamente auch kennen. Die Quellen in Bad Griesbach eignen sich im weitesten Sinne zur Behandlung von Rheuma. Rheuma ist nun aber ein Oberbegriff für sehr viele Krankheitssymptome.

Seit Jahren verfolge ich die Veröffentlichungen der Presse zum Thema Gesundheit bzw. Krankheit natürlich mit besonderem Interesse. Dabei stellte ich fest, daß es auch bezüglich Krankheiten offensichtlich geradezu Modeerscheinungen gibt. Vor Jahren sprach alles von Rheuma, und jeder hatte es, momentan scheint die Osteoporose dagegen der Renner zu sein. Ich hoffe, Sie verstehen meine Verwunderung ob dieser merkwürdigen Erscheinungen, aber irgendwie glaubte ich immer, man fühlt sich krank oder gesund, man leidet unter Beschwerden oder ist topfit. So einfach scheint das gar nicht zu sein. Ob nämlich jemand krank ist oder nicht, das ist auch eine Frage der Definition. Ich habe Ihnen dieses Problem schon einmal anhand meines Cholesterinspiegels erläutert. Definiert man einen „normalen" Cholesterinspiegel mit 200 plus Lebensjahre, so habe ich mit meinem Wert 246 etwas zu wenig, da ich über 50

bin. Behauptet man jedoch, ein Cholesterinspiegel von 200 sei das Höchste der Gefühle, so bin ich von hier auf jetzt krank. Auf der Stelle würde so eine Definitionsveränderung auch den Bestand an Kranken womöglich um Millionen von Patienten erhöhen. Ich denke dagegen, daß es sehr auf die innere Einstellung ankommt und auf den gesunden Menschenverstand, der einem sagt, daß man sich lieber nicht verrückt machen soll. Sicherlich spielt bei der Heilkraft unserer Quellen eben auch die innere Einstellung der Patienten eine Rolle, welche die Wirkung fördern oder hindern kann, aber auch die allgemeine Lebensweise, die eben gesund oder ungesund sein kann. Die subjektive persönliche Sicht und Erfahrung ist in jedem Fall ein ganz essentieller Faktor. Aber dennoch läßt sich manches einfach messen, es gibt objektive Ergebnisse. Wenn man beispielsweise die Beweglichkeit der Gliedmaßen im Thermalwasser mißt und eine Steigerung der Beweglichkeit bei zunehmender Anwendung feststellt, so ist die Heilkraft einer Quelle bewiesen. In einigen Doktorarbeiten wurden solche Untersuchungen gemacht, welche die gesundheitsfördernde Wirkung unseres Thermalwasser in bezug auf den menschlichen Bewegungsapparat bewiesen.
Bezüglich der Trinkkuren machte man anhand vergleichender Versuche Erfahrungen über die Wirkungsweise unseres Mineralwassers, mit dem Ergebnis, daß sich eine abführende Wirkung herausstellte, die ebenfalls objektiv und beweisbar ist.
Aber der Mensch ist keine Maschine, und es gibt durchaus Erscheinungen und Eindrücke, die vielleicht im wissenschaftlichen Sinne nicht beweisfähig, aber dennoch existent sind. Über die Jahre sammelte ich Berichte von Gästen, die ihre ganz persönlichen Erfahrungen mit unserem Wasser gemacht haben. Dabei wurde häufig bestätigt, daß gewisse Leiden sich einfach gebessert hätten. Wir nehmen solche Aussagen zwar nicht als Beweise, aber doch als Hinweise auf weiter mögliche Heilwirkungen unseres Wassers. Denn wie die Gäste auch wollen wir uns nicht auf die meßbaren Dinge des Lebens beschränken, die den immensen Bereich des Subjektiven gar nicht berücksichtigen können. Und wer heilt, hat Recht.
Außerdem bin ich der Überzeugung, daß die Heilkraft eines Heilwassers während eines Kuraufenthaltes in Bad Griesbach nicht allein aus dem Wasser resultiert. Hier kommt ein ganzes Bündel von Faktoren zusammen, welche das persönliche Wohlbefinden verbessern. Zum einen ist man heraus aus seinem gewöhnlichen Alltag, kann sich von diesem wenigstens kurze Zeit distanzieren, Abstand gewinnen, sich Neuem zuwenden. Zu dieser Chance trägt die wunderbare Landschaft bei, die Be-

kanntschaft mit anderen Menschen, ein gutes Glas Wein, die Rundum-Versorgung in den Hotels, wo man einmal so richtig verwöhnt wird, die vielen Freizeitangebote, die ein Gespür der eigenen Lebendigkeit vermitteln. Freilich gehört ein entspannendes Bad in warmem Wasser auch dazu. Alle diese Bedingungen zusammen tragen sicherlich zur Verbesserung der Gesundheit bei, die letztlich wiederum nur zu einem kleinen Teil meßbar, eben insgesamt doch eine subjektive persönliche Erfahrung darstellt.

Wenn jemand wie ich einen Kurort aus dem Boden stampft, interessiert er sich natürlich besonders für die Frage, weshalb Menschen eine Kur benötigen. Manchmal ist die Beantwortung der Frage einfach, nämlich wenn es sich um einen Unfall- oder Chirurgie-Patienten handelt. Es erscheint durchaus sinnvoll, daß ein Mensch nach einem körperlichen Eingriff, sei es durch eine Operation oder einen Unfall, dem eine Operation folgte, ein paar Wochen Zeit und dabei die erforderliche Therapie und Pflege erhält, um seinen Zustand deutlich und meßbar zu verbessern.

Geht man zur Kur, ohne daß eine Operation vorausgegangen ist, will man seinen allgemeinen Gesundheitszustand verbessern. Wie weit das in ein paar Wochen möglich ist, soll hier nicht erörtert werden. Aber der Gedanke der Prävention taucht natürlich auf. Denn die Anforderungen an einen Kuraufenthalt wären unrealistisch hoch, wenn man es bei einem angeknaxten Gesundheitszustand bei ein paar Wochen Kur beließe. Erst wenn man seine Lebensgewohnheiten auch zu Hause umstellt, kann langfristig Erfolg erzielt werden. Für die Gesundheit ist nämlich nicht in erster Linie der Arzt, sondern der Patient selber verantwortlich. Der Einzelne muß sich gesundheitsbewußt verhalten, damit wenigstens ein Teil der Krankheiten vermieden werden. Aber gerade in Richtung Prävention und gesundheitsbewußtem Verhalten gibt es von uns eine Reihe von Angeboten für unsere Gäste, die es ihnen erleichtern, den Kuraufenthalt sozusagen auf das Zuhause zu erweitern.

Ein ganz wichtiger Faktor ist schon einmal die Distanz. Bei einem Kuraufenthalt spielt allein der Umstand, daß man eine größere Strecke von zu Hause entfernt ist, eine sehr positive Rolle. Die rein räumliche Entfernung läßt einen die Sorgen und Probleme schon wesentlich kleiner erscheinen, und einen Teil vergißt man ganz. Bezogen auf den Alltag unserer Gäste bedeutet dies: Abstand halten, den Dingen und dem eigenen Selbst genügend Raum lassen, Distanz bewahren. Hinzu kommen natürlich noch andere Faktoren, sei es ein angenehmes Hotelzimmer, die schöne Therme, ein freundlicher Masseur oder Krankengymnast, ein Arzt, der verständnisvoll auf die Probleme eingeht und eine gute Thera-

pie findet, ein guter Wein, das schöne Wetter, das Erlebnis der Natur während eines ausgedehnten Spaziergangs. Es spielt aber auch eine Rolle, daß man mit seinem Ehepartner einmal in Ruhe sprechen kann, daß man die Muße findet, ein Buch zu lesen, daß man sich einmal Zeit für sich selbst nimmt. Jeder findet für sich Dinge oder sucht Erfahrungen, die sich positiv auf einen selbst auswirken. Theoretisch könnte man all dies auch zu Hause tun, aber viel zu oft scheint anderes vorzugehen, der Beruf, die Hausarbeit, Menschen, die etwas von einem verlangen. Ein Kuraufenthalt stellt sicherlich eine so positive Erfahrung dar, daß man wenigstens ein wenig von den Erlebnissen und Erfahrungen mit nach Hause nimmt und in den persönlichen Alltag integriert.
Auch in sehr frühen Zeiten hat man solche Phänomene erfaßt, sie allerdings ganz anders interpretiert und bezeichnet. Ich bin nämlich der festen Überzeugung, daß unsere Vorfahren dies in dem Begriff des „Quellgeistes" eingefangen haben. Der Quellgeist war nicht nur definiert als die spezielle Wirkungsweise des jeweiligen Quellwassers. Selbst wenn man heute über die alte Sichtweise lächeln mag, steckt doch eine ganz profunde Kenntnis über die Besonderheit eines Ortes dahinter. Die Voraussetzung ist allerdings, daß man sich auf diese Wirkungsweise auch einläßt, sie nicht schon von vorne herein negiert und sich damit gegen die positive Energie sträubt. Der Geist herrscht an so einem Ort, man muß ihn nur lassen. Der genius loci herrscht auch in Bad Griesbach, wo sicherlich nicht das Thermalwasser allein für einen Heilerfolg zuständig ist, sondern der Geist, die Atmosphäre des gesamten Ortes machen die Heilung möglich.
Freilich ist eben auch die innere Einstellung eines Menschen dabei wichtig. Ich habe ein Erlebnis mit einem Bekannten in bester Erinnerung, den ich darauf ansprach, daß er blendend aussehe. Er bestätigte mir, daß alle seine medizinischen Werte hervorragend seien. Als ich ihm zu seinem phantastischen Gesundheitszustand gratulierte, erklärte er, daß er dafür aber auch etwas tue, indem er 48 verschiedene Tabletten pro Tag zu sich nehme. Ich bin zwar davon überzeugt, daß er ohne diese Medikamente genauso gesund gewesen wäre, aber er vertraute der Medizin mehr als seinem Körper, und infolge dieser Einstellung benötigte er die Tabletten wiederum doch. Es kommt halt doch wahnsinnig auf die subjektive Einstellung zu sich selbst, zur Umwelt und zum gesamten Leben an. Eine Rolle spielen auch die eigenen Wünsche. Wenn ich mich heute auf ein Golfspiel am nächsten Tag freue, und es regnet, dann werde ich wahrscheinlich unglücklich sein. Oder ich bin beim Wünschen einfach flexibler. Ich sage mir, wunderbar, dieser Regen,

heute finde ich endlich die Zeit, ein gutes Buch zu lesen oder liegengebliebene Arbeiten zu erledigen. Wenn ich nur stur auf der Erfüllung eines Wunsches beharre, der momentan nicht realisierbar ist, provoziere ich geradezu das Gefühl des Unglücklichseins. Unser Leben ist sozusagen wie eine Bühne, auf der wir die eigenen Entwürfe, Wünsche, Vorstellungen realisieren, die letztlich zum Glück oder Unglück führen. Beim Wünschen sollte man übrigens sowieso sehr vorsichtig sein, denn der Wunsch könnte sich erfüllen. Wenn man da kalt erwischt wird und nicht schon vorher sämtliche Wirkungen und Nebenwirkungen bedacht hat, kann dies nämlich ganz dumm ausgehen.

Insofern macht man es sich zu einfach, wenn man nur auf die Heilkraft eines Wassers sieht und die vielen anderen Faktoren vergißt, die ebenfalls zu Gesundheit und Glück führen. Freilich spielt auch das Heilwasser, ob man es nun trinkt oder darin badet, eine wichtige Rolle, dennoch sehe ich darin mehr das Eintrittsbillet für eben diesen Ort, an dem der Quellgeist herrscht und einem dabei hilft, die eigene geistige Einstellung ins Positive zu wenden. Die Gesundheit eines Menschen läßt sich nicht rein mechanistisch betrachten und messen. Bei einer Maschine ist es einfach, Ursache und Wirkung zu ergründen, zu sagen, wenn ich etwas Öl anwende, wenn ich einige Schrauben auswechsle, einen neuen Akku einbaue, dann funktioniert die Maschine wieder. So einfach läuft es bei uns Menschen nun auch wieder nicht, denn der Geist herrscht über die Materie, und die verschiedensten Faktoren, ob meßbar oder nicht, üben Einflüsse aus.

Machen Sie doch einmal einen einfachen Versuch. Jemand begegnet Ihnen, und Sie sagen: „Du siehst einfach wunderbar aus, Du strahlst ja förmlich.“ Dann wird dieser Jemand tatsächlich zu lächeln und zu strahlen beginnen, und sein Wohlbefinden wird in positiver Richtung beeinflußt sein. Wenn Sie dagegen jemanden darauf ansprechen, wie schlecht er aussehe, ob er denn krank sei, dann wird der so Angesprochene sein Innerstes nach irgendwelchen negativen Dingen ergründen und in dieser Richtung sicherlich etwas finden. Oft erhalten Sie dann zur Antwort: „Du hast Recht, ich fühle mich wirklich schrecklich angeschlagen.“ Für dieses Phänomen gibt es auch einen wissenschaftlichen Ausdruck: die sich selbst erfüllende Prophezeihung. Unser Geist beeinflußt nämlich unseren Körper über die Maßen, und sehr viele Krankheiten und Gefühle des Unwohlseins sind im psychosomatischen Bereich angesiedelt.

Selbst wenn man sich auf die zentrale Bedeutung des Heilwassers begrenzen ließe, kommen auch unter diesem Aspekt nicht meßbare Phänomene zum Vorschein. Wasser bedeutet nämlich nicht nur irgend

ein Vehíkel für bestimmte Mineralstoffe und eine bestimmte Temperatur, sondern hat eine ganz profunde Bedeutung für die gesamte Menschheit. Wasser bedeutet nämlich Leben, und zwar in allen Kulturen. Die Erklärung dafür ist relativ einfach, denn ohne Nahrung kann ein Mensch wochenlang auskommen, aber ohne Wasser nur sehr kurze Zeit. Wir bestehen ja schließlich auch zu über 80% aus dieser flüssigen Materie. Wasser spielt in allen Religionen eine fundamentale Rolle, wie im Christentum zum Beispiel die Taufe, dann das jüdische Taufbad oder das Bad der Hindus im Ganges, das Untertauchen der Zeugen Jehovas.
Auch in früheren Religionen z. B. bei den Griechen und Römern gab es spezielle Meeresgötter, die auf die große Bedeutung des Wassers als Lebensstoff hinweisen. Ob es sich nun um eine Quelle handelt, die aus der Erde sprudelt, um sich bewegende Flüsse oder stille Seen oder auch um tobende Meere, das Wasser hat die Menschen zu allen Zeiten fasziniert. Die Menschen haben aus der zwar weichen, aber auch steten, unablässig wirkenden, manchmal sogar todbringenden Macht des Wassers gelernt: panta rei, d. h. alles fließt, alles ist ständig in Bewegung, nur der Wandel bleibt beständig. Bei all diesen Religionen bedeutet eine Waschung nicht nur eine rein hygienische Angelegenheit, sondern steht zusätzlich und vor allem für die Reinigung der Seele, das Wegwaschen der Sünden, die Entfernung der schwarzen Flecken auf jedermanns Weste. Und das ist eine profunde Sicht der Dinge, denn wenn die Seele gereinigt und damit heil geworden ist, dann erst kann auch der Körper gesunden, heil, ganz werden.
Insofern hat die Wissenschaftlichkeit zwar auch ihre Berechtigung, aber eben auch ihre deutlichen Grenzen. Nicht umsonst waren in früheren Zeiten die Ärzte in erster Linie Priester und Seelsorger. Und nicht umsonst suchen heute so viele Menschen Hilfe nicht in der etablierten orthodoxen, sondern gerade auch in der alternativen, ganzheitlich orientierten Medizin. Aus all diesen Gründen und Überlegungen heraus möchte ich Bad Griesbach nicht auf sein heilendes Wasser reduziert sehen. Unser Kurort soll ein Platz sein, wo man sich wohl fühlen kann, wo die Seele oder der Geist – oder wie immer Sie das bezeichnen wollen – die notwendige Ruhe und Muße findet, daß er sich heilen, heil werden, ganz werden kann. Und da Seele und Körper eine Einheit bilden, gesundet der Körper mit der Seele und umgekehrt.
Und als eben dieses Vehikel der Reinigung und Heilwerdung bieten wir unser Bad Griesbacher Thermalwasser an. Sie können heiß baden, kalt kneippen, eine Trinkkur machen, unser Wasser also innerlich wie äußerlich auf sich wirken lassen. Unser Wasserangebot komplettiert sich noch

durch die Trockensauna und die Dampfsauna. Zusammen mit all den anderen Faktoren entwickelt das Wasser seine Heilkraft. Und wenn die genaue Bestimmung sämtlicher Komponenten der Heilkraft auch immer ein unbegreifliches Geheimnis bleiben werden, so können doch Sie durch Ihre ganz persönliche Erfahrung die Auswirkungen eben jener Kraft am eigenen Leib und an der eigenen Seele verspüren. Irgendwie ist es nämlich mit der Heilkraft nicht anders wie mit anderen unerklärbaren Phänomenen. Nur wenn wir eine gewisse Aufmerksamkeit, ja Aufnahmebereitschaft zeigen, wenn wir einen gewissen Glauben besitzen, dann erst ist der Boden geschaffen und bereit für die erhoffte Wirkung. Wenn wir uns eines jener Phänomene wünschen, die uns vorkommen „... wie vom Himmel gefallen", dann ist es unsere Aufgabe, erst einmal die Vorbereitungen zu treffen und den Platz zu schaffen, damit es sicher landen kann.